应用型本科金融学十二五规划系列教材

周江银 ◆ 主编

银行会计

YINHANG KUAIJI

厦门大学出版社
XIAMEN UNIVERSITY PRESS
国家一级出版社
全国百佳图书出版单位

前　言

会计作为一门经济管理学科,伴随社会的发展和经济管理的需要而产生发展。经济越发展,会计越重要。而商业银行是一种特殊的企业,是现代经济的核心,银行会计是我国会计体系中的一个重要组成部分。对于银行而言,作为全面反映银行经营活动的会计工作具有十分重要的地位。银行会计为银行管理当局和外部有利害关系的财务信息使用者提供财务状况、经营成果和现金流量等决策所需信息。它不仅是商业银行经营管理活动的重要组成部分,也是商业银行其他工作的基础。

银行会计是金融专业的必修课之一。本教材是应用型金融学本科专业系列教材之一,在编写过程中尽量吸收成熟教材的精华,同时融入作者在多年的教学和实践基础上的总结。本教材以新的《企业会计准则——基本准则》、38 项具体准则、《企业会计准则——应用指南》、《金融企业财务规则》为指导,依据金融管理机构颁布的最新规章制度,以教学和实际工作需要为目的,体现理论联系实际、可操作性强、内容新颖、循序渐进、深入浅出、通俗易懂等特点,以求最大限度地满足培养应用型金融人才的要求。

本教材主要内容包括商业银行基本核算方法、存款业务、贷款业务、支付结算业务、银行往来及资金清算、外汇业务及所有者权益及损益等的处理方法。第一章和第二章介绍银行会计的基础知识和基本核算方法;第三章至第七章介绍银行会计各项业务的处理方法,也是本教材的重点;最后两章介绍银行会计的损益核算及年度决算,是一个会计年度银行会计的总结。全书业务核算中每章(节)都附有配合理论部分的例子,用实例阐释原理,便于学生巩固所学的理论知识;每章末均附有练习与思考题,书末配有练习参考答案,以便学生自行测试掌握知识的情况。

本教材由周江银任主编,参加编写的人员有周江银(第一、七、八章)、穆红梅(第三、四、九章)、楼雪婕(第五章)、张雷(第二、六章)。周江银对全书进行了修改和总纂。

本教材在编写中参考、借鉴了有关著作、教材和文献,在此向这些作者表示衷心的感谢。限于编者学识水平,虽然经过认真审阅,但教材中错、漏之处在所难免,恳请学界专家、同仁和读者批评指正!

编者
2014 年 4 月

目 录

第1章
总 论

学习目的

通过本章的学习,要求在了解商业银行会计意义的基础上,理解银行会计的概念、特点及核算对象,了解银行会计应遵循会计核算的一般原则,识别银行会计的会计要素,认知银行会计的任务,了解银行会计机构的设置、银行的会计制度和银行会计人员的职责、权限和法律责任。

第一节 银行会计的对象与特点

一、银行会计概念

随着市场经济的发展和经济体制改革的深入,目前我国已形成了以中国人民银行为核心,以中国银行业监督管理委员会(银监会)为监督机构,国有商业银行和政策性银行为主体,多种产权形式的银行机构同时并存的银行体系。我国现行的银行体系包括中央银行、政策性银行、国有商业银行、股份制商业银行、地方商业银行、城市和农村信用社等。如果未特别指明,本书中银行指的是商业银行。本书着重介绍的是商业银行会计。

商业银行是依照《中华人民共和国商业银行法》和《中华人民共和国公司法》设立的吸收公众存款、发放贷款、办理结算业务的企业法人。它以效益性、安全性、流动性为经营原则,自主经营、自担风险、自负盈亏、自我约束。商业银行是独立承担民事责任的金融企业法人,依法开展业务。它以其全部法人财产独立承担民事责任。

根据《中华人民共和国商业银行法》的规定,商业银行可以全部或者部分经营的业务包括:吸收公众存款;发放短期、中期和长期贷款;办理国内外结算;办理票据贴现;发行金融债券;代理发行、兑付、承销政府债券;买卖政府债券;从事同业拆借;买卖、代理买卖外汇;提供信用证服务及担保;代理收付款项及代理保险业务;提供保管箱服务等。

会计是以货币计量为基本形式,采用专门方法,对经济活动进行核算和监督的一种管理活动,是经济管理的重要组成部分。会计作为一门经济管理学科,伴随社会的发展和经济管理的需要而产生发展。经济越发展,会计越重要。会计对反映和监督经济活动过程、核算和考核经济效益、预测经济前景、实施宏观经济决策、促进国民经济发展等起着积极重要的作用。而商业银行是一种特殊的企业,是现代经济的核心。银行会计是我国会计体系中的一个重要组成部分。因此,对于银行而言,会计工作作为全面反映银行经营活动具有十分重要的地位。银行利用会计这一工具,直接办理和实现银行业务,同时以效益性、安全性、流动性为经营原则,对经营过程进行连续、全面和系统的核算和监督,为银行的经营管理者和投资者等有关方面提供可靠的数据资料,同时通过会计核算和会计分析考核其经济效益,进而发挥预测金融发展前景,参与金融决策的作用。

商业银行会计是以货币为主要计量单位,以凭证为依据,采用确认、计量、记录和报告等会计专门方法和程序,对商业银行的经营活动内容、过程和结果进行连续、系统、全面地核算与监督,为银行管理当局和外部有利害关系的财务信息使用者提供财务状况、经营成果和现金流量等决策所需信息的专业会计。它不仅是商业银行经营管理活动的重要组成部分,也是商业银行其他工作的基础。

(一)银行会计以货币为主要计量单位

现代会计的一个重要特征,就是借助于货币量度,通过全面综合的反映来确定和控制会计主体的经济活动。在银行会计工作中,虽然有时也需要利用实物量度来计算某些物资(如黄金)的核算指标,但是广泛利用的是货币量度。由于商业银行业务经营的对象是特殊的商品——货币,经营货币除了本币外,还有大量外币。商业银行会计要求采用原币记账法,即按业务发生时的货币记账,不折成本位币入账的一种记账方式。但年终决算时,各种外币业务除分别编制原币的会计报表外,还要按规定的汇率折合成本币,与本币报表合并。即年终并表,以人民币资金统一反映银行财务状况和经营成果。我国商业银行经营涉及的主要货币见表1-1所示。

表1-1 商业银行经营中涉及的主要货币

符号	名称	符号	名称	符号	名称
CNY	人民币	IDR	印度尼西亚卢比	PKR	巴基斯坦卢比
USD	美元	INR	印度卢比	RUB	俄罗斯卢布
GBP	英镑	IRR	伊朗里亚尔	SEK	瑞典克朗
EUR	欧元	JOD	约旦第纳尔	SGD	新加坡元
JPY	日元	KWD	科威特第纳尔	THB	泰国铢
AUD	澳大利亚元	MOP	澳门元	NTD	新台币
CAD	加拿大元	MXP	墨西哥比索	TZS	坦桑尼亚先令
CHF	瑞士法郎	MYR	马来西亚林吉特	SDR	特别提款权
DKK	丹麦克朗	NOK	挪威克朗		
HKD	港元	NPR	尼泊尔卢比		
KRW	韩国元	NZD	新西兰元		
BRL	巴西里亚尔	PHP	菲律宾比索		

（二）银行会计有一系列独特的专门方法

商业银行会计在长期的实践中形成了一系列独特的专门方法，主要包括采用单式传票，传票的传递制度，特定凭证的填制，联行往来的章、押、证三分管制度，账务组织的双线核算和核对，按日提供会计报表制度等。这些独特的专门方法从制度上保证了会计核算的准确性、及时性和安全性。

（三）银行会计业务范围是银行的经济活动

银行会计业务范围是银行的各项经济业务。例如，吸收存款、发放贷款、办理结算以及在业务过程中发生的收入、成本和费用的计算。这些经济业务的发生都必须通过会计进行核实和监督。通过会计核算，既实现了银行的业务活动，同时也记录和反映银行的业务和财务活动情况。

（四）银行会计应遵循会计核算的一般原则

根据《企业会计准则——基本准则》的规定，银行会计核算必须遵循四项基本假设、会计基础、八项会计信息质量要求及会计计量属性。其中，四项基本假设是会计主体、持续经营、会计分期、货币计量；会计基础是权责发生制；八项会计信息质量要求是可靠性、相关性、可理解性、可比性、实质重于形式、重要性、谨慎性、及时性；会计计量属性包括历史成本（又称实际成本）、重置成本（又称现行成本）、可变现净值、现值和公允价值。

（五）银行会计的目标主要是向会计信息的使用者提供财务信息

银行会计的目标主要是向会计信息的使用者提供反映其财务状况、经营成果和现金流量的信息。银行会计信息的使用者主要包括银行内部的管理人员、股东、债权人和监管当局。不同的使用者对信息的关注角度各不相同。

二、银行会计的对象

会计对象，是指会计所要核算、反映和监督的内容。由于银行经营的各项经济活动均表现为货币资金收付，因此，银行会计的对象就是银行资金及其运动的过程和结果。

银行会计对象按照其经济特征作进一步分类，称为会计要素。它可以分为资产、负债、所有者权益、收入、费用和利润六个方面。

（一）资产

银行的资产，是指过去的交易或事项形成并由银行拥有或控制的、预期会给银行带来经济利益的资源。商业银行的资产按其流动性可分为流动资产和非流动资产。其中流动资产是指可以在 1 年（含 1 年）内变现或耗用的银行资产，主要有现金、存放中央银行准备金、短期贷款等；非流动资产主要有中长期贷款、长期投资、固定资产、无形资产和其他资产。

（二）负债

银行的负债，是指过去的交易或事项形成的、预期会导致经济利益流出银行的现实义务。商业银行的负债按其流动性，可分为流动负债、应付债券和其他长期负债等。其中流动负债是指将在 1 年（含 1 年）内偿还的债务，主要有短期存款、财政性存款、向中央银行借款、汇出汇款、应付款、应交税金等；其他长期负债主要有长期存款、长期借款、长期应付款等。

（三）所有者权益

银行的所有者权益，是指银行所有者在银行资产中享有的经济利益。其金额为资产减去负债后的余额。它是银行资产中扣除债权人权益后应由所有者享有的部分，既可以反映所有者投入资本的保值增值情况，又体现了保护债权人权益的理念。

商业银行的所有者权益的来源包括所有者投入的资本、直接计入所有者权益的利得和损失、留存收益等，通常由实收资本（或股本）、资本公积（含股本溢价或其他资本公积）、盈余公积和未分配利润构成，税后利润中提取的一般风险准备，也构成所有者权益。

（四）收入

银行的收入，是指银行在日常活动中形成的、会导致所有者权益增加的、与所有者投入资本无关的经济利益的总流入。商业银行的收入有在一定经营期间提供金融产品服务而实现的各种收入，以及对外投资实现的投资收益和获取的与业务经营无直接关系的营业外收入等。商业银行提供金融商品服务所取得的收入主要包括利息收入、金融企业往来收入、手续费收入、贴现利息收入、证券发行差价收入、买入返售证券收入、汇兑收益和其他业务收入等。投资收益是指银行对外投资所获取的投资报酬，包括债券投资的利息收入、股票投资的股利收入。收入不包括为第三方或者客户代收的款项，如为企业代垫的工本费、代邮电部门收取的邮电费、带水电部门收取的水电。

（五）费用

银行的费用，是指银行在日常活动中发生的、会导致所有者权益减少的、与向所有者分配利润无关的经济利益的总流出。银行费用主要包括利息支出、金融企业往来支出、卖出回购证券支出、汇兑损失、固定资产折旧、业务宣传费、业务招待费等。银行在经营过程中所发生的费用，应当按实际发生数计入成本费用。凡应当由本期负担而尚未支出的费用，作为预提费用计入本期成本费用；凡已支出，应当由本期和以后各期负担的费用，应当作为待摊费用，分期摊入成本费用。

（六）利润

银行的利润，是指银行在一定会计期间的经营成果，包括营业利润、利润总额和净利润。营业利润，是指营业收入减去营业成本和营业费用，加上投资净收益后的金额。利润总额，是指营业利润减去营业税金及附加，加上营业外收入，减去营业外支出后的金额。净利润，是指扣除资产损失后利润总额减去所得税后的金额。

三、银行会计的核算原则

根据《金融企业会计制度》的规定，银行会计核算原则共分为13项。这些会计核算原则是我国会计核算工作应遵循的最基本的原则性规范，是对会计核算工作的基本要求，是做好会计工作的标准。

（一）客观性原则

客观性原则要求银行应当以实际发生的交易或者事项为依据进行会计确认、计量和报告，如实反映符合确认和计量要求的各项会计要素及其他相关信息，保证会计信息真实可靠与内容完整。

（二）相关性原则

相关性原则要求银行提供的会计信息应当与会计报告使用者的经济决策需要相关，有助于会计报告使用者对银行过去、现在或者未来的情况作出评价或者预测。相关性是会计信息的重要质量要求，银行在会计核算中贯彻相关性原则，就要求会计人员在加工、生成与提供会计信息的过程中，充分考虑银行会计报告使用者对会计信息的需求。

（三）明晰性原则

明晰性原则要求银行提供的会计信息应当清晰明了，便于会计报告使用者使用。要使会计信息对会计报告使用者有用，首先会计信息应能被会计报告使用者所理解。由于银行会计具有较强的专业性，来自社会各界的会计报告使用者不一定都具备银行会计专业知识，要使他们理解和使用银行所提供的会计信息，就要求银行会计核算提供的信息应当清晰明了，简单易懂，对于比较复杂或需要解释的问题应作必要的说明。可理解性原则有利于会计报告使用者准确、完整地把握会计信息的内容，从而更充分地利用会计信息，以满足其经济决策的需要。

（四）可比性原则

可比性原则要求银行提供的会计信息应当具有可比性。即银行在会计核算中，对于同一企业不同时期发生的相同或者相似的交易或者事项，应当采用一致的会计政策，不得随意变更。确需变更的，应当在附注中说明。银行在会计核算中贯彻可比性原则，可以将不同企业以及同一企业不同会计期间的会计报表编制建立在相同的会计政策基础上，以便会计报表使用者进行比较、分析和利用。

（五）一贯性原则

一贯性原则要求同一企业在不同时期采用一致的会计政策，不允许随意变更。但如果影响当初会计政策选择的环境和条件发生了变化，采用新的会计政策更能真实地反映银行的实际情况，则银行也可以变更会计政策，但应当在附注中作相应的披露。

（六）及时性原则

及时性原则要求银行对于已经发生的交易或者事项，应当及时进行会计确认、计量和报告，不得提前或者延后。由于会计信息具有时效性，不及时的会计信息会使其相关性完全消失，从而对会计信息使用者的决策毫无价值。因此，银行在会计核算中贯彻及时性原则，就要求在经济业务发生后，及时取得原始凭证并及时进行账务处理，定期及时结账、编制和提供会计报告，以确保会计信息在失去影响决策的能力之前提供给信息使用者。

（七）历史成本原则

历史成本原则要求银行的各项资产和负债，在取得时应当按照实际成本计量。除法律、行政法规和会计准则允许采用重置成本、可变现净值、现值和公允价值等进行计量外，银行一律不得自行调整其账面价值。

历史成本是银行在取得各项资产和负债时实际发生的成本，以原始凭证为依据，具有客观性和可验证性，并且容易取得又真实可靠。采用历史成本计量，不需要经常调整账面价值，在一定程度上可以防止公允价值等计量模式下利用价值变动操纵会计数据的行为发生。在历史成本计量下，要求资产按照购置时支付的现金或者现金等价物的金额，或者按照购置资产时所付出的对价的公允价值计量。负债是指按照因承担现时义务而实际收到的款项或资产的金额,或者承担现时义务的合同金额,或者按照日常活动中为偿还负债预期需要支付的现金或者现金等价物的金额计量。

(八)权责发生制原则

权责发生制原则要求银行以收入在本期实现和费用在本期发生或应由本期负担为标准来确认本期的收入和费用,而不论款项是否在本期收付。该原则是以持续经营和会计分期假设为前提的。

(九)配比原则

配比原则要求银行在进行会计核算时,收入与其成本、费用应当相互配比。即一个会计期间的各项收入和与其相关的成本、费用,应当在同一会计期间内予以确认。银行在会计核算中贯彻配比原则包括两个方面:一是收入和费用在因果关系上的配比,这种配比称为直接配比。二是根据收入与费用项目之间存在的时间上的一致关系进行配比,这种配比称为间接配比。如银行的业务及管理费用,不与某一特定收入存在直接的关系,有些支出甚至不产生经济利益,或虽产生经济利益或使银行承担了一项负债但不能予以资本化,那么,这些支出应在发生时确认为费用,计入银行的当期损益,与银行当期实现的总收入进行时间上的配比。

(十)实质重于形式原则

实质重于形式原则要求银行应当按照交易或者事项的经济实质进行会计确认、计量和报告,不应仅以交易或者事项的法律形式为依据。在银行会计实务中,交易或事项的外在法律形式或人为形式并不总是与其经济实质内容一致。在这种情况下,为了使银行会计提供的会计信息更加真实可靠并且具有决策相关性,当交易或事项的外在法律形式或人为形式与其经济实质不一致时,银行会计核算就应忠实交易或事项的经济实质进行会计处理,而不能仅仅以其法律形式为依据。例如,银行的售后租回交易,资产的出售和租回由一揽子合同签订,而实质上是同一项交易。因此,按照实质重于形式的原则,无论是承租人还是出租人,都应当将售后租回交易视为一项融资行为而非销售行为。当交易或事项的外在法律形式或人为形式与其经济实质不一致时,银行会计核算如果仍以法律形式或人为形式为依据,而不考虑交易或者事项的经济实质,则会损害会计信息的有用性,不利于会计信息使用者作出正确的经济决策。

(十一)重要性原则

重要性原则要求银行提供的会计信息应当反映与企业财务状况、经营成果和现金流量等有关的所有重要交易或者事项。

在银行会计实务中,对某项交易或者事项重要性的评价,会计人员应当结合不同企业不同时期的实际情况,从交易或者事项的性质和金额两个方面加以判断。从性质方面讲,只要某项交易或者事项的发生可能对决策产生一定的影响,则该项目就具有一定重要性;从金额方面讲,当某项交易或者事项的金额达到了一定规模或者比例而可能对决策产生一定影响时,则认为该项交易或者事项具有重要性。在会计核算中坚持重要性原则,不仅能显著提高银行会计信息的相关性,而且对于提高银行会计工作的效率,以及在会计信息提供中贯彻成本效益原则都具有重要意义。

（十二）划分收益性支出与资本性支出原则

划分收益性支出与资本性支出原则要求银行在进行会计核算时，应当合理划分收益性支出与资本性支出的界限。凡支出的效益仅与本会计年度相关，或者支出不产生经济效益的，应当作为收益性支出；凡支出的效益与几个会计年度相关的，应当作为资本性支出。由于收益性支出不产生经济效益，或者产生的经济效益仅涉及本会计年度，因此应当于发生时确认为费用，计入本会计年度的损益，在利润表中列报。而资本性支出，由于其产生的经济效益连续跨越几个会计年度，因此应当于发生时先确认为资产，然后采取一定的方法在各受益期间逐期分摊，分别转作各受益期间的费用。银行在会计核算中合理划分收益性支出与资本性支出的界限非常重要。如果将收益性支出误记为资本性支出，就会导致本期资产和利润高估；反之，如果将资本性支出误记为收益性支出，就会导致本期资产和利润低估。同时，对收益性支出和资本性支出不正确的划分还会对以后会计期间的损益造成影响，不利于收入与费用在各会计期间的正确配比，从而损害会计信息的有用性，误导会计信息使用者的决策。

（十三）谨慎性原则

谨慎性原则要求银行对交易或者事项进行会计确认、计量和报告时，应当保持应有的谨慎，不应高估资产或者收益、低估负债或者费用。谨慎性原则是对市场经济条件下客观存在的巨大不确定性即风险性所作出的积极反应。银行在会计核算中运用谨慎性原则，就要求采用那些少计或推迟确认资产或收益，或者多计或提前确认负债或费用的会计程序和方法，而不是采取相反的处理方法。例如，银行应当按照规定提取资产减值准备、贷款损失准备和坏账准备就是谨慎性原则的具体运用，并体现了谨慎性原则对历史成本原则的修正。

银行属于高风险行业，在会计核算中运用谨慎性原则尤为重要。一方面，对会计报告使用者来讲，高风险的银行为其决策提供比较保守、谨慎的信息要比提供过于乐观的信息更为有用；另一方面，对银行自身来讲，只有始终保持着应对意外情况和风险的充足储备，才能抵御风险，防范和化解金融危机，实现金融企业的持续、稳健经营。需要指出的是，谨慎性原则的运用受会计规范的制约，不能随意使用，更不能滥用谨慎性原则设置各种秘密准备；否则，应按照对会计差错更正的要求进行相应的会计处理。

四、银行会计的特点

商业银行会计除具有会计的共性之外，在与其他部门会计相比较时，在会计核算的形式、方法和程序方面，还独具自己的特点，主要表现在以下几个方面：

（一）反映资金活动情况的综合性和全面性

在宏观上，银行会计核算面向国民经济各部门、各企业，面向广大人民群众，具有很强的社会性；在微观上，银行通过会计核算，既实现了银行的业务活动，同时也记载和反映了银行的业务和财务活动情况。银行的各项业务都是随着国民经济各部门活动的发生而发生的，国民经济各部门的经济活动，都会在银行会计账表上以货币形式得到反映，因而银行会计不仅反映银行的业务活动和财务活动情况，而且还体现了整个社会资金的流向和国民经济各部门间的经济联系，从而使银行会计反映的资金活动情况具有综合性和全面性。

（二）会计核算与业务处理的融合性

银行会计部门处于银行业务活动的第一线，其会计核算过程就是直接办理和实现银行业务的过程,特别是银行柜面的业务处理与会计核算是融合在一起的。例如,客户的存款业务,从客户提交存款凭单,银行接柜审核、传递处理凭证到登记账簿完成结算,这一系列程序,既是业务活动过程,又是会计核算过程。

（三）会计账务处理和会计资料提供的及时性

虽然所有企业、事业单位都要求账务处理必须遵循及时性原则,但其他行业会计处理的及时程度与严格性,远不能与银行会计相比。银行作为信用中介、社会的现金收支和转账结算的枢纽,每天都要处理数量众多与有关开户单位、个人的资金清算密切相关的业务,银行柜面必须及时地把各项业务纳入核算程序进行处理。如果银行会计处理不及时,就会影响客户的用款,从而影响银行的信誉。因此,客观上要求银行会计必须在每日营业终了时及时把当天全部账务试算核对平衡。

商业银行经营的业务性质要求每日结账,并按月、季、年编报会计报表,以及时反映业务经营情况。这是因为银行会计资料不仅能够反映银行的业务和经营状况,而且可以在一定程度上反映国民经济发展状况及资金需求和供应方面的情况。因此,银行会计核算的及时性就具有特别的意义,而会计资料能够及时提供,就成为有关部门分析、预测、决策的重要信息。

（四）会计核算方法的特殊性

银行是经营货币的特殊企业,因此会计核算在采用一般核算方法的基础上,又形成了一套自己的特殊方法。例如,银行的会计凭证主要采用单式凭证的形式,为了简化核算手续,大量采用以原始凭证代替记账凭证。正是银行会计的这种特殊性,使其既能适应银行会计业务处理的要求,又符合国家的有关财务制度。

（五）分支机构电子网络的普及性

为了适应业务开拓和核算及时的需要,银行各分支机构纷纷采用计算机联网的方式。通过电子网络的普及,各分支行可以在同城和异地间联动核算处理。随着信用卡的发展、自动取款机的设置,通过联网还可以在异地支取现金或购物消费。银行分支机构通过电子网络处理会计信息是银行会计所特有的。

（六）监督和服务的双重性

银行是国民经济的综合部门,是社会资金活动的枢纽。一方面,对于符合国家法律规定的经济活动,银行提供高质量的金融服务,满足客户对产品和服务的现实和潜在需求。另一方面,对于违反国家政策、法律法规的行为,银行要坚决抵制和制止,监督资金的安全运行,防范各种贪污、盗窃、诈骗案件的发生,保证国家财产的安全。因此,银行既发挥监督作用,又执行服务的职能。

第二节　银行会计的任务和工作组织

一、银行会计的任务

为了充分发挥商业银行会计的职能,银行必须根据会计的特点,正确地确定会计工作

的任务,从而明确会计工作的内容、履行职责的方法以及开展工作的依据。商业银行会计的任务主要有以下几个方面:

(一)正确组织会计核算

核算是会计工作的基本职能,正确组织会计核算是充分发挥会计工作的作用,搞好会计监督的基础。组织会计核算必须以国家的经济与金融政策以及会计制度为依据,真实、准确、完整、及时地记录、计算和反映资产、负债、所有者权益、收入、费用、利润以及各项金融、财务活动情况,为贯彻政策、考核计划、研究国民经济发展提供可靠的数据。

(二)真实提供会计信息

真实提供会计信息是会计工作的目标。组织会计核算是达到这一目标的过程和手段,依法实施会计监督是实现这一目标的保障。银行会计信息的需求群体包括股东、债权人、政府部门、监管部门、内部管理部门等,虽然不同的信息需求主体对会计信息需求的目的不同,但是对会计信息真实性的要求是相同的,这直接关系到不同信息需求主体决策的正确性。商业银行是以信用为基础的,会计信息的真实与否,关系到银行的社会公信度,因此,真实提供会计信息是会计工作的根本目的。

(三)加强商业银行的监督管理

会计工作处于商业银行业务的第一线,加强对会计工作的监督是保证会计核算正确、合规、合法的有效环节。对会计工作实施监督的主要依据是相关的经济及金融法律法规以及相关的管理规定等。通过监督管理工作的开展保证商业银行会计信息的质量。

二、银行会计机构的设置

银行会计机构是银行职能机构体系的组成部分,也是具体组织和直接从事会计核算以及管理会计工作的部门。因此,商业银行都应按照《会计法》的统一规定,结合银行业务活动和财务收支的特点,设置会计机构,配备必要的会计人员,并建立和健全各项会计规章制度。

从我国目前情况来看,县级、城市区级以上的银行,均应设置会计机构。总行设会计司(部),省(市)分行设会计处,地(市)行设会计科,县支行和城市区级银行设会计股。支行以下单位,因为业务量较小,一般不设独立的会计机构,但仍应设专职会计人员,负责处理日常会计工作。

银行会计机构分为独立会计核算单位和附属会计核算单位。凡单独编制会计报表和办理年度决算的单位为独立会计核算单位;凡其业务收付由管辖行采用并账或并表进行汇总反映的单位为附属会计核算单位。

经办业务的银行基层行处的会计部门人员的分工和组织形式主要有以下几种:一是专柜制。在这种组织方式下,银行按照客户的经济性质、所属行业以及相关会计科目设置专柜。通常有3~5人分工合作,分别担当记账员、复核员。现金收付业务则由出纳部门统一办理。这种劳动组织形式主要适用于业务量大或实行手工操作的会计机构。二是柜员制。柜员制是指在承接业务时,同时兼办出纳、记账、复核等工作的劳动组织形式,它适用于电子化设备齐全的行处,要求临柜人员有较高的素质。三是接柜员与操作员结合制。在这种组织方式下,银行设置专职柜员接受和审核凭证,然后交电子计算机操作人员进行录入和数据处理。二者之间的凭证传递具有间接的制约作用,比较适用于我国商业银行目前的实际情况,现在我国商业银行大都采用这种组织方式。

三、银行的会计制度

会计制度是组织会计核算和加强会计工作管理的基本依据。各商业银行系统内的制度、办法,由各总行根据统一会计制度制定,并报中国人民银行总行备案,分行可作必要的补充,并抄报同级中国人民银行。

下级行对上级行制定的各项制度、办法,必须严肃认真地贯彻执行,不得任意修改或废除,如有不同意见应及时反映,由上级行研究解决。在未修改前,仍应按原规定执行,以维护制度的严肃性。

四、银行会计人员

银行会计人员身处银行业务活动的第一线,因此,会计人员必须具备较高的职业道德修养和业务水平,熟悉国家颁布的财经纪律、会计法规和各项会计准则、制度等。银行会计人员包括:会计主管人员、复核人员、记账员、出纳员、稽核、检查、辅导人员和其他从事账务工作的人员。

(一)会计人员的职责

1.认真组织、推动会计工作的各项规章制度、办法的贯彻执行。按照岗位分工和职责认真履行职责,不越权、不越位,在授权范围内处理各项业务。

2.根据操作规程认真进行会计核算与监督,在监督中发现可疑点应及时报告,尤其在柜台监督中发现"洗黑钱"的线索,应及时与公安部门取得联系,制止各种违规、违法行为,严格执行相互制约的规定,努力完成各项工作任务。

3.遵守国家法律、法规,贯彻执行《中华人民共和国会计法》,维护财经纪律,同违法乱纪行为做斗争。

4.讲究职业道德,履行岗位职责,文明服务,廉洁奉公,不断提高工作效率和质量。

(二)会计人员的权限

为保障会计人员履行职责,赋予会计人员的权限是:

1.有权要求各开户单位及本企业其他业务部门,认真执行财经纪律和有关的规章制度、办法。如有违反,会计人员有权拒绝办理。对违法乱纪行为,会计人员有权拒绝受理,并向本行(公司)行长(经理)或上级行(公司)报告。

2.有权越级反映情况。会计人员在行使职权过程中,对违反国家政策、财经纪律和财务制度的事项,同行长(经理)意见不一致时,领导又坚持办理的,会计人员可以执行,但必须向上级行(公司)提出书面报告,请求处理。

3.有权对本行(公司)各职能部门在资金使用、财产管理、财务收支等方面实行会计监督。

(三)会计人员的法律责任

根据《会计法》的规定,会计人员在行驶职责和权限的同时,还应承担相应的法律责任。

1.会计人员不依法设置会计账簿或私设会计账簿、未按规定填制取得填制原始凭证、未经审核的会计凭证登记会计账簿、随意变更会计处理方法、向外提供财务会计报告编制依据不一致、未按规定保管会计资料造成损失的要进行经济处罚,情节严重的,吊销会计从业资格证书;构成犯罪的,依法追究刑事责任。

2.因有提供虚假财务会计报告,做假账、隐匿或者故意销毁会计凭证、会计账簿、财务会计报告,贪污、挪用公款、职务侵占等与会计职务有关的违法行为要依法追究刑事责任,并不得取得或者重新取得会计从业资格证书。

3.伪造、变造会计凭证、会计账簿,编制虚假的财务会计报告,尚不构成犯罪的,要吊销会计从业资格证书,并给予行政处分;构成犯罪的,依法追究刑事责任。

4.授意、指使、强令会计机构、会计从业人员及其他人员伪造、故意销毁依法应保存的会计凭证、会计账簿、财务会计报告,构成犯罪的,依法追究刑事责任;尚不构成犯罪的,要处以经济处罚,并依法给予行政处分。

本章练习与思考

(一)名词解释

1.商业银行会计

2.资产

3.负债

4.所有者权益

5.收入

6.费用

7.利润

8.重要性原则

9.实质重于形式原则

10.权责发生制原则

(二)判断题

(　　)1.商业银行会计不仅是商业银行经营管理活动的重要组成部分,也是商业银行其他工作的基础。

(　　)2.资产是指未来的交易或事项形成并由银行拥有或控制的、预期会给银行带来经济利益的资源。

(　　)3.商业银行收入包括为第三方或者客户代收的款项。

(　　)4.商业银行年终并表,以人民币和美元反映银行财务状况和经营成果。

(　　)5.银行是经营货币的特殊企业,因此会计核算在采用一般核算方法的基础上,又形成了一套自己的特殊方法。

(　　)6.银行的负债是指过去或未来的交易或事项形成的、预期会导致经济利益流出银行的现实义务。

(　　)7.收入是银行在日常活动中形成的、会导致所有者权益增加的、与所有者投入资本有关的经济利益的总流入。

（　　）8.银行会计部门处于银行业务活动的第一线,其会计核算过程就是直接办理和实现银行业务的过程。

（　　）9.银行的会计凭证主要采用复式凭证的形式,大量采用原始凭证代替记账凭证。

（　　）10.商业银行可以以原始凭证代替记账凭证。

（　　）11.银行在会计核算中,对于同一企业不同时期发生的相同或者相似的交易或者事项,应当采用一致的会计政策,不得随意变更。

（　　）12.历史成本原则要求银行的各项资产和负债,在取得时应当按照重置成本计量。

（　　）13.当交易或事项的外在法律形式或人为形式与其经济实质不一致时,银行会计核算就应忠实交易或事项的经济实质进行会计处理,而不能仅仅以其法律形式为依据。

（　　）14.专柜制是指在承接业务时,同时兼办出纳、记账、复核等工作的劳动组织形式,它适用于电子化设备齐全的行处。

（　　）15.银行会计有权要求各开户单位及本企业其他业务部门,认真执行财经纪律和有关的规章制度。

(三)单项选择题

1.某商业银行存放在中央银行的存款属于(　　　　)。

　　A.资产　　　　　　　B.负债　　　　　　　C.所有者权益　　　　　D.收入

2.银行经营的商品具有(　　　　)形态。

　　A.储备资金　　　　　B.生产资金　　　　　C.成品资金　　　　　　D.货币资金

3.吸收客户的存款,导致商业银行的(　　　　)增加。

　　A.资产　　　　　　　B.负债　　　　　　　C.所有者权益　　　　　D.收入

4.开户单位提交转账支票,用于归还短期贷款的利息,这项业务增加了银行的(　　　　)。

　　A.资产　　　　　　　B.负债　　　　　　　C.所有者权益　　　　　D.收入

5.应交未交的营业税属于银行的(　　　　)。

　　A.流动资产　　　　　B.流动负债　　　　　C.长期负债　　　　　　D.长期资产

6.融资租赁资产的所有权不属于承租人,但承租人却作为资产核算,其依据的会计原则是(　　　　)。

　　A.谨慎性原则　　　　　　　　　　　　B.重要性原则

　　C.真实性原则　　　　　　　　　　　　D.实质重于形式原则

7.以取得资产时实际发生的成本作为入账价值,在处置前保持其入账价值不变。这遵循的是(　　　　)会计原则。

　　A.可比性　　　　　B.历史成本　　　　　C.一贯性　　　　　　D.配比

8.固定资产改良支出不计入当期损益,而增加改良固定资产账面成本,依据(　　　　)会计原则。

　　A.划分资本性支出和收益性支出　　　　　B.谨慎性

　　C.重要性　　　　　　　　　　　　　　　D.真实性

9.商业银行应当按照规定提取资产减值准备、贷款损失准备和坏账准备,就是( )的具体运用。

    A.重要性原则   B.可比性原则   C.及时性原则   D.谨慎性原则

10.银行会计核算的基本前提不包括( )。

    A.会计主体   B.会计分期   C.权责发生制   D.持续经营

(四)多项选择题

1.商业银行可以全部或者部分经营的业务包括( )。

    A.吸收公众存款   B.发放短期、中期和长期贷款

    C.办理国内外结算   D.办理票据贴现

    E.从事同业拆借

2.商业银行流动资产主要有( )。

    A.现金   B.短期贷款   C.中长期贷款   D.固定资产

    E.存放中央银行准备金

3.商业银行长期资产主要有( )。

    A.中长期贷款   B.长期投资

    C.存放中央银行准备金   D.固定资产和无形资产

    E.拆放同业

4.商业银行流动负债主要有( )。

    A.短期存款   B.财政性存款   C.汇出汇款   D.应交税金

    E.长期借款

5.商业银行的收入主要包括( )。

    A.债券投资的利息收入   B.利息收入

    C.金融企业往来收入   D.代邮电部门收取的邮电费

    E.手续费收入、汇兑收益

6.商业银行费用主要包括( )。

    A.利息支出   B.金融企业往来支出

    C.汇兑损失   D.为第三方或客户垫付的款项

    E.业务宣传费

7.利润是指商业银行在一定会计期间的经营成果,包括( )。

    A.营业利润   B.其他业务利润   C.利润总额   D.净利润

    E.损益

8.运用重要性原则应当从( )方面考察。

    A.企业规模   B.经济交易性质

    C.权责发生制   D.经济交易金额

    E.资金性质

9.以下属于银行资本性支出的会计事项是( )。

    A.电子设备购置   B.购买办公用品

    C.购进汽车2辆   D.按规定提取职工福利费

    E.购进低值易耗品

10.银行会计计量属性包括(　　)。

  A.历史成本　　　　　　　　　　B.重置成本

  C.可变现净值、现值　　　　　　D.公允价值

(五)简答题

1.什么是商业银行会计？它有何特点？

2.银行会计的核算对象是什么？

3.银行会计人员有哪些职责和权限？

4.银行会计核算的基本前提包括哪些内容？信息质量有哪些要求？

第2章 基本核算方法

学习目的

通过本章的学习,要明确银行会计科目的分类及使用,掌握借贷记账法在银行会计中的具体运用,了解银行会计凭证的基本要素,掌握银行会计的种类、账簿的登记规则,掌握错账冲账方法,掌握银行账务组织的构成、账务处理与核算程序。

第一节 会计科目

一、银行会计科目的概念

银行会计科目是按照一定的要求,对银行的各项会计要素进行分类汇总的类别名称,即对银行的各项业务活动和财务状况,按照银行的会计核算的要求确定出相应的会计科目名称和会计科目代码。银行会计科目贯穿于会计核算的始终,也是设置账户和确定报表项目的依据。

二、会计科目设置的原则和要求

银行会计科目必须以《中华人民共和国会计法》、《金融企业会计制度》、新企业会计准则等法律法规为依据,以依法合规开展业务、全面成本管理的经营思想为导向,以现实的业务和技术水平为基础,以满足各方面需要、向国际惯例靠拢为目标,依据资金性质、业务特点、经营管理和会计核算管理的要求来设置。

三、会计科目的作用

(一)会计科目是贯串基本核算方法的一条线索

会计科目是银行会计核算的基础和纽带,是会计核算各个过程的基础工具,从在会计凭证上确定会计分录、登记账簿,一直到编制财务报表,都离不开会计科目,它像一条纽带,贯穿核算全过程,以保证核算工作有组织、有秩序地进行。

(二)会计科目是综合反映、考核和监督各项业务与财务活动及提供会计核算资料的工具

以会计科目作为概括业务内容、资金性质的标志,起到组织和归类作用,从而把全部核算资料进行条理化、系统化,并取得系统总括的核算资料和信息,为研究和分析银行的业务经营、财务管理和考核计划执行、经济效果提供依据。

(三)会计科目是统一核算口径的作用

因为每个会计科目都有一定的内涵和名称,各级行处在核算处理和报表反映都应有统一的口径。即使各银行有增设系统内使用的会计科目,也应与全国银行统一会计科目有归属合并的关系,以利于会计资料的审核汇总和分析利用。

四、银行会计科目的分类与科目代号

(一)银行会计科目的分类

1.会计科目按与资产负债表的关系分类,可分为表内科目和表外科目。表内科目用于核算银行资产、负债、所有者权益的实际增减变化以及损益的发生情况,并反映在银行资产负债表等会计报表上。表外科目用以反映或有事项,亦即债权债务或权利责任已经形成,但尚未涉及资金实际增减变化的会计事项以及保管债券、单证等需要在表外进行控制的事项,其余额不反映在资产负债表等会计报表上。

2.表内科目按资金性质,可以分为资产类、负债类、资产负债共同类、所有者权益类和损益类科目

(1)资产类科目

资产类科目是用来核算银行各项资产要素项目的会计科目。如:"现金"、"存放中央银行准备金"、"短期贷款"、"中长期贷款"、"贴现及买入票据"、"应收利息"、"固定资产"、"无形资产"科目。

(2)负债类科目

负债类科目是用来核算银行各项负债要素项目的会计科目。如:"单位活期存款"、"活期储蓄存款"、"中央银行借款"、"应解汇款"、"应付利息"、"发行债券"科目。

(3)资产负债共同类科目

资产负债共同类科目是用来核算银行的资金往来的会计科目,具有余额方向不确定的性质。如:"辖内往来"、"银行财务往来"、"外汇买卖"科目。

(4)所有者权益类科目

所有者权益类科目是用来反映银行投资者对银行净资产的所有权的会计科目。如:"实收资本"、"资本公积"、"盈余公积"、"本年利润"和"利润分配"科目。

(5)损益类科目

损益类科目是用来核算银行各项收入、成本和费用的会计科目。如:"利息收入(支出)"、"中间业务收入"、"金融企业往来收入(支出)"、"营业外收入(支出)"、"投资收益"、"营业税金及附加"科目。

3.按科目使用范围不同,银行会计科目可以分为银行业统一会计科目和商业银行系

统内会计科目

（1）银行业统一会计科目

银行业统一会计科目即金融企业会计制度中规定的会计科目。

（2）商业银行系统内会计科目

商业银行系统内会计科目即各商业银行根据金融企业会计制度的规定，结合自身经营特点和管理需要而设置的会计科目。

在《企业会计准则——应用指南》附录中，财政部依据企业会计准则中确认和计量的规定制定了会计科目，它涵盖了各类企业的交易或者事项行在不违反会计准则中确认、计量和报告规定的前提下，可以根据银行的实际情况自行增设、分拆、合并会计科目。银行不存在的交易或事项，可不设置相关会计科目。

对于明细科目，银行可以比照附录中的规定自行设置。

在银行会计科目表中，会计科目依据资金的流动性大小进行排列，流动性大的排列在前，流动性小的排列在后。如资产类科目中，"现金"、"存放中央银行准备金"等排列在前，而各种贷款、投资等排列在后，最后是"固定资产"、"无形资产"等科目。

（二）科目代码

在具体会计核算中，会计科目还通过编号用科目代号表示。使用科目代号可以简化核算手续，方便计算机的识别、记账以及有关信息的传递。科目代号的编排是有一定规律的。

财政部和中国人民银行制定的银行业会计科目统一编号，一级科目的代号由4位数字组成，其中第一位代表该科目所属的大类，如：1代表资产类科目，2代表负债类科目，3代表所有者权益类科目，4代表资产负债共同类科目，5代表损益类科目。一级科目的第二、三、四位数字代表该科目的顺序号。

二级科目由6位数字组成，前4位数字表示其归属的一级科目，后2位数字表示在该一级科目下的顺序号。

五、账户与账号

银行会计科目只是对银行的各项会计要素进行分类汇总，而要序时、连续、系统地记录由于银行经济业务的发生所引起的会计要素的增减变动，核算时还必须在账簿中开设账户。因此，账户是根据会计科目开设的，用来分类、连续地记录银行经济业务，反映会计要素增减变动及其结果的一种工具。银行的账户按其开户的对象，可以分为对内账户和对外账户两大类。对内账户是根据银行自身的业务经营管理需要而开立的银行内部专用账户，如：固定资产账户、利息收入账户。对外账户是银行在业务经营中对经营客户或往来户开立的账户。其按资金性质和管理要求分，有银行结算账户和储蓄账户；按核算内容分，有存款类账户、贷款类账户和往来类账户。

银行根据具体要求对账户进行的编号称之为账号。

银行开立的各种对外账户，均应由经办行为开户单位编列账号。账号一般由行号、科目代号、顺序号、计算机识别号四部分组合而成。通常来说，行号由5位数字组成，科目代号由4位数字组成，顺序号由4位以上数字组成，计算机识别号由1位数字组成，所以银行账号一般由10位以上数字构成。银行账号是开户单位和银行办理业务和记账的主要依据之一。

第二节 记账方法

一、记账方法及其种类

记账方法是指按照一定的记账原理和规则,使用一定的记账符号,对日常发生的各种经济业务进行整理、分类并登记会计账簿的一种专门方法。

记账方法按其登记一项经济业务时,是涉及一个账户还是涉及两个或两个以上的账户,可分为单式记账法和复式记账法两种。

(一)单式记账法

单式记账法是对发生的每一项经济业务只在一个账户中进行登记的记账方法。这种方法比较简单,由于对经济业务只在一个会计科目中进行登记,各账户之间没有联系,也不要求相互平衡,因而不能反映经济业务的全貌及其内在联系,故只适用于简单经济活动的核算。

目前我国银行系统中,一般对表外科目所涉及的重要会计事项采用单式记账法进行核算,当业务发生或增加时记收入,减少或销账时记付出,余额表示尚未结清的业务事项。如:增加重要空白凭证、票据承兑。

表外科目的记账金额,一般是按经济业务发生额或凭证的票面额记载,有些控制实物数量的表外科目按照假定价格记载。例如,重要空白凭证通常按 1 元来表示其每一份。

【例 2-1】某行柜员组领回重要空白凭证支票 300 本。

该笔业务发生,涉及"重要空白凭证"科目,业务发生记入收方,其会计分录为:

收入:重要空白凭证——支票　　　　　　　　　　　　　　　　　　300

【例 2-2】某企业购买支票 100 张。

该笔业务转销重要空白凭证,假设一本支票 20 张,一张 1 元钱,其会计分录为:

付出:重要空白凭证——支票　　　　　　　　　　　　　　　　　　100

【例 2-3】工商银行某支行收到重要空白凭证 50 本,每本 25 元,并入库保管,其会计分录为:

收入:重要空白凭证——现金支票　　　　　　　　　　　　　　　1 250

【例 2-4】工商银行某支行为开户单位承兑面额为 10 000 000 元的商业汇票,其会计分录为:

收入:银行承兑汇票　　　　　　　　　　　　　　　　　　10 000 000

(二)复式记账法

复式记账是对每一项经济业务,按照资金内在的对应关系,以相等的金额同时在相关联的两个或两个以上账户中进行登记的记账方法。这种方法不仅可以反映每一笔业务的来龙去脉,以及资金的变动情况,还方便了用试算平衡来检查账簿记录的正确性,是一种比较科学的记账方法。目前我国银行系统中,对表内业务采用借贷记账法进行核算。

二、借贷记账法及其具体运用

借贷记账法是以会计科目为主体,以"借"和"贷"为记账符号,按照"有借必有贷,借贷必相等"的记账规则,记录和反映资金增减变化情况的一种复式记账法。

（一）记账符号

借贷记账法是以"借"、"贷"作为记账符号,将每个会计科目所属账户的账页划分为借方、贷方、余额三栏,所有账户的左方为借方,右方为贷方,余额可以为借方余额,也可以为贷方余额。究竟借贷两方,哪一方记增加数,哪一方记减少数,要依据账户的性质来确定,具体为:资产、费用类账户,增加记借方,减少记贷方,余额反映在借方;负债、所有者权益、收入、利润类账户,增加记贷方,减少记借方,余额反映在贷方。资产负债共同类账户的余额在借方,属资产类账户;余额在贷方,则属负债类账户。

（二）记账规则

借贷记账法以"有借必有贷,借贷必相等"作为记账规则。即每一笔经济业务的处理,都必须以相等的金额同时记入有关账户的借方和贷方,可以是一借一贷,也可以是一借多贷或一贷多借,但借贷双方的金额必须相等。现举例说明如下:

【例2-5】某商业银行签发现金支票一张,向其开户的人民银行发行库提取现金1 100 000元。其会计分录为:

借:现金 1 100 000
　贷:存放中央银行准备金 1 100 000

【例2-6】某商业银行从开户单位食品添加剂厂账户支付350 000元货款给另一开户单位化工有限公司。其会计分录为:

借:单位活期——食品添加剂厂户 350 000
　贷:单位活期存款——化工有限公司户 350 000

【例2-7】某商业银行向开户单位制药发放短期贷款700 000元,转入其存款账户。其会计分录为:

借:短期贷款——制药厂贷款户 700 000
　贷:单位活期存款——制药厂存款户 700 000

【例2-8】开户单位木材公司从银行提取现金8 000元。其会计分录为:

借:单位活期存款——木材公司存款户 8 000
　贷:现金 8 000

银行经济业务的发生所引起的资产、负债、所有者权益、损益等的增减变动规律可概括为以下两种类型:

1.经济业务的发生,如果涉及不同性质的会计要素,则必定是同时增加或同时减少,等式的平衡关系不会改变,总额会发生变化;

2.经济业务的发生,如果涉及相同性质的会计要素,则必定是一个增加,同时另一个减少,等式的平衡关系不会打破,总额也不会改变。

（三）试算平衡

借贷记账法是根据复式记账原理,按照"资产＝负债＋所有者权益"这一恒等式来检查和平衡账务的,由于始终坚持"有借必有贷,借贷必相等"的记账规则,因此一定时期内全部账户的借方发生额合计数和贷方发生额合计数必然相等,而反映各个账户资金增减变动结果的余额,其借、贷合计数也必然相等。因此形成两个账务平衡公式:

各科目借方发生额合计=各科目贷方发生额合计

各科目借方余额合计=各科目贷方余额合计

试算平衡表可以用日记表代替。根据上述四项经济业务的会计分录,编制试算平衡表(见表2-1)。

表 2-1 试算平衡表

20××年×月×日 单位:元

会计科目	期初余额		本期发生额		期末余额	
	借方	贷方	借方	贷方	借方	贷方
现金	600 000		1 100 000	8 000	1 692 000	
存放中央银行准备金	1 500 000			1 100 000	400 000	
		2 590 000	358 000	1 050 000		3 282 000
单位活期存款	490 000		700 000			
短期贷款					1 190 000	
	2 590 000	2 590 000	2 158 000	2 158 000	3 282 000	3 282 000

第三节 会计凭证

会计凭证是记录经济业务,明确经济责任、具有法律效力的书面证明,是办理现金收付和登记账簿的依据,也是核对账务和进行事后查考的重要凭据。由于会计凭证需要在银行内部和银行之间组织传递,才能完成账务记载,因此银行的会计凭证又称为"传票"。

一、银行会计凭证的种类与特点

(一)银行会计凭证的种类

银行使用的会计凭证多种多样,可以从不同的角度进行划分。

1.按凭证填制程序的不同,分为原始凭证与记账凭证

(1)原始凭证是经济业务发生时直接取得的凭证,是用来证明经济业务实际发生及完成情况的原始依据。原始凭证按其来源不同,可分为外来原始凭证和自制原始凭证。外来原始凭证是在经济业务发生时从外部取得的凭证。如开户单位签发的转账支票、从其他商业银行收到的进账单。自制原始凭证是在办理各种业务中,根据业务需要而自行填制的凭证,如银行填写的特种转账借方凭证。

(2)记账凭证是由电子信息输出后打印或根据原始凭证信息编制生成的凭证,是登记账簿的直接依据。银行的记账凭证,按其生成方式可分为人工填制凭证和计算机打印凭证。

2.按凭证形式的不同,分为单式凭证与复式凭证

单式凭证是指只填记一个会计科目或账户的会计凭证,那么一笔经济业务按其转账

的对应关系,需要编制两张或两张以上的会计凭证。复式凭证是指一笔经济业务所涉及的几个科目或账户都反映在一张凭证上。

3.按凭证格式和使用范围的不同,分为基本凭证和特定凭证

基本凭证是银行根据有关原始凭证及业务事项,自行填制并凭以记账的凭证。商业银行的基本凭证按照使用范围的不同可分为三类,共 8 种。

第一类凭证仅供银行内部使用,不对外销售和传递,适用于未设专用凭证的一切现金收、付和转账业务,有 4 种。

(1)现金收入凭证(见表 2-2)、现金付出凭证(见表 2-3)

表 2-2　现金收入凭证

中国××银行现金收入传票

铜牌或对号单第　　号

| 总字第　　号 |
| 字第　　号 |

(贷)＿＿＿＿＿＿＿＿＿＿

(借)　现金＿＿＿＿　　　　　　年　月　日

户名或账号	摘　要	金　额									附件
		百	十	万	千	百	十	元	角	分	

张（白纸红油墨）

会计　　　　　　出纳　　　　　　复核　　　　　　记账

表 2-3　现金付出凭证

中国××银行现金付出传票

铜牌或对号单第　　号

| 总字第　　号 |
| 字第　　号 |

(借)＿＿＿＿＿＿＿＿＿＿

(贷)　现金＿＿＿＿　　　　　　年　月　日

户名或账号	摘　要	金　额									附件
		百	十	万	千	百	十	元	角	分	

张（白纸黑油墨）

会计　　　　　　出纳　　　　　　复核　　　　　　记账

(2)转账借方凭证(见表2-4)、转账贷方凭证(见表2-5)

转账凭证主要用于银行内部资金收付的账务处理。

表2-4 转账借方凭证

中国××银行账转借方传票

| 总字第 号 |
| 字第 号 |

| 科目(借) | 年 月 日 | 对方科目(贷) |

户名或账号	摘 要	金 额											附件 张(蓝纸黑油墨)
---	---	亿	千	百	十	万	千	百	十	元	角	分	
合 计													

会计　　　　　复核　　　　　记账　　　　　制票

表2-5 转账贷方凭证

中国××银行账转贷方传票

| 总字第 号 |
| 字第 号 |

| 科目(贷) | 年 月 日 | 对方科目(借) |

户名或账号	摘 要	金 额											附件 张(浅蓝纸红油墨)
---	---	亿	千	百	十	万	千	百	十	元	角	分	
合 计													

会计　　　　　复核　　　　　记账　　　　　制票

第二类是仅供银行内部使用,不对外销售但可对外传递,适用于涉及外单位资金收付而且又是银行主动代为收款或者扣款时使用(如银行代收款项的收账通知或单位存款利息的进账单),使用特种转账凭证要经过会计主管审核,有2种。

(3)特种转账借方凭证(见表2-6)、特种转账贷方凭证(见表2-7)

表 2-6 特种转账借方凭证

中国××银行特种账转借方传票

年　月　日

总字第　　号
字第　　号

付款单位	全　　称												收款单位	全　　称										
	账号或地址													账号或地址										
	开户行、社		行号											开户行、社			行号							

金额	人民币（大写）	十	亿	千	百	十	万	千	百	十	元	角	分

原凭证金额		赔偿金		科目(借) ＿＿＿＿＿＿
原凭证名称		号　码		对方科目(贷) ＿＿＿＿＿
转账原因				会计　　　　复核 记账　　　　制票
	行、社盖章			

作借方凭证或收账通知　附件　张

（白纸蓝油墨）

表 2-7 特种转账贷方凭证

中国××银行特种账转贷方传票

年　月　日

总字第　　号
字第　　号

付款单位	全　　称												收款单位	全　　称										
	账号或地址													账号或地址										
	开户行、社		行号											开户行、社			行号							

金额	人民币（大写）	十	亿	千	百	十	万	千	百	十	元	角	分

原凭证金额		赔偿金		科目(贷) ＿＿＿＿＿＿
原凭证名称		号　码		对方科目(借) ＿＿＿＿＿
转账原因				会计　　　　复核 记账　　　　制票
	行、社盖章			

作贷方凭证或收账通知　附件　张

（白纸紫油墨）

　　第三类凭证是特定业务使用的通用凭证，有 2 种。

(4)表外科目收入凭证(见表 2-8)和表外科目付出凭证(见表 2-9)

表 2-8　表外科目收入凭证

中国××银行表外科目收入传票

表外
科目(收入)＿＿＿＿＿＿＿

| 总字第　　　号 |
| 字第　　　号 |

户　名	摘　　要	金　额										附件
		亿	千	百	十	万	千	百	十	元	角	分

会计　　　　　　出纳　　　　　　复核　　　　　　记账

附件　张（白纸红油墨）

表 2-9　表外科目付出凭证

中国××银行表外科目付出传票

表外
科目(付出)＿＿＿＿＿＿＿

| 总字第　　　号 |
| 字第　　　号 |

户　名	摘　　要	金　额										附件
		亿	千	百	十	万	千	百	十	元	角	分

会计　　　　　　出纳　　　　　　复核　　　　　　记账

附件　张（白纸黑油墨）

　　采用计算机记账后,有的银行不再使用以上固定格式的 8 种凭证,而采用现金和转账 2 种机制凭证。

　　特定凭证是根据某项业务的特殊需要而制定的专用凭证。特定凭证种类较多,一般是由银行统一印制,客户购买使用和填写,并提交银行凭以办理业务,银行审核无误后凭以记账,如支票、现金缴款单、各种结算凭证。也有某些特定凭证由银行填制并凭以办理业务,如定期储蓄存单、联行报单、银行汇票。特定凭证一般一式数联套写。各种特定凭证的名称、格式及用途在以后各种业务核算中进行介绍。

　　(二)银行会计凭证的特点

　　1.大量采用以原始凭证代替记账凭证作为记账依据

银行由于业务量大,在实际业务核算中会收到大量的原始凭证,而这些原始凭证又是由银行统一印制的,已经具备了记账凭证的内容。为了避免重复劳动,提高工作效率,银行大量采用以原始凭证代替记账凭证作为记账依据,这样既节省人力物力,又有利于银行和客户双方的账务保持一致。

2.除个别业务外,大多采用单式凭证

采用单式凭证既有利于加快凭证传递和分工记账,又方便了按科目清分传票、日终轧账,还有利于会计凭证的装订和保管。

二、银行会计凭证的基本要素

银行使用的会计凭证种类较多,虽然各种凭证的格式、内容不同,但一般都应具备下列基本要素:

(1)年、月、日(以特定凭证代替记账凭证时,必须注明记账日期);

(2)人民币或外币符号和大小写金额;

(3)款项来源、用途或摘要及附件的张数;

(4)会计分录和凭证编号;

(5)银行及有关人员的签章;

(6)有关收、付款人的户名和账号;

(7)有关收、付款人的开户行名称与行号;

(8)客户按照有关规定的签章。

现金收入凭证、现金付出凭证、转账借方凭证、转账贷方凭证,是适用于银行内部的凭证,应具备上述第(1)到第(5)项要素;特种转账借方凭证和特种转账贷方凭证等适用于商业银行对外业务的传票,要具备第(1)到第(8)项要素。

三、银行会计凭证的处理

会计凭证的处理,是指从受理或填制会计凭证开始,经过对凭证的审查、传递、记账,到整理装订保管为止的全过程。

(一)银行会计凭证的填制

1.正确填写票据和结算凭证的基本规定

银行、单位和个人填写的各种票据和结算凭证是办理支付结算和现金收付的重要依据,直接关系到支付结算的准确、及时和安全。票据和结算凭证是银行、单位和个人凭以记载账务的会计凭证,是记载经济业务和明确经济责任的一种书面证明。因此,填写票据和结算凭证,必须做到标准化、规范化,要要素齐全、数字正确、字迹清晰、不错漏、不潦草,防止涂改。

(1)中文大写金额数字应用正楷或行书填写,如壹、贰、叁、肆、伍、陆、柒、捌、玖、拾、佰、仟、万(萬)、亿、元、角、分、零、整(正)等字样。不得用一、二(两)、三、四、五、六、七、八、九、十、念、毛、另(或0)填写,不得自造简化字。如果金额数字书写中使用繁体字,如贰、陆、信、寓、圆的,也应受理。

(2)中文大写金额数字到"元"为止的,在"元"之后应写"整"(或"正")字,在"角"之后可以不写"整"(或"正")字。大写金额数字有"分"的,"分"后面不写"整"(或"正")字。

(3)中文大写金额数字前应标明"人民币"字样,大写金额数字应紧接"人民币"字样填写,不得留有空白。大写金额数字前未印"人民币"字样的,应加填"人民币"3个字。在票据和结算凭证大写金额栏内不得预印固定的"仟、佰、拾、万、仟、佰、拾、元、角、分"字样。

(4)阿拉伯小写金额数字中有"0"时,中文大写应按照汉语语言规律、金额数字构成和防止涂改的要求进行书写。举例如下:

①阿拉伯数字中间有"0"时,中文大写金额要写"零"字。如¥1 409.50,应写成人民币壹仟肆佰零玖元伍角。

②阿拉伯数字中间连续有几个"0",中文大写金额中间可以只写一个"零"字,如¥6 007.14,应写成人民币陆仟零柒元壹角肆分。

③阿拉伯金额数字万位或元位是"0",或者数字中间连续有几个"0",万位、元位也是"0",但千位、角位不是"0"时,中文大写金额中可以只写一个零字,也可以不写"零"字,如¥1 680.32,应写成人民币壹仟陆佰捌拾元零叁角贰分,或者写成人民币壹仟陆佰捌拾元叁角贰分;又如¥107 000.53,应写成人民币壹拾万柒仟元零伍角叁分,或者写成人民币壹拾万零柒仟元伍角叁分。

④阿拉伯金额数字角位是"0",而分位不是"0"时,中文大写金额"元"后面应写"零"字。如¥16 409.02,应写成人民币壹万陆仟肆佰零玖元零贰分;又如¥325.04,应写成人民币叁佰贰拾伍元零肆分。

(5)阿拉伯小写金额数字前面,均应填写人民币符号"¥"(或草写:¥)。阿拉伯小写金额数字要认真填写,不得连写分辨不清。

(6)票据的出票日期必须使用中文大写。为防止变造票据的出票日期,在填写月、日时,月为壹、贰和壹拾的,日为壹至玖和壹拾、贰拾和叁拾的,应在其前加"零";日为拾壹至拾玖的,应在其前加"壹"。如1月15日,应写成零壹月壹拾伍日。再如10月20日,应写成零壹拾月零贰拾日。

(7)票据出票日期使用小写填写的,银行不予受理。大写日期未按要求规范填写的,银行可予受理,但由此造成损失的,由出票人自行承担。

2.银行会计凭证的具体填制

银行每发生一笔经济业务都必须填制会计凭证,而银行的业务按支付方式不同,有现金业务和转账业务,因此在填制会计凭证时方法就有所不同。

(1)现金凭证的填制

现金业务使用的凭证有现金收入凭证和现金付出凭证。

发生现金业务时,记载的一方是有关业务使用的科目,另一方必然是现金科目。为了简化核算手续,对现金业务都只填制一张凭证,即现金科目对方科目凭证,而现金科目不再另行填制凭证。这种操作上的简化,即一笔业务只编制一联记账凭证,在使用单式凭证的情况下,在理论上与复式记账原理是相违背的。

银行内部发生现金收付业务,由银行自行填制现金收入传票或现金付出传票;对外的现金收付业务,则以客户提交的凭证如现金缴款单、现金支票等代替现金收入凭证和现金付出凭证。

（2）转账凭证的填制

转账业务使用的凭证是转账借方凭证和转账贷方凭证。

发生转账业务时，根据"有借必有贷，借贷必相等"的记账规则，至少要填制两张或两张以上的转账借方凭证和转账贷方凭证，凭证双方的金额应相等。

银行内部的转账业务，由银行自行填制转账凭证；对外的转账业务，以客户提交的特定凭证代替转账借方凭证和转账贷方凭证。

（二）银行会计凭证的审查

无论是银行自行填制的基本凭证，还是客户提交的特定凭证，在记账前都必须根据有关业务的具体要求进行审查，以保证凭证的真实性、完整性、合法性和正确性。审核时一般应注意以下几点：

1.是否应为本行受理的凭证；

2.使用的凭证种类是否正确，凭证内容、联数与附件是否完整齐全，是否超过有效期限；

3.账号与户名是否相符；

4.大、小写金额是否一致，字迹有无涂改；

5.密押、印鉴是否真实、齐全；

6.款项来源、用途是否符合政策和有关资金管理的规定以及信贷、结算的管理原则；

7.款项使用是否超过存款余额、贷款额度或拨款限额；

8.计息、收费、赔偿金等的计算是否正确；

9.内部科目账户名称使用是否正确。

凡是经过银行办理的凭证，必须加盖有关人员名章及公章，以明确责任。经过审核，对于符合要求的凭证，应及时进行账务处理或进行传递；对不符合要求的凭证应拒绝受理；对凭证内容记载不完整、不明确的，应退回补充或重新填制；如发现伪造、变造会计凭证的违法行为，要认真追究责任，严肃处理。

（三）银行会计签章

会计签章，是指在会计凭证、账簿、报表等会计资料上表明并确认真实身份及业务合法性的特定标识，包括印章、签名等，以及法律、行政法规和部门规章规定的电子签名。银行对已经处理或打印输出的会计凭证、账表，必须按规定加盖印章或签名。

目前，银行主要会计印章的使用范围及配置有：

1.业务公章：用于对外出具存款证明、资信证明书、委托调查报告，签发单位定期存款存单、协议存款证明、余额对账单、借款人欠息通知单、业务电报、挂失回单、止付通知、证实书、假币收缴凭证及其他需要加盖业务公章的重要单证或报表。该印章按营业机构配备，由网点总会计或业务主管保管。

2.受理凭证专用章：用于银行受理客户提交（含本行和他行）而尚未进行转账处理的各种凭证的回单及上门服务凭证等。印章上必须刻有"收妥抵用"字样。该印章按办理相关业务的柜员进行配备，通过编号进行区分。

3.现金收、付讫章：用于现金凭证及现金进账回单、现金缴款单、现金支票以及发行基金出入库凭证。该印章可根据业务需要按柜员进行配置。

4.结算专用章：用于办理票据贴现、转贴现、再贴现业务；发出、收到和办理托收承付、委托收款结算凭证;发出汇兑结算凭证及结算业务的查询查复等。该印章按办理对公结算业务的网点配备,由业务主办或业务主管保管。

5.汇票专用章:用于签发全国银行汇票、银行承兑汇票及承兑商业汇票;办理承兑汇票转贴现和再贴现时的背书等。该印章及印模卡片按办理银行汇票的营业网点配备,由业务主办或业务主管保管。

6.辖内往来专用章:用于辖内往来凭证、划转清单、查询查复及辖内现金调拨等业务。该印章按网点配置。

7.个人名章:用于会计人员经办和记载的凭证、账簿、报表等。

以上印章,除个人名章外,均应冠以行名,并带有年、月、日。其他业务专用章按照相关业务管理规定使用。

会计签章应由专人妥善保管使用,建立登记簿。随着电子计算机技术的应用,会计签章除了书面签章外还建立了电子签章。电子签章就是通过密码技术对电子文档的电子形式进行"签章",并非是书面签章的图像化,而是以使用非对称性公开密钥保密系统来完成,实质上其运作方式就是一种数学运算。目前,使用数字化证书是可靠电子签章的唯一实现形式。

（四）银行会计凭证的传递

银行会计凭证无论是在银行内部进行传递,还是在两个或两个以上银行之间进行传递,都必须做到准确及时、手续严密、先外后内、先急后缓、防止积压、丢失等现象发生。除有关业务核算手续另有规定者外,各种凭证一律由银行内部传递,以免发生舞弊,造成账务混乱或资金损失。

银行各类业务凭证的传递,具体应遵守以下规定:

1.现金收入业务,必须"先收款,后记账",以防止漏收或错收款项。

2.现金付出业务,必须"先记账,后付款",以防止透支款项。

3.转账业务,必须先记付款人账户,后记收款人账户;代收他行票据,收妥抵用,以贯彻银行不垫款原则。

（五）银行会计凭证的装订与保管

会计凭证必须每日按固定顺序装订。装订前应先检查科目日结单张数、凭证张数、附件张数及有关戳记是否完整、齐全,发现不符和手续不全的,必须由有关人员更正补齐。装订的顺序,以科目排列先后次序为准,每个科目下再按现收、现付、转借、转贷顺序排列,科目日结单装订在各该科目传票的前面。装订时要将凭证、附件整理整齐,并加具封面、封底,用线绳装订牢固,在绳结处用纸条加封,由装订人员和会计主管在加封处盖章。

第四节　账务组织与账务处理

一、银行的账务组织

账务组织是指账簿的设置、记账程序以及账务核对方法相互配合所形成的核算体系。

银行的账务组织包括明细核算和综合核算两个系统。前者是按账户进行的核算,明细反映各账户资金增减变化的情况;后者是按科目进行的核算,综合反映各类资金增减变化的情况。两者都是反映业务活动、考核计划执行情况和财务活动的主要依据,也是维护各项资金和财产安全的重要工具。两个系统的账簿,都必须根据同一会计凭证平行登记,双线核算,即根据同一凭证对经济业务既进行明细核算,同时又进行综合核算,所以它们在反映情况方面互相配合、互相补充,在数字方面互相核对、相互制约,明细核算与综合核算的数字必须相符。

(一)账簿的设置

银行的账簿是账务组织的主体,是由一定格式的账页组成,用来分类、连续、系统地记录经济业务的各种簿册。银行账簿按其用途不同,一般有序时账、明细账、总账和登记簿四种。

1.序时账

序时账是每日按经济业务发生时间的先后顺序,逐笔连续登记的账簿。银行的序时账主要有现金收入日记簿(见表2-10)和现金付出日记簿,是逐笔、序时记载现金收入、付出及结存情况的明细记录。

表 2-10　现金收入日记簿

现金收入日记簿

柜组名称:　　　　　　　　　　年　　月　　日　　　　　　第　页共　页

凭证号数	科目代号	户名或账号	金额（位数）	凭证号数	科目代号	户名或账号	金额（位数）
合　计				合　计			

2.明细账

(1)分户账

分户账是按照开户单位和银行各种资金分账户连续、明细记录的账簿,是银行与开户单位对账的依据。分户账的格式,除根据业务所规定的专用格式外,一般有以下四种:

①甲种账(见表2-11)。设有借、贷方发生额和余额三栏,适用于不计息科目账户、余额表计息科目账户、银行内部科目账户。

表 2-11　甲种账

××银行

(　　　　　　) 账

本账总页数	
本户页数	

户名：　　　　　　账号：　　　　　　　　　　领用凭证记录 ....

年		摘　要	凭证号码	对方科目代号	借方 （位数）	贷方 （位数）	借或贷	余额 （位数）	复核员
月	日								

会计　　　　　　　　　　　记账

②乙种账（见表 2-12）。设有借、贷方发生额、余额、积数四栏，适用于在账页上加计积数，并计算利息的账户。存款账户和贷款账户均可使用此类账户。

表 2-12　乙种账

××银行

(　　　　　　) 账

本账总页数	
本户页数	

户名：　　　　　　账号：　　　　　　领用凭证记录 ....　　利率：

年		摘　要	凭证号码	对方科目代号	借方 （位数）	贷方 （位数）	借或贷	余额 （位数）	日数	积数 （位数）	复核员
月	日										

会计　　　　　　　　　　　记账

③丙种账（见表 2-13）。设有借、贷方发生额和借、贷方余额四栏，适用于借、贷双方反映余额的账户。

表 2-13 丙种账

××银行

(　　　　　　　　) 账

本账总页数	
本户页数	

户名：　　　　　账号：　　　　　领用凭证记录 _____

年		摘　要	凭证号码	对方科目代号	发生额		余　额		复核员
月	日				借方	贷方	借方	贷方	

④丁种账(见表 2-14)。设有借、贷方发生额、余额和销账四栏,适用于逐笔记账、逐笔销账的一次性账务,它兼有分户核算作用账户。

表 2-14 丁种账

××银行

(　　　　　　　　) 账

本账总页数	
本户页数	

户名：

年		账号	户名	摘　要	凭证号码	对方科目代号	借方(位数)	销账			贷方(位数)	借或贷	余额(位数)	复核员
月	日							年	月	日				
会计					记账									

(2)余额表

余额表是反映每日营业终了各账户最后余额的账簿,分为计息余额表和一般余额表两种。

①计息余额表(见表 2-15),适用于计息科目。

表 2-15　计息余额表

××银行(　　　)计息余额表

年　　月　　日

科目名称:单位活期存款　　　　　利率:　　　　　　　　　　　　　　共　　页第　　页

余　额 日　期　　项　目／户　名			
日至上期累计应计息积数			
1			
……			
10 天小计			
11			
……			
20 天小计			
……			
本月计息积数			
应加减积数			
至本期累计应计息积数			
结息日利息			

②一般余额表(见表 2-16),适用于抄制各科目及户名余额时使用。

表 2-16　一般余额表

××银行(　　　)

一 般 余 额 表

年　　月　　日　　　　　　　　共　　页第　　页

科目代号	户名及摘要	余额(位数)	科目代号	户名及摘要	余额(位数)

会计　　　　　　　　复核　　　　　　　　制表

3. 总账

总账(见表 2-17)是各科目的总括记录,也是编制会计报表的依据。总账按科目设置,有借、贷方发生额和借、贷方余额四栏。每日营业终了,根据各科目下各账户的发生额合计数记载,并结出余额。账页每月更换一次。

表 2-17　总账

××银行(　　　)

总　　账

科目代号：_____

科目名称：_____　　　　　　　　　　第　　号

年　　月	借　方	贷　方
	（位数）	（位数）
上年底余额		
本年累计发生额		
上月底余额		
上月底累计未计息积数		

日　期	发生额		余　额		核对盖章
	借方	贷方	借方	贷方	复核员
	（位数）	（位数）	（位数）	（位数）	
1					
……					
10 天小计					
11					
……					
月　计					
自年初累计					
本期累计计息积数					
本月累计未计息积数					

会计　　　　　　　　复核　　　　　　　　记账

4.登记簿

登记簿是为了适应某些业务需要而设置的,起备忘、控制和管理作用的辅助性账簿。如重要空白凭证登记簿、印章保管使用登记簿、开销户登记簿、凭证(资料)交接登记簿、挂失登记簿、有价单证登记簿。

(二)记账程序

记账程序又称会计核算程序,包括明细核算程序和综合核算程序两个部分。

1.明细核算程序

明细核算是按账户进行的核算,由分户账、登记簿、现金收入(付出)日记簿、余额表组成。其核算程序是:根据会计凭证登记分户账或登记簿,现金业务需要登记现金收入(付出)日记簿,营业终了根据分户账各户当日最后余额编制余额表。

(1)分户账

分户账是明细核算的主要形式,必须按户立账,连续记载,并在摘要栏注明简明事由,不得以凭证代替分户账。

分户账的记账方法,除按照有关业务核算手续的规定办理外,还应注意下列规定:

①记账前,必须切实核对户名、账号、印鉴、金额或额度、限额等,防止串户、透支等事故的发生。

②账页上首规定填记的主要事项(如账号、户名、贷款额度、拨款限额和页数)均应详细填写。记账时,要写明记账日期,摘要栏扼要填写款项来源、用途或简明事由;现金支票、转账支款凭证应填列凭证号码。

③业务发生后,必须根据凭证当时逐笔记载分户账,并结出余额。

④换新账页时,应将前页的最后余额过入新页的第一行余额栏内,并在摘要栏填写"承前页"字样。对乙种账页记满时,还应把未结息积数的合计数,同时过入新账页积数栏第一格。

⑤损益类各账户应具体记载发生收支的事由。

(2)登记簿

登记簿是适应某些业务需要而设置的账簿,也是用以控制重要空白凭证、有价单证和实物的重要账簿,以及统驭卡片账的辅助账簿。凡在分户账上不能记载而又需要进行登记查证的业务,都可通过登记簿予以登记反映。

(3)现金收入日记簿及现金付出日记簿

现金收入日记簿及现金付出日记簿是记载和控制现金收入和现金付出数字的序时账簿,是现金收入和现金付出的明细记录。其记载方法是:在业务发生后,按照现金收入凭证、现金付出凭证分别序时、逐笔记载。除记载记账日期、凭证号码外,还要在摘要栏内简要记载交款或取款单位名称、款项来源或用途等,尽量配合现金项目分类要求。对外营业终了后,各自结出合计数,编制收付结数表,登记现金库存簿,并与实际现金库存数核对相符。

(4)余额表

余额表是核对总账与分户余额以及计算利息的重要工具。余额表分计息余额表和一般余额表两种。

计息余额表,适用于计息科目,最主要功能是计息,每日营业终了,根据分户账各户最后余额填列,当日未发生收付的账户(法定假日同),根据上一日的最后余额填列。

一般余额表,适用于不计息的各科目,是为了抄制各科目的余额,以便进行总账和分户账余额核对使用。一般余额表是定期核对账务的工具,每月按各户分户账的余额填制一次;而计息余额表是每日核对账务的工具。

2.综合核算程序

综合核算是按科目进行的核算,由科目日结单、总账、日计表组成。其核算程序是:根据会计凭证编制科目日结单,根据科目日结单登记总账,根据总账编制日计表。

(1)科目日结单(见表2-18)。科目日结单是监督明细账户发生额,轧平当日账务的重要工具。每日营业终了,每个科目编制一张科目日结单,编制方法是:按当日同一会计科目的传票汇总整理,按现金收入、现金付出、转账借方、转账贷方顺序排列,各自加计传票张数和金额,填列在科目日结单的有关栏内,并结出借、贷方合计数。当日全部科目日结单相加的借、贷方合计数必须相等,表明当日账务的发生额登记平衡。

表 2-18　科目日结单

××银行(　　　)科目日结单

年　　月　　日

凭证种类	借　方												贷　方											
	传票张数	金　额											传票张数	金　额										
		亿	千	百	十	万	千	百	十	元	角	分		亿	千	百	十	万	千	百	十	元	角	分
现金																								
转账																								
合计																								

复核　　　　　　　　　记账　　　　　　　　　制单

"现金"科目日结单的编制比较特别。由于现金收入、付出业务只有一张凭证,所以现金科目日结单下没有凭证。因此,现金科目日结单应根据其他科目日结单中现金部分,分别借方、贷方汇总合计数,反方填列,只填金额,不填凭证张数。即:其他科目日结单中现金部分的借方合计数,填列现金科目日结单现金部分的贷方;其他科目日结单中现金部分的贷方合计数,填列现金科目日结单现金部分的借方。

(2)总账。总账是综合核算的主要形式,是综合核算同明细核算相互核对和统驭明细分户账的主要工具。其记载方法是:每日营业终了,根据各科目日结单的借、贷方发生额合计数填记,并结出余额。借、贷双方反映余额的科目,其总账上的本日余额,应根据余额表或分户账各户的借方、贷方余额分别加总填记,不得轧差记载。当日未发生账务的科目(法定假日同),也应根据上一日的余额填入当日余额栏内,以便与余额表核对。

(3)日计表(见表 2-19)。日计表是反映当日业务活动的报表,是轧平当日全部账务的主要工具。日计表按日编制,每日营业终了,日计表的各科目当日发生额和余额,根据总账各科目当日发生额和余额填记,表内各科目的借、贷方发生额合计数和借、贷方余额的合计数,必须各自平衡。

表 2-19　日计表

××银行(　　　)

日　计　表

年　　月　　日

科目代号	科目名称	本日发生额		余额		科目代号
		借方	贷方	借方	贷方	
〰〰〰	合　计					

行长(主任)　　　　　　会计　　　　　复核　　　　　制表

（三）账务核对

账务核对是会计核算的重要环节，是防止账务差错、保证核算正确的重要措施。通过账务核对，达到账账、账款、账实、账据、账表和内外账相符的目的。银行账务核对分为每日核对和定期核对两种，核对内容各有侧重。

1.每日核对

每日核对即每日营业终了进行的账务核对，这是保证银行账务正确的第一道防线。

（1）业务处理量核对。电脑打印的当日凭证总张数与实际凭证数核对相符。

（2）账款核对。出纳部分记录的现金日记簿的收入、付出各自合计数，应与会计部门的"现金"科目总账借、贷方发生额核对相符；业务库房的现金库存登记簿的库存数，应与"现金"科目总账余额核对相符，同时与实际现金数核对相符。

（3）总分核对。每日营业终了，总账各科目余额应与分户账或余额表对应各账户余额合计数核对相符。借、贷双方反映余额的总账，应就账页本身的有关数字轧差核对。即：

上日余额轧差数＋本日发生额轧差数＝本日余额轧差数

当总账本日贷方余额大于借方余额时，公式为：

$$\frac{上日贷方}{余\quad 额}-\frac{上日借方}{余\quad 额}+\frac{本日贷方}{发生额}-\frac{本日借方}{发生额}=\frac{本日贷方}{余\quad 额}-\frac{本日借方}{余\quad 额}$$

当总账本日借方余额大于贷方余额时，公式相反。

2.定期核对

定期核对即对未能纳入每日核对的账务，按规定定期进行核对。

（1）使用销账式账页记载的账户，应按旬加计未销账的账户余额，与该科目总账的余额核对相符。

（2）贷款科目最少每季度通打一次全部分户账余额，并与总账核对相符；同时，还要与借款借据逐笔勾对。

（3）贴现卡片票面金额按月与表外科目核对相符。

（4）各种卡片账按月与该科目总账或有关登记簿核对相符。

（5）余额表上的计息积数，应按旬、按月、按结息期与同科目总账的 10 天、20 天小计、月计和本结息期累计积数核对相符。如遇有应加、应减积数，应审查发生的原因和数字是否合理正确。

（6）金银占款分户账每月与发行部门的金银保管登记簿核对相符。

（7）各种有价单证、重要空白凭证等，应每月账实、账簿核对相符。

（8）固定资产在年终决算前账、卡、簿、实核对相符；固定资产卡片上的折旧额合计与"固定资产折旧"科目余额核对相符。

（9）内外账务核对。按月或规定时间向开户单位发送余额对账单，由开户单位填列余额和未达账项，并加盖预留印鉴后返回，对账回单中如有未达账项，应及时查明原因。开户单位的对账回单，经核对无误后，应按科目、账号顺序排列装订保管，以备查考。必要时，可与开户单位进行面对面对账。

（10）同业往来账户核对。每月要保持和同业单位余额相一致，并且要送对账单对账。

银行经办人员在核对相符后,应在有关账、簿、卡上盖章证明,会计主管人员应加强检查督促。

记账程序与每日账务核对流程见图 2-1 所示。

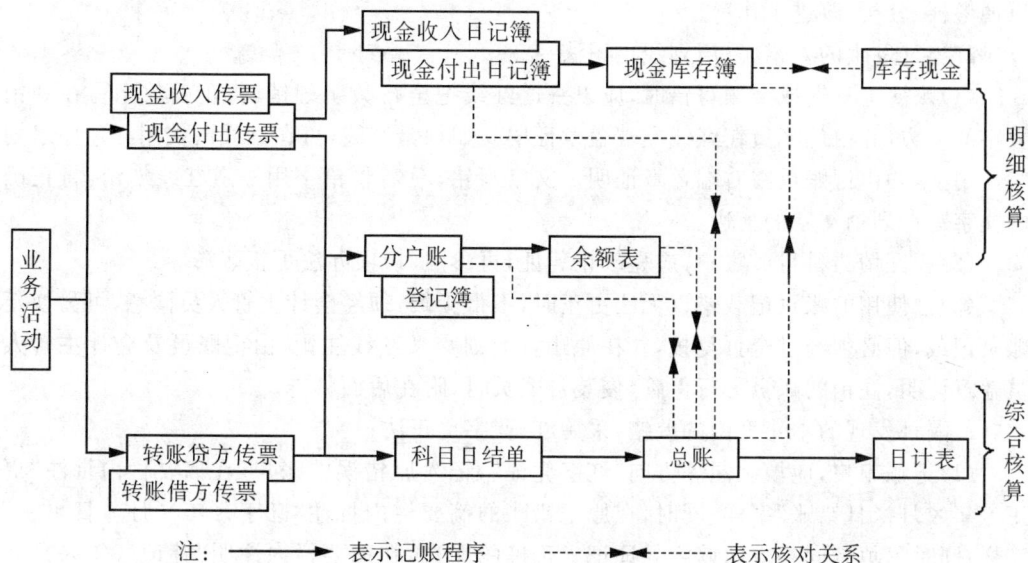

注：──────→　表示记账程序　　-------▶◀-------　表示核对关系

图 2-1　记账程序与每日账务核对流程图

二、记账规则和错账冲正

(一)记账规则

记账必须做到真实、准确、完整、及时,严格遵守制度规定,以保证核算质量。

1. 账簿的各项内容,必须根据凭证的有关事项逐笔记载,结出余额,做到内容完整、数字准确、摘要简明、字迹清晰,严禁弄虚作假。如果凭证内容有错误或遗漏不全,应更正或补充后再行记账。

2. 记账应使用蓝黑墨水钢笔书写,复写账页可用蓝、黑圆珠笔垫双面复写纸书写。红色墨水只用于划线和冲账,以及按规定用红字批注的有关文字说明。

3. 账、表、凭证上所书写的文字及金额,一般应占全格的 1/2。摘要栏文字如一格不足用时,可在下一格接续填写,但其金额应填写于末一行文字的金额栏内。账簿余额结清时,应在元位以"—0—"表示结平。

4. 记账时,应按账页行次顺序连续登记,不得隔页跳行。因漏记使账簿发生空页时,用红色对角线划掉,注明作废;发生空行或空格时,应在空行、空格的摘要栏内用红字注明"空行"、"空格"字样。

5. 凭证、账簿盖错印章,应在所错盖印章上用红笔划"×"以示注销,再补盖正确印章。

6. 账簿上的一切记载,不许涂改、挖补、刀刮、皮擦和用药水销蚀。

7. 填写凭证的各种代用符号规定为:第号为"♯";每个为"@";人民币"元"。

符号为"¥",外币符号从国际惯例;年、月、日简写顺序应自左而右"年/月/日";年利率简写为"年%";月利率简写为"月‰";日利率简写为"日‱"。

（二）错账冲正

银行的账务处理要严肃认真,正确无误。如果发生账务差错,应经部门会计主管审批后,分别按下列规定办理更正,并对错账的原因、日期、金额以及冲正的日期等进行登记,以便考核、分析,改进工作。

1. 当日发生的差错,采用划线更正法

（1）账簿上日期或金额写错时,应以一道红线把全行数字划销,将正确数字写在划销数字的上边,并由记账员在红线左端盖章证明。如划错红线,可在红线两端用红色墨水划"×"销去,并由记账员在右端盖章证明。文字写错,只需将错字用一道红线划销,将正确的文字写在划销文字的上边。

（2）凭证填错科目或账户,应先改正凭证,再参照（1）项办法更正账簿。

（3）已使用的账页记载错误无法更正时,不得撕毁,须经会计主管人员同意,可另换新账页记载,但必须经过全页复核,并在原账页上划交叉红线注销,由记账员及会计主管人员盖章证明,注销的账页另行保管,俊装订账页时,附在后面备查。

2. 隔日发现的本年度内的差错,采用红、蓝字更正法

（1）记账串户,应填制同一方向"红字凭证",记入原错误的账户,在摘要栏内批注"更正×年×月×日错账"字样;同时,在原记错账的摘要栏内批注"已于×年×月×日更正"字样;同时另填制同一方向蓝字凭证记入正确的账户,在摘要栏内注明"补记×年×月×日账"字样及简明事项。

【例2-9】9月20日新世界百货的一笔存款7 000元,误记入新玛特商场存款户,9月28日发现并办理更正。

原来会计分录为:

借:有关科目

贷:单位活期存款——新玛特商场户

更正的会计分录为:

贷:单位活期存款——新玛特商场存款户　　　　　　　　　　　　　　7 000（红字）

贷:单位活期存款——新世界百货存款户　　　　　　　　　　　　　　7 000（蓝字）

（2）凭证的金额、科目或账户填错,账簿随之记错,应填制同方向红字凭证将错误金额全数冲销,再按正确的金额、科目或账户重新填制借、贷方蓝字凭证补记入账,并在摘要栏内注明情况。同时在原错误凭证上批注"已于×年×月×日更正"字样。

【例2-10】7月4日计收甲企业短期贷款利息8 970元,误将传票金额填为8 907元并据以记账,于7月27日发现并办理更正。

原来的会计分录为:

借:单位活期存款——甲企业存款户　　　　　　　　　　　　　　　8 907

贷:利息收入　　　　　　　　　　　　　　　　　　　　　　　　　　8 907

更正的会计分录为:

借:单位活期存款——甲企业存款户　　　　　　　　　　　　　　8 907（红字）

贷:利息收入　　　　　　　　　　　　　　　　　　　　　　　8 907（红字）

借:单位活期存款——甲企业存款户　　　　　　　　　　　　　　8 970（蓝字）

贷:利息收入　　　　　　　　　　　　　　　　　　　　　　　8 970（蓝字）

3.隔年发现的差错,采用蓝字反方向更正法

本年度发现上年度的错账,应填制蓝字反方向凭证更正,不得更改决算报表。凭证的摘要栏应注明情况,原错账凭证上应批注"已于×年×月×日更正"字样。

【例2-11】9月20日新世界百货的一笔存款7 000元,误记入新玛特商场存款户,次年1月5日发现并办理更正。

原来的会计分录为:

借:有关科目　　　　　　　　　　　　　　　　　　　　　　7 000
　　贷:单位活期存款——新玛特商场存款户　　　　　　　　　　　　　　7 000

更正的会计分录为:

借:单位活期存款——新玛特商场存款户　　　　　　　　　　7 000
　　贷:单位活期存款——新世界百货存款户　　　　　　　　　　　　　　7 000

注意:凡更正错账而影响利息计算时,应计算应加、应减积数,并在余额表或乙种账上调整计息积数。

本章练习与思考

(一)名词解释

1.表内科目

2.基本凭证

3.特定凭证

4.账务组织

5.分户账

6.日计表

7.账务核对

(二)判断题

(　　)1.根据借贷记账法的记账原理,一定时期内全部账户的借方发生额合计数和贷方发生额合计数必然相等。

(　　)2.特种转账传票是特定凭证之一。

(　　)3.会计凭证的处理是指从受理或填制会计凭证开始,经过对凭证的审查、传递、记账,到整理装订保管为止的全过程。

(　　)4.票据的出票日期必须使用中文大写,若使用小写填写的,银行不予受理。

(　　)5.银行办理转账业务,必须先记付款人账户,后记收款人账户,以贯彻银行不垫款原则。

(　　)6.现金科目日结单应根据其他科目日结单中现金部分,分别借方、贷方汇总合计数,反方填列,只填金额,不填凭证张数。

(　　)7.计息余额表根据分户账各户的最后余额抄列,当日没有发生业务的,可以不必抄列。

(　　)8.每日营业终了,根据各科目日结单的借、贷方发生额登记各总账的发生额,并结出余额。当日未发生业务的,可以不填写。

(　　)9.无论是银行自行填制的基本凭证,还是客户提交的特定凭证,在记账前都必

须根据有关业务的具体要求进行审查,以保证凭证的真实性、完整性、合法性和正确性。

(   )10.登记簿是一种主要账簿,在银行会计中较多地使用它作为明细账的一种补充形式。

(   )11.综合核算是按科目进行的核算,其核算程序是:根据会计凭证编制科目日结单,根据科目日结单登记总账,根据总账编制日计表。

(   )12.日计表是反映当日业务活动的报表,是轧平当日全部账务的主要工具。

(   )13.发现上年度错账时,应填制红字冲正传票予以冲正。

(   )14.记账凭证按其填制的方式不同,可分为基本记账凭证和特定记账凭证两种。

(   )15.银行每发生一笔业务,至少要编制两张传票。

(三)单项选择题

1.下列凭证属于基本凭证的是(   )。

    A.现金支票   B.转账支票

    C.银行汇票   D.转账借方传票

2.银行办理现金收入业务时,必须先收款,后记账;办理现金付出业务,必须(   )。

    A.先收款,后记账   B.先记账,后收款

    C.先付款,后记账   D.先记账,后付款

3.根据某项业务的特殊需要而制定的专用凭证是(   )。

    A.特定凭证   B.基本凭证   C.单式凭证   D.复式凭证

4.本月18日发现本月10日的一笔错账,应采用的错账冲正方法是(   )。

    A.划线更正法   B.红、蓝字更正法

    C.蓝字反方更正法   D.撕毁,另换账页记载

5.资产账户的借方、贷方、余额分别表示为资产的(   )。

    A.减少、增加、借方   B.增加、减少、借方

    C.减少、增加、贷方   C.增加、减少、贷方

(四)多项选择题

1.下列属于负债类科目的是(   )。

    A.存放中央银行准备金   B.向中央银行借款

    C.贴现   D.应解汇款

    E.活期存款

2.下列属于明细核算构成的是(   )。

    A.分户账   B.登记簿

    C.现金收(付)日记簿   D.科目日结单

    E.余倾表

3.银行的账簿按其用途不同,一般设置有(   )。

    A.序时账   B.总账   C.明细账   D.登记簿

    E.日计表

4.下列属于综合核算构成的是(   )。

    A.分户账   B.日计表

    C.现金收(付)日记簿   D.科目日结单

E. 总账

5. 银行会计凭证的特点有( )。

    A. 大量采用以特定凭证代替记账凭证作为记账依据

    B. 多数业务采用复式凭证

    C. 除个别业务外采用单式凭证

    D. 记账凭证均由客户填制

    E. 记账凭证均由银行填制

6. 银行每日账务核对的主要内容有( )。

    A. 电脑打印的当日凭证总张数与实际凭证数核对相符

    B. 现金日记簿的收入、付出各自合计数,与现金总账借、贷方发生额核对相符

    C. 现金库存登记簿的库存数与现金总账余额和钱箱的实际现金数核对相符

    D. 总账各科目余额与分户账或余额表对应各账户余额合计数核对相符

    E. 余额表各账户余额合计与日计表对应各科目余额核对相符

(五)简答题

1. 银行会计科目有哪些分类?

2. 银行会计凭证的种类有哪些?

3. 商业银行的基本凭证按照使用范围分为几类?各有什么适用范围?

4. 银行会计凭证有哪些特点?

5. 银行现金凭证是如何填制的?

6. 银行的账务组织包括哪些系统?它们之间有什么样的关系?

(六)业务题

要求:编制下列经济业务的会计分录,并按发生额编制试算平衡表,进行试算平衡。

资料:某商业银行支行当日发生下列业务:

(1)开户单位久升百货签发现金支票,支取现金 5 000 元。

(2)本行向开户的人民银行提取现金 100 000 元。

(3)向保洁垃圾处理厂发放 6 个月的短期贷款 200 000 元,并转入其账户。

(4)开户单位蓝天机械厂从其基本账户中转出 150 000 元,办理期限为 1 年的单位定期存款。

试算平衡表

年 月 日

科目代码	科目名称	上日余额		本日发生额		本日余额	
		借方	贷方	借方	贷方	借方	贷方
1010	现金	180 000					
1040	存放中央银行准备金	500 000					
1210	短期贷款	170 000					
2010	单位活期存款		630 000				
2020	单位定期存款		220 000				
		850 000	850 000				

第3章
存款业务的核算

学习目的

通过本章的学习,了解银行存款业务的意义,理解存款业务的相关规定,掌握储蓄业务的种类和核算,能够理解和应用存款业务的会计科目,能够对存款业务进行会计处理,正确计算存款利息,掌握存款利息的账务处理。

第一节 存款业务概述

一、存款业务的意义

银行的经营活动中所需要的资金大部分是通过吸收存款而取得的。因此,从资金来源的角度来看,存款的规模制约着贷款的规模;在成本水平一定的条件下,存款的规模也决定着银行利润水平的高低,关系到银行自身的生存和发展。另外,从宏观角度来看,银行通过吸收存款,充分地将大量的、分散的社会闲散资金聚集成巨大的货币力量,再通过发放贷款把资金贷放给生产经营单位,从而促进市场经济的发展。

存款业务是由会计部门完成和实现的。存款的会计核算,是反映和监督存款业务的重要工具,认真做好存款业务的会计核算,不仅可以落实国家金融方针、政策、法令及有关规定,反映银行主营业务的变化情况,为领导和上级部门提供可靠的分析数据,还对监督单位资金合理收付有着重要意义。

二、存款的种类

银行存款按不同的分类标准,可分为不同的类别:

(一)按存款资金主体分类

按存款资金主体分类,可分为单位存款、个人存款。单位存款是指一般性企业、事业、机关、社会团体、部队以及个体工商户等单位,在商业银行或其他金融机构办理的各项存款。它按期限可分为单位活期存款、单位协定存款、单位通知存款、单位定期存款等;按存款主体可分为农业、工业、建筑业、商业、房地产业、集体企业、其他存款等。

个人存款是指个人(自然人)在商业银行或其他金融机构办理的各项存款。

(二)按存款期限分类

按存款期限分类,可分为活期存款、定期存款、定活两便存款(含通知存款)。活期存款是指没有约定存取时间的存款,它没有确切的期限规定,银行也无权要求存款人取款时作事先的书面通知,如企事业单位活期存款、活期储蓄存款。定期存款是指存款人预先约定存款期限的存款,如整存整取、零存整取、整存零取、存本取息。我国商业银行提供的定期存款服务,期限一般为3个月、6个月、1年、2年、3年和5年等。定活两便存款是指不规定存期,存款人可以随时支取,支取时按同档次定期存款利率的一定比率确定存款利息的一种存款,如通知存款。

(三)按计息与否分类

按计息与否分类,可分为计息存款和不计息存款。计息存款,是指银行吸收的按规定支付利息给存款人的存款,也称为一般性存款。不计息存款,是指银行吸收的按规定不计付利息的存款,主要指财政性存款和一般临时性结算存款。

(四)按取款方式分类

按存取款方式分类,可分为存折存款、存单存款、转账存款。存折存款,是指存款人凭存折通过填写存取款凭条交银行办理款项存取以及计息工具的存款,如活期储蓄存款、零存整取存款。存单存款,是指以存单作为存、取工具的存款,如整存整取存款、定活两便存款、通知存款。转账存款,是指以支票、银行汇票等结算凭证为工具进行转账存取的存款,也称为支票户存款,如企事业单位的活期存款。

三、存款业务核算的基本要求

由于商业银行吸收的存款涉及社会各个方面,存款核算工作的好坏不仅影响商业银行的信誉,也可能对存款人造成一定的影响,因此,在办理银行存款核算时,银行应该做到如下要求:

(一)切实维护存款人的合法权益

各单位和个人在银行的存款,其所有权属于存款人。首先,银行要履行保密义务,对存款人的银行结算账户信息保密,除国家法律、法规另有规定外,银行有权拒绝任何单位或个人查询。其次,银行应严密核算手续,加强核算监督,准确办理存款业务的核算,防止串户、延压结算凭证以及冒领等情况的发生。最次,银行要按规定正确计结利息,维护存款人的经济利益。

(二)准确及时地进行存款业务核算

银行作为国民经济生产和再生产过程中货币信用的中介,每天要处理大量的存款业务,而这些业务与有关的开户单位和个人的资金运转密切相关。为了加速客户资金周转,银行必须及时地将各种存款业务纳入核算程序进行处理,以免耽误客户资金周转,影响客户的经营活动情况。基于银行经营对象的特殊性和在国民经济中的重要作用,所以商业银行要加强账面监督,准确及时地办理各项存款业务,及时进行账务处理,做到数字准确、记录及时、账目规范清晰,真实反映银行资金的增减变化情况。

(三)认真执行利率政策,准确核计存款利息

存款有息是国家的政策,是对信用存款的资金补偿。存款利息关系到银行的成本支出,能否正确计算存款利息,不仅影响银行的经营利润,也会影响客户的经济利益。银行会计人员在办理存款业务的同时,均应按人民银行统一规定的计息时间、计息方法和利率,准确计算存款利息,准确反映银行的经营收入,为银行经营管理提供真实可靠的信息资料。

四、存款账户的分类及管理

(一)存款账户的分类

账户是在会计科目下按单位或存款种类进行具体分类的名称,是银行办理信贷、结算、现金出纳、储蓄业务,反映各单位、各部门经济活动的工具。银行的存款账户分为基本存款账户、一般存款账户、专用存款账户和临时存款账户。

1.基本存款账户

基本存款账户是存款人因办理日常转账结算和现金收付需要,而在银行开立的结算账户。该账户的资金主要来源于单位间的流动资金存款和机关团体单位的经费存款;开户对象主要是实行独立经济核算或独立预算的会计单位,比如企业法人、非法人企业机关、事业单位、团级(含)以上军队、武警部队及分散执勤的支(分)队、社会团体、民办非企业组织、异地常设机构、外国驻华机构、个体工商行、居民委员会、村民委员会、社区委员会、单位设立的独立核算的附属机构、其他组织。其用途也只能用于单位的生产周转及经费开支,不能用于基本建设和购买物资。存款人可以自由选择银行开户,但一个存款人只能在一个银行开立一个基本账户。

2.一般存款账户

一般存款账户是存款人因借款或其他结算需要,在基本存款账户开户银行以外的银行营业机构开立的银行结算账户。一般存款账户可以办理现金缴存,但不可以像基本账户一样办理现金支取业务。存款人开立一般存款账户没有数量限制,存款人可以自主选择不同经营理念的银行开立一般存款账户,有利于存款人方便地使用不同银行提供的特色支付结算工具和现金管理服务。

3.专用存款账户

专用存款账户是存款人按照法律、行政法规和规章,因特定资金需要或特定的资金来源控制而开立的银行结算账户。该账户具有专款专用、专项管理的特点,其适用范围主要包括基本建设资金,更新改造资金,财政预算外资金,粮、棉、油收购资金,证券交易结算资金,期货交易保证金,住房基金,社会保障基金,收入汇缴资金和业务支出资金,党、团、工会设在单位的组织机构经费,其他需要专项管理和使用的资金。存款人可以通过本账户办理专项限制内的转账结算和根据国家现金管理的规定办理现金收付。该账户对于资金的合理使用具有较好的监督作用。

4.临时存款账户

临时存款账户是存款人因临时经营活动需要而开立的银行结算账户。有下列情况

的,存款人可以申请开立临时存款账户:设立临时机构、异地临时经营活动、注册验资。存款人可以通过该账户办理结算和根据国家现金管理的规定办理现金收付,临时活动结束时注销该账户,临时存款账户有效期最长不得超过 2 年。

（二）存款账户的管理

存款账户一经开立,银行就必须加强对账户的管理,监督开户单位正确使用账户。各单位通过银行账户办理资金收付,必须遵守银行的有关规定。

1.一个单位只能选择一家银行的一个营业机构开立一个基本存款账户,不允许在多家银行开立基本存款账户。

2.开户实行双向选择。存款人可以自主选择银行,银行也可以自愿选择存款人开立账户。

3.各单位的账户只供本单位业务经营范围内的资金收付使用,账户不准出租、出借、出让。

4.各单位在银行的账户必须保证有足够的资金,不准利用账户套取银行信用和从事非法活动;同时银行还应该经常检查账户的使用情况,及时与存款人进行对账,在"先存后用,存大于支"的原则下为客户提供安全、快捷的金融服务。

第二节 存款业务的核算

一、单位存款业务的核算

单位存款业务,可以分为单位活期存款业务和单位定期存款业务。

（一）单位活期存款业务的核算

单位活期存款,是指客户办理存款业务时,凭支票可以随时支取的存款。此项存款的特点是不受时间限制,可根据需要随时办理,利率较低,适用于单位经营业务中的资金收支。

银行会计人员在办理活期存款业务时,要根据不同的存款业务和不同账户的存款分别进行处理。

1.现金存取款业务的处理

现金业务的办理应遵循人民银行现金管理的规定,执行大额现金收支备案、大额支出审批制度。并遵守"现金收入业务,先收款后记账,现金付出业务,先记账后付款"的原则。

（1）现金存入

单位在开户银行存入现金时,应填制一式三联的进账单（表 3-1）,连同现金交银行出纳部门。银行出纳人员点收现金无误后,认真审查存款凭证是否合法、有效。即凭证上日期、户名、账号、金额、券别明细、款项来源等要素是否正确,有无涂改,大小写是否相符;各张联是否齐全,内容是否套写一致。无误后,将现金存款凭证回单联加盖"现金收讫"章后,退还存款人,以一联现金存款单登记现金收入日记簿,另一联转交会计部门记账。其会计分录如下:

借:现金

　　贷:单位活期存款——××单位存款户

表 3-1　中国××银行进账单(借方凭证)

第　　号

汇款人	全称		付款人	全称											
	账号			账号											
	开户银行			开户银行											
人民币(大写)					千	百	十	万	千	百	十	元	角	分	
票据种类				付款人开户银行盖章											
票据张数															
单位主管　　会计　　复核　　记账															

(2)现金支取

单位向银行支取现金时,应填写取款凭证,如现金支票。银行受理后,应按现金管理和支付结算的要求认真审查凭证是否合法、有效;有无涂改;大小写金额是否相符;大额现金支付是否经有权人审批、签章。无误后,按不同情况进行账务处理。其会计分录如下:

借:单位活期存款——××单位存款户

　　贷:现金

2.单位活期存款户的对账

对账是指银行的单位存款账户与单位的银行存款账户进行核对,以保证双方存款账户一致的办法。由于双方记账时间有先有后及技术性差错,导致双方账务不相符或产生未达账项。为了保证内外账务相符,银行与开户单位之间必须定期或不定期地进行账务核对。

银行与单位的对账,可分为定期对账和随时对账两种形式。存折户的对账采用随时对账的形式,即存款户来银行办理存取款业务时,必须坚持账折见面,随时核对账折,以保证账折数的一致。支票户的对账采用定期对账和随时对账两种形式,具体如下:

(1)随时对账

一般使用套写账页,正联为存款分户账,副联为单位对账单,平时记满账页后即将对账单撕下,交开户单位对账;采用电子计算机记账的,每月将对账单打印出交单位对账。

(2)定期对账

银行按照规定,每季度末及每年11月末向所有开户单位填发"余额对账通知单"两联,同单位对账。单位核对时,应按要求在对账单上填入相应数字,并分别加计合计数进行核对。核对相符,单位应将对账单第二联加盖预留印鉴退还银行。核对不符时,单位应在对账单第二联勾勒或注明未达账项及金额,以便查明更正。对长期与银行账务不符的单位,应采取必要的措施,限期查清。银行对单位退还的对账单回单,应妥善保管,以备查考。

（二）单位定期存款业务的核算

单位定期存款是单位在存入存款时约定期限、利率，到期支取本息的一种存款业务。单位定期存款的期限分 3 个月、6 个月、1 年、2 年、3 年、5 年六个档次；起存金额 1 万元，多存不限。存款单位存入定期存款，只能以转账方式将存款从基本存款账户转入其本行的定期存款账户，即若想在某一个银行建立定期存款账户，就要在这个银行开立一个活期存款账户。单位支取定期存款只能以转账方式将存款转入其基本存款账户，不得将定期存款用于结算或从定期存款账户中提取现金。

1. 存入存款的处理

单位向银行办理定期存款时，应以存款金额填写一式三联进账单，连同转账支票交开户银行，经银行审查凭证无误后，银行按存款人的要求开出"单位定期存款证实书"一式二联，以第二联存款证实书进行转账，会计分录如下：

借：单位活期存款——××单位户

贷：单位定期存款——××单位户

2. 支取存款的处理

单位定期存款到期，单位全额支取时，应依单位定期存款开户证实书，填写一式三联的进账单，连同单位定期存款开户证实书一并交存款银行。银行受理后，审核凭证系本行的存款，按规定的利率计算单位的存款利息，然后进行账务处理。其会计分录如下：

借：应付利息——单位定期存款利息支出

贷：单位定期存款——存款人户

借：单位定期存款——存款人户（本利和）

贷：单位活期存款——存款人活期存款户

【例 3-1】2010 年 3 月 12 日美美服装厂由其活期账户支款 500 000 元存入单位定期存款，定期 3 个月，利率为 1.71%。2010 年 6 月 29 日美美服装厂支取上述定期存款500 000元，支取日活期存款利率为 0.36%，要求：计算银行应付利息并列出相关会计分录。

3 月 12 日存入单位定期存款会计分录为：

借：单位活期存款——美美服装厂户　　　　　　　　　　　500 000

　　贷：单位定期存款——美美服装厂户　　　　　　　　　　　　500 000

6 月 29 日支取定期存款计算银行应付利息：

到期利息＝500 000×1.71%÷12×3＝2 137.50（元）

逾期利息＝500 000×0.36%÷360×17＝85（元）

该笔存款应付利息＝2 137.50＋85＝2 222.50（元）

其会计分录为：

借：单位定期存款——美美服装厂户　　　　　　　　　　　500 000

　　应付利息——单位定期存款利息支出户　　　　　　　　2 222.50

　　贷：单位活期存款——美美服装厂户　　　　　　　　　　　　502 222.50

单位的定期存款，若有急需可办理提前支取。按照银行规定，单位部分提前支取时，若支取款项后的剩余定期存款不低于定期存款起存金额时，则部分提前支取金额按支取日挂牌公告的活期存款利率计算利息，剩余定期存款金额按原存日、存期、利率另开新定期存款证实书;若部分支取后所剩的定期存款金额不足定期存款起存金额时,银行应按支取日活期存款利率计算利息,并对该项存款予以清户,提前支取部分会计处理与全额支取相同,未支取部分重新打印定期存款开户证实书,按留存金额和原存款日打印。

(三)单位通知存款业务的核算

单位通知存款是存款人在存入款项时,不约定存期,支取时提前通知银行,约定支取存款日期和金额方能支取的款项。

1.单位通知存款的有关规定

(1)单位通知存款必须一次性全额存入,最低起存金额为 50 万元,存入的方式为现金和转账两种。

(2)单位通知存款不论存期长短,按款人提前通知的期限划分,有 1 天通知存款和 7 天通知存款两种。1 天通知存款必须提前 1 天通知约定支取存款,7 天通知存款必须提前 7 天通知约定支取存款。

(3)单位通知存款的支取可一次或分次进行,最低支取额为 10 万元,支取存款利随本清,支取的存款本息,只能转入存款人的其他存款户,不得支取现金。

(4)通知存款按支取日挂牌公告的同档次通知存款利率和实际存期计息,利随本清。

(5)通知存款如遇下述情况,按活期存款利率计息:实际存期不足通知期限的,按活期存款利率计息;未提前通知而支取的,支取部分按活期存款利率计息;已办理通知手续而提前支取或逾期支取的,支取部分按活期存款利率计息;支取金额不足或超过约定金额的,不足或超过部分按活期存款利率计息;支取金额不足最低支取金额的,按活期存款利率计息。

2.业务处理

(1)存入通知存款。单位存入通知存款的方式包括现金和转账两种,其会计处理程序和单位定期存款处理程序一样。在"单位定期存款"科目下,设立"通知存款"1 天或 7 天通知分户。银行为单位通知存款开立的"单位定期存款开户证实书"上注明"通知存款"字样和通知存款品种,但不注明存期和利率。该证实书只能作为存款证明,不得作为质押的权利凭证。其会计分录如下:

借:单位活期存款——××单位存款户

　贷:单位定期存款——通知存款户

(2)提前通知。单位通知存款的存款人提前通知银行按照约定支取通知存款时,应向银行提交"单位通知存款通知书",经银行会计人员审核无误后,登记"单位通知存款支取提交通知登记簿",详细登记存款人账号、证实书编号、实际金额、通知支取金额、通知支取日期等。若单位因故取消通知,则由存款人向银行提交"单位通知存款取消通知书",经会计人员审核无误后,取消对存款人的通知。

(3)支取通知存款的核算。单位通知存款可一次或多次进行支取,但是规定最低支取金额为 10 万元。通知存款的存款人按照约定期限支取款项时,应该按照单位通知存款证实书,填写一式三联的单位通知存款支取凭证,连同通知存款证实书一并交给银行。银行会计人员收到凭证审核无误后,即可办理支付手续。存款人支取存款时,本金和利息只能转入存款单位的其他存款户,不得支取现金。其会计分录如下:

借:单位定期存款——通知存款户

 应付利息——通知存款利息支出

 贷:单位活期存款——××单位存款户

二、个人存款业务的核算

储蓄存款,是指城乡居民个人将自己的结余或待用的货币资金存入储蓄机构的一种信用活动。储蓄是聚集零星钱财,将其存放银行生息,将货币使用权让渡给银行的一种信用行为。储蓄存款是银行通过信用方式对广大居民的货币收入进行集中和再分配的一种重要形式。储蓄存款是我国商业银行重要的资金来源,所以只有认真做好储蓄存款的会计核算工作,不断完善银行的储蓄业务工作,保持合理的储蓄结构,才能够充分发挥储蓄存款在银行盈利方面的重要作用。

(一)储蓄存款的原则

为了正确执行国家保护和鼓励人们储蓄的政策,银行对个人储蓄存款实行"存款自愿、取款自由,存款有息,为储户保密"的原则。

1.存款自愿、取款自由。储户存款多少天,存期长短,存入哪家银行,何时存取,都由储户自己决定。对定期存款,也可按照储蓄管理规定办理提前支取。

2.存款有息。银行对储户的各种储蓄存款都应该按照规定计付利息。

3.为储户保密。银行有责任对储户的存款情况保密,体现了宪法保护公民储蓄所有权的一项重要措施,也是贯彻银行储蓄政策,因此,储户保密原则既符合储户心理,也有利于保护存款的安全。公安、司法机关因审查案件需要查询有关个人储蓄资料时,应按规定提出经县支行以上书面查询公函,由指定的储蓄机构提供情况,非有权查询单位不得向银行查询储蓄存款情况,银行工作人员如有违反上述原则规定的现象,应视情节轻重追究责任。

(二)储蓄存款的种类

根据居民个人经济收入和消费的特点以及金融机构聚集和运用资金的需要,储蓄的种类有以下几种。

1.活期储蓄存款

活期储蓄存款,是指不规定存期,储户随存随取的储蓄。活期储蓄起存金额1元,多存不限。活期储蓄存款具有存取方便、灵活、办理快捷的特点。

2.定期储蓄存款

定期储蓄存款,是指在存款时约定存期,一次或多次存入,到期一次或分次平均取出本金和利息的一种储蓄存款。定期储蓄存款根据存取的次数可分为整存整取、零存整取、存本取息和整存零取4种类型。

(1)整存整取

整存整取储蓄存款是一次存入一定数额本金,约定期限,到期一次支取本息的储蓄存款;它适用于结余款项的存储。

(2)零存整取

零存整取储蓄存款是开户时约定期限,存期内按月存入固定存额(中途漏存仍可续存;未存月份应在次月补存),到期一次支取本金和利息的储蓄存款。它适用于储户预积零成整的储蓄。

(3)存本取息

存本取息储蓄存款是一次存入本金,存期内按固定期限分次支取利息,到期一次支取本金的储蓄存款。它适用于储户有整笔收入,不动用本金,而按期支取利息以安排生活的储蓄。

(4)整存零取

整存零取储蓄存款是一次存入,约定期限,存期内按固定期限分次支取分次提取本金,到期一次计付利息的储蓄存款。它适用于储户有较大数额收入,而需分期陆续使用的储蓄。

3.定活两便储蓄存款

定活两便储蓄是开户时不确定存期,储户可以随时提取,利率随存期长短而变动的一种储蓄存款。这种储蓄既有活期储蓄随时可取的灵活性,又可在达到一定存期时,享受相应存期定期储蓄存款利率按一定比例折扣的优惠。

除以上储蓄存款以外,各地还可根据当地情况,经批准后办理其他种类的储蓄存款。

(三)活期储蓄存款业务的核算

1.存入

(1)开户

储户第一次存入活期储蓄存款即开户应由储户填写活期储蓄存款凭条,连同现金、本人身份证一并交由柜员办理手续,若为受委托代理人,还应出示代理人身份证件。经审查凭条、清点现金核对身份证件无误后,打印储蓄存款凭证、存折,在储蓄存折上加盖骑缝章,在存折、储蓄存款凭证上加盖个人名章。柜员将现金、存折、储蓄存款凭证交复核员复核,复核无误后,在存折上加盖储蓄业务公章及个人名章,在储蓄存款凭证上加盖现金收讫章及个人名章,由柜员将储蓄存款凭证交储户签字确认,柜员确认储户签字内容无误后,将存折、储蓄存款凭证交客户。存款凭条代现金收入传票,同时登记表外账务。其会计分录如下:

借:现金

　　贷:活期储蓄存款——×××

付出:空白重要凭证——活期存折

(2)续存

储户来商业银行续存时,也应提交存款凭条,并连同现金、存折一并交与柜员,经审核无误后,除不再另开账户及存折外,其余收款、记账、打印折等处理方法基本与开户手续相同。

2.支取

储户来商业银行支取存款时,应填写活期存款取款凭条,凭印鉴、密码支取外,还要在凭条上加盖印鉴,输入密码,连同存折交柜员。

柜员根据凭条核对账、折、印鉴、密码无误后,以取款凭条代现金付出传票。会计分录如下:

借:活期储蓄存款——×××

　　贷:现金

经复核账、折内容无误,配款,并在取款凭条上加盖现金付讫及名章后,将现金及存折交储户。

3.结息

储蓄活期存款按季度计算利息,于每季末 20 日结息,计息的期间是从上季(年)末 21 日至本季(年)末月 20 日。

储蓄活期存款结息采取"日积数"法计算利息,日积数是结息期间经常变动的活期存款按日累加的和便可看作是一天的存款,所以使用日利率。活期存款结息按结息日或销户挂牌公告的活期存款利率计付利息。利息计算公式为:

到期利息＝存款余额日积数×结息日挂牌公告的活期储蓄存款日利率

会计分录如下:

借:利息支出——活期储蓄利息支出

　　贷:活期储蓄存款——××现金

4.清户

清户也称销户,是指储户将存款全部支取并结计利息。储户应根据存折上的最后余额填写取款凭条,连同存折一并交银行柜员。它的办理手续除了按一般付款手续办理外,还要计算出应付利息,并且填制两联利息清单,一联连同本息交给储户,另外一联由储户签名后,作为汇总编制利息支出科目的传票。同时银行在账、折及取款凭条上同时加盖"结清"戳记,注销"开销户登记簿",存折作为取款凭条附件,账页另行保管。其会计分录如下:

借:活期储蓄存款——××存款户

　　利息支出——活期储蓄存款利息支出

　　贷:现金

(四)定期储蓄存款业务的核算

银行在"定期储蓄存款"科目下分别设置明细科目进行核算。由于定期储蓄存款具有事先约定存期、一次或分次本金、整笔或分期支取本息的特点,因此 4 类定期储蓄存款的会计核算手续相差不多,下面分别予以阐述。

1.整存整取定期储蓄存款

(1)开户存入

储户第一次存入整存整取储蓄存款(即开户)应由储户填写定期储蓄存款凭证,连同现金、身份证一并交由柜员办理。经审查凭条、预留印鉴、清点现金无误后,记账并打印储蓄存款凭证、存折(单),在储蓄存折上加盖骑缝章,在存折(单)、储蓄存款凭证上加盖个人名章。柜员将现金、存折(单)、储蓄存款凭证交复核员复核,复核无误后,在存折上加盖储蓄业务公章,在储蓄存款凭证上加盖现金收讫章及个人名章,由柜员将储蓄存款凭证交储户签字确认,柜员确认储户签字内容无误后,将存折(单)交客户。存款凭证代现金收入传票,同时登记表外账务。会计分录如下:

借:现金

  贷:定期储蓄存款——整存整取——×××

付出:空白重要凭证——××存单(折)

(2)支取

①到期和逾期支取

储户持到期或逾期的存单来商业银行取款时,经办员应审查存单上的公章,确认是由本行签发时,核对账号、户名、印鉴或密码、金额后,并加盖"结清"戳记。经复核无误后,根据本息金额合计付款。以存单代现金付出传票,利息支出科目传票可在营业终了时汇总编制。其会计分类如下:

借:定期储蓄存款——整存整取——×××

  应付利息——定期储蓄利息支出

  贷:现金

②提前支取

储户要求提前支取存款时应交验身份证件,并将证件名称、发证机关及号码记录在存单背面;凭印鉴支取的,则应在存单上同时加盖预留印鉴,审核无误后在存单及卡片账上加盖"提前支取"戳记,按提前支取的规定计付利息,其余手续与到期支取相同。

若储户要求提前支取一部分存款时,采取满付实收、更换新存单的做法,即对原存单本金视同一次付出,同时按规定计付提前支取部分利息。以便于日后查考,需在原存单及卡片账上注明"部分支取××元",新存单上注明"由××号存单部分转存"字样以及原存入日,同时在开销登记簿上作相应注明。其他手续与到期支取及存入时手续相同。其会计分录如下:

借:定期储蓄存款——整存整取——×××(全额)

  应付利息——定期储蓄利息支出(提前支取部分利息)

  贷:现金

借:现金

  贷:定期储蓄存款——整存整取(未支取本金部分金额)

2.零存整取储蓄存款

(1)开户存入

储户第一次存入零存整取储蓄存款(即开户)应由储户填写定期储蓄存款凭证,连同现金、身份证一并交由柜员办理手续。操作手续同整存整取开户。其会计分录如下:

借:现金

  贷:定期储蓄存款——零存整取——×××

付出:空白重要凭证——××存折

存折加盖业务公章后交储户,分户账按账号顺序保管。

(2)续存

在存期内储户续存时,应填制定期储蓄存款凭条,与存折、现金一并交经办员,核对并清点现金无误后,登记存折,操作手续与开户基本相同。其会计分录如下:

借:现金

  贷:定期储蓄存款——零存整取——×××

（3）支取

①到期支取

到期支取时，储户应将存折交与经办员，经办员验明存折确系本行所签发并已到期，经账、折核对后，计算利息，注销存折、登记分户账及销记开销户登记簿，并在存折和分户账上加盖"结清"戳记，以存折代现金付出传票。其会计分录如下：

借：定期储蓄存款——零存整取——×××

贷：现金

②逾期支取

储户持过期零存整取存折前来支取存款，除按规定计算到期利息和过期利息外，其余手续及分录与到期支取相同。

③提前支取

储户提前支取零存整取储蓄存款时，应提交身份证件，经办员审查无误后，办理提前支取手续，在存折和分户账上加盖"提前支取"戳记，按提前支取的计算规定计算利息，其余手续与到期支取相同。零存整取储蓄存款只能全部提前支取，不能部分提前支取，其会计分录与到期支取相同。

3. 存本取息储蓄存款

存本取息 5 000 元起存，存期分 1 年、3 年、5 年，由储蓄机构发给存款凭证，到期一次支取本金，利息凭存单分期支取，一个月或几个月取息一次均可，由储户与银行协商确定。

（1）开户

开户时应由储户提出申请，并填制存款凭证，注明姓名、存期及每次取息的日期，审核无误后，操作同整存整取开户。其会计分录如下：

借：现金

贷：定期储蓄存款——存本取息——×××

付出：空白重要凭证——××存单

（2）支取利息

存期内储户按约定时间来银行支取利息时，持存单并按每次应支取利息数填交一联定期存本取息储蓄取息凭条，经审核无误后，凭以登记账卡、存单并支付现金。其会计分录如下：

借：应付利息——定期储蓄利息支出户

贷：现金

如到取息日储户未来银行支取，以后随时可以支取利息。

（3）到期支取

存款到期，储户支取最后一次利息的手续同前一样，对本金则凭存单支取。同时在存单及账卡上加盖"结清"戳记，并据以销记开销户登记簿。其会计分录如下：

借：定期储蓄存款——存本取息——×××

应付利息——定期储蓄利息支出户

贷：现金

（4）提前支取

储户如果要求提前支取本金时，可凭有关身份证件来银行办理。存本取息储蓄存款只允许全部提前支取,不办理部分提前支取。提前支取的利息按规定计算。但对于已支取的利息金额,应用红数冲回,即编制红字现金付出传票记账。其会计分录如下:

借:应付利息——定期储蓄利息支出户(红字)

贷:现金(红字)

然后,按提前支取利息规定计算应付的利息,与本金一并支付给储户。其会计分录如下:

借:应付利息——定期储蓄利息支出户

　定期储蓄存款——存本取息——×××

贷:现金

4.整存零取储蓄存款

整存零取1 000元起存,存期为1年、3年、5年,由银行发给存单,凭存单分次支取本金,支取期为1个月、3个月、6个月一次,由储户与银行协商确定,利息于存款到期结算时一并计付。

(1)开户

开户时应由储户提出申请,并填制存款凭证,经办员审核身份证件、存入金额、期限以及支取的次数和时间无误后,操作同整存整取开户。其会计分录如下:

借:现金

贷:定期储蓄存款——零存整取——×××

付出:空白重要凭证——××存单

(2)分次支取

储户按约定时间来银行取款,应填交定期整存零取储蓄取款凭条,连同存单一同交经办员,经办员应审查存单上的公章,确认是由本行签发时,核对账号、户名、印鉴或密码、金额后,计付利息,取款凭条代现金付出传票。其会计分录如下:

借:定期储蓄存款——零存整取——×××

贷:现金

若储户要求部分提前支取,可提前支取一至两次,但须在以后月份内停支一至两次,其余支取日期按原定不变。

(五)定活两便储蓄存款业务的核算

开户时,储户应填写定活两便存单,上面不必注明存期、利率,可以随时根据需要支取。支取时除计息方法不同外,其余处理程序与整存整取储蓄存款类似。

计算利息时,应根据不同存期进行计算。具体来说,存期不足3个月的,按支取日挂牌公告的活期利率计算;存期超过3个月而不满1年的,按照支取日定期整存整取储蓄存款半年期同档利率6折计息;存期超过1年的,无论存期多少,均按照支取日定期整存整取储蓄存款1年期同档利率6折计息。如果出现打折后的利率低于活期储蓄存款利率时,则应按照活期储蓄存款利率计息。存期内不分段计息。

第三节 存款利息的核算

一、计息基本规定

（一）计息范围

存款计息范围是由国家统一规定的，体现一定的国家方针、政策。其范围如下：

1. 独立核算的企业单位的流动资金存款以及个人存款应计付利息。

2. 行政机关、部队、社会团体、学校等单位的经费存款，其款项来源为国家预算拨款的，1998 年后列为一般性存款计付利息。

3. 各单位的党费、团费、工会经费按现行企业存款利率计算利息。

4. 人民银行与商业银行之间以及商业银行之间往来存款计付利息。

5. 银行经办的财政预算内资金存款及集中待交财政的各种款项形成的存款不计付利息。

（二）活期存款计息的基本规定

单位、个人活期存款在存入期间遇有利息调整，按结息日挂牌公告的利率计算。结息后的利息并入本金起息，元以下尾数不计息。未到结息日清户时，按清算日挂牌公告的利率计息到清户前一日止。

（三）定期存款计息的基本规定

定期存款不论利率是否调整，均按存单开户日挂牌公告的利率计息。定期存款全部提前支取的，按支取日挂牌公告的活期存款利率计息，其余部分按原存单开户日挂牌公告的原存期限定期存款利率计息。定期存款逾期不办理转存手续，其超过原定存期的部分，按支取日挂牌公告的活期存款利率计息。

二、主要计息周期与结息日

计息周期是指每次结计利息的时间间隔。结息日是利息的结算日。

（一）人民银行对金融机构的存款计、结息规定

1. 金融机构的法定存款准备金存款和超额准备存款按日计息，按季结息，计息期间遇利率调整分段计息，每季度末月的 20 日为结息日。

2. 邮政汇兑资金在人民银行贷方余额执行超额准备金率，按日计息，按季结息，计息期间遇利率调整分段计息，每季度末月的 20 日为结息日。

（二）人民银行对金融机构的存款计、结息规定

1. 单位活期存款按日计息，按季结息，计息期间遇利率调整分段计息，每季度末月的 20 日为结息日。

个人活期存款按季结息，按结息日挂牌活期利率计息，每季度末月的 20 日为结息日，未到结息日清户时，按清户日挂牌公告的活期利率计息到清户前一日止。

单位和个人的定期存款利息在存款到期日利随本清。

结计利息时，结息日当天应计算在本周期内，次日办理转账。

2.以现行的居民储蓄整存整取定期存款的期限档次和利率水平为标准,统一个人存款、单位存款的定期存款期限档次。

3.除活期存款和定期整存整取存款外,定活两便、存本取息、零存整取和整存零取等其他存款种类的计、结息规定,由开办业务的金融机构法人,以不超过人民银行同期限档次存款利率的上限为原则,自行制定并提前告知客户。

三、计息方法

(一)计息基本方法

1.利率及其换算公式

利率有年利率、月利率、日利率三种。实际中,存期一般以天计算,而银行公布的利率一般是年利率或月利率,三种利率之间的转换关系为:

日利率＝年利率÷360

日利率＝月利率÷30

月利率＝年利率÷12

2.存期的计算

存期的计算原则是"算头不算尾"。从利率换算的规定上讲,无论大月、小月、平年、闰年,全年均按12个月,360天计算,可用"对年、对月、对日相减法"计算存期。如2010年11月12日存入一笔款项,2011年10月29日将其取出,则存期为:

```
2011    10    29
2010    11    12
   1    -1    17
```

所以该笔存款的存期＝$1×360-1×30+17=347$(天)

实际中,存期较短时存期的起止天数按实际天数计算。如2001年8月10日存入一笔款项,2002年4月30日将其取出,按上述方法计算的存期为260天,按实际天数计算为262天。

3.计息基本公式

计息基本公式为:

应计利息＝存款额×存期×利率

(二)单位存款利息的计算

1.单位活期存款利息的计算

单位活期存款一般按季结息,按日计息。每季末月20日为结息日,利息于次日列账。未到结息日清户的,于清户日按挂牌公布的活期存款利率计付利息。按季结息计息期按实际天数计算,从上季末月21日至本季末月20日。计息采用按日累加存款余额,累加的存款余额为计息积数,用计息积数乘以结息日挂牌公布的活期存款利率,计算出存款利息。计息的具体方法有余额表计息法和账页计息法两种。

(1)余额表计息法

余额表计息法适用于存款余额变动频繁的存款账户。它是在每日营业终了,将各计息分户账的最后余额按户抄列在余额表内。当日未发生收付业务,根据上一日的最后余额填列。按季结息时,在结息日当天,将余额表上的各户余额,从上季度结息日后第一天(21日)起,加总至本季度结息日(20日)止,得出累计计息积数,再乘以日利率,即可得出各户本季应付利息数。如遇记账日期与起息日期不同,或错账冲正涉及利息时,应根据其发生额和天数,算出应加或应减积数,填入余额表相关栏内进行调整。

（2）账页计息法

账页计息法适用于存款余额变动不多的存款户。采用这种方法,一般使用乙种账页(见表3-2)。当发生资金收付时,按上次最后余额乘以该余额的实存日数即为积数,并直接填入账页上的"日数"和"积数"栏内,日数的计算是从上一次记账日期算至本次记账日期的前一日为止。如更换账页,应将累计积数过入新账页第一行的上半栏内,待结息日营业终了,再计算出本季的累计天数和累计积数,乘以日利率即得出应付利息。

表 3-2　存款分户账

户名:华润贸易公司　　　　　　账号:2010016　　　　　　利率:0.36%

2010 年		摘要	借方	贷方	借或贷	余额	日数	积数
月	日							
3	21	结息		359.54	贷	770 000	4	3 080 000
3	25	提现	87 000		贷	683 000	20	13 660 000
4	14	汇兑汇入		42 000	贷	725 000	13	9 425 000
4	27	委托收款		26 000	贷	751 000	24	18 024 000
5	21	转支	173 000		贷	578 000	31	17 918 000
6	21	结息		621.07	贷	578 621.07		

利息计算过程:62 107 000×0.36%÷360＝621.07(元)

银行付息会计分录:

借:利息支出　　　　　　　　　　　　　　　　　　　　　　　621.07

　　贷:单位活期存款——华润贸易公司户　　　　　　　　　　　　621.07

2.单位定期存款利息的计算

单位定期存款的利息计算采取利随本清的办法,即在支取本金时计付利息。存期按对年、对月、对日计算,对年按360天计算,对月按30天计算,零头天数按实际天数计算。不论期内是否有利率调整,到期支取时单位定期存款按存入日挂牌公告的利率计息,不分段计息。单位定期存款可以提前支取,全部提前支取的,则应按支取日挂牌公告的活期存款利率计付利息;部分提前支取的,若剩余部分不低于起存金额,则支取部分按支取日挂牌公告的活期存款利率计付利息,对剩余部分则开具新的"单位定期存款开户证实书",新的"单位定期存款开户证实书"按原存款日挂牌公告的利率和原定存期计付利息;单位定期存款部分提前支取时,若剩余部分不足起存金额,则应对该笔定期存款予以全部支取,按支取日挂牌公告的活期存款利率计付利息。单位定期存款逾期支取,逾期部分按支取日挂牌公告的活期存款利率计付利息。

【例 3-2】开户单位东方百货存入银行一笔定期存款,金额为 10 万元,期限 1 年,月利率 1.875‰,5 月 27 日到期,该单位于 6 月 11 日来行支取,支取日活期存款利率为 0.3‰,其利息计算为:

到期利息 = 100 000 × 12 × 1.875‰ = 2 250(元)

逾期利息 = 100 000 × 15 × (0.3‰ ÷ 30) = 15(元)

该笔存款应付利息为 2 265 元,其会计分录为:

借:应付利息——定期存款利息支出户　　　　　　　　　　　　　　　　　2 265

　贷:单位活期存款——东方百货户　　　　　　　　　　　　　　　　　　　　　2 265

(三)活期储蓄存款利息核算

1.活期储蓄存款

目前活期储蓄存款每季结息一次,每季末月 20 日(3、6、9、12 的 20 日)为结息日,计息的期间是从上季(年)末月 21 日至本季(年)末月 20 日,即结息时应把结息日当天计算在内,下季度的利息从结息日的次日开始算起。

按结息或清户日挂牌公告的活期储蓄存款利率计付利息。结息后的利息并入本金起息,元以下尾数不计息。

活期储蓄存款结息采取“日积数”法计算利息,日积数是结息期间经常变动的活期存款按日累加的合计便可看作是一天的存款,所以使用日利率。利息计算公式为:

到期利息 = 存款余额日积数 × 开户日挂牌公告的活期储蓄存款日利率

其会计分录为:

借:利息支出——活期储蓄利息支出

　贷:活期储蓄存款——××储户

【例 3-3】某储户在 A 银行存有储蓄存款,A 银行在 2012 年第三季度结息时,该储户的累计应计息积数为 6 800 000,当日挂牌公告的活期储蓄存款利率为 0.3‰,其利息计算如下:

应计付的利息 = 6 800 000 × 0.3‰ ÷ 30 = 68(元)

其会计分录如下:

借:利息支出——活期储蓄利息支出户　　　　　　　　　　　　　　　　　68

　贷:活期储蓄存款——××储户　　　　　　　　　　　　　　　　　　　　　68

2.定期储蓄存款

利息计算公式为:

到期利息 = 本金 × 存期 × 开户日整存整取定期储蓄存款利率

根据储蓄存款的有关规定,本章存期天数计算,不论平年闰年、大月小月,年均按 360 天,月均按 30 天计算。以整存整取储蓄存款的计算为例,分为到期支取、逾期支取、提前支取。

(1)到期支取

整存整取定期储蓄存款的利息计算在原定存期内,一律按存单开户日所定整存整取定期储蓄利率计息,存期内遇利率调整,不论调高或调低,亦不分段计息。

【例3-4】张三2003年3月25日存入定期两年的存款5 000元,于2005年3月25日支取。存入时两年期存款利率为2.25％,2004年10月29日调整为月2.70％。张三2005年3月25日支取该笔储蓄存款时,整个存期内均按存入日的利率2.25％计息。

利息＝5 000×2×2.25％＝225.00(元)

其会计分录为:

借:定期储蓄存款——整存整取——张三储户　　　　　　　　　5 000
　贷:现金　　　　　　　　　　　　　　　　　　　　　　　　　　　　5 000
借:应付利息——定期储蓄利息支出——张三储户　　　　　　　225
　贷:现金　　　　　　　　　　　　　　　　　　　　　　　　　　　　225

(2)逾期支取

存期内利息计算同到期支取计算,过期部分利息一律按支取日挂牌公布的活期储蓄利率计息。

【例3-5】某储户2011年3月20日存入半年期整存整取定期储蓄存款30 000元,于2011年9月26日来银行支取,存入时半年期整存整取定期储蓄存款利率为1.65‰,支取日挂牌公告的活期储蓄存款利率为0.3‰,其利息计算如下:

应计付的到期利息＝30 000×6×1.65‰＝297(元)
应计付的过期利息＝30 000×6×(0.3‰÷30)＝1.8(元)

其会计分录为:

借:定期储蓄存款——整存整取——某储户　　　　　　　　　30 000
　贷:现金　　　　　　　　　　　　　　　　　　　　　　　　　　　30 000
借:应付利息——某储户　　　　　　　　　　　　　　　　　　298.8
　贷:现金　　　　　　　　　　　　　　　　　　　　　　　　　　　298.8

(3)提前支取

提前支取部分均按支取日挂牌公布的活期储蓄利率计息;其余部分到期时,按原存入日所定整存整取定期储蓄利率计息。

【例3-6】某储户2012年2月24日存入半年期整存整取定期储蓄存款30 000元,于2012年5月24日来行提前支取10 000元,存入时半年期整存整取定期储蓄存款利率为1.65‰,支取日挂牌公告的活期储蓄存款利率为0.3‰,余款于2012年8月24日到期支取,其利息计算如下:

2012年5月24日计息:

应计付的利息＝30 000×3×0.3‰＝27(元)

其会计分录为:

借:定期储蓄存款——某储户　　　　　　　　　　　　　　　10 000
　贷:现金　　　　　　　　　　　　　　　　　　　　　　　　　　　10 000
借:应付利息——某储户　　　　　　　　　　　　　　　　　　27
　贷:现金　　　　　　　　　　　　　　　　　　　　　　　　　　　27

2012 年 8 月 24 日计息：

应计付的利息＝20 000×6×1.65‰＝198(元)

其会计分录为：

借:定期储蓄存款——某储户   20 000

    贷:现金   20 000

借:应付利息——某储户   198

    贷:现金   198

◼ 本章练习与思考

(一)名词解释

1.单位定期存款

2.单位活期存款

3.活期储蓄存款

4.定期储蓄存款

5.定活两便储蓄存款

6.零存整取存款

7.整存零取存款

8.一般存款账户

9.基本存款账户

10.清户

(二)判断题

(　　)1.一个存款人只能在一个银行开立一个基本账户。

(　　)2.一般存款账户是在基本存款账户开户银行所在的银行营业机构开立的银行结算账户。

(　　)3.一个单位不允许在多家银行开立基本存款账户。

(　　)4.单位支取定期存款时可以以现金方式取出将其存入基本存款账户。

(　　)5.单位的定期存款,若有急需可办理提前支取。

(　　)6.单位通知存款的支取最低额为 5 万元。

(　　)7.通知存款支取未提前通知银行而支取的,支取部分按活期存款利率计息。

(　　)8.定活两便储蓄的利率随存期长短而变动。

(　　)9.财政预算内资金存款不计付利息。

(　　)10.单位活期存款由于其余额经常发生变化,计息时可采用积数法。

(　　)11.单位活期存款按每季度末月的 20 日为结息日。

(　　)12.利用分户账计算积数的计息方法适用于存取款次数较多的存款户。

(　　)13.零存整取储蓄存款在存期内按固定期限分次支取分次提取本金,到期一次计付利息。

(　　)14.现金收入业务办理应遵守先记账后收款原则。

（　　）15.现金付出业务办理应遵守先记账后付款原则。

（三）单项选择题

1.定活两便储蓄存款业务存期不足（　　），按支取日挂牌公告的活期利率计算。

    A.1个月   B.2个月   C.3个月   D.6个月

2.2011年11月10日存入一笔款项，2012年10月27日将其取出，则存期为（　　）天。

    A.347   B.345   C.346   D.348

3.存款人因办理日常转账结算和现金收付需要而在银行开立的结算账户是（　　）。

    A.一般存款账户   B.基本存款账户

    C.专用存款账户   D.临时存款账户

4.下列说法不正确的是（　　）。

    A.一般存款账户只能办理转账结算和现金缴存，不能办理现金支取

    B.专用存款账户专款专用，对于资金的合理使用具有较好的监督作用

    C.设立临时机构、异地临时经营活动、注册验资均可申请开设临时存款账户

    D.一般存款账户只能开设一个

5.开户单位签发转账支票向银行办理定期存款的会计分录是（　　）。

    A.借:单位活期存款——××单位户

        贷:单位定期存款——××单位户

    B.借:单位定期存款——××单位户

        贷:单位活期存款——××单位户

    C.借:单位定期存款——××单位户

        贷:现金

    D.借:现金

        贷:单位定期存款——××单位户

6.单位通知存款可一次或多次进行支取,但规定最低支取金额为（　　）。

    A.5万元   B.10万元   C.3万元   D.6万元

7.单位通知存款必须一次性全额存入,最低起存金额为（　　）。

    A.50万元   B.10万元   C.5万元   D.15万元

8.整存零取储蓄存款（　　）起存。

    A.50元   B.100元   C.1 000元   D.500元

9.单位或个人活期存款在存入期间遇有利息调整,按（　　）挂牌公告的利率计算。

    A.存款日   B.结息日   C.销户日   D.取款日

10.单位定期存款起存金额为（　　）。

    A.5万元   B.10万元   C.3万元   D.1万元

（四）多项选择题

1.银行存款按存款资金主体分类,可分为（　　）。

    A.一般性企事业单位   B.机关、社会团体

    C.部队、个体工商户   D.个人存款

2.下列说法正确的是( )。

　　A.基本账户的开户对象是实行独立经济核算或独立预算的会计单位或个人

　　B.存款人不可以自由选择银行开户作为基本账户

　　C.一个存款人只能在一个银行开立一个基本账户

　　D.一般存款账户是在与基本存款账户不在同一地点的附属非独立核算单位开立的账户

3.下列关于利息或利率的计算公式,正确的是( )。

　　A.存款金额×利率

　　B.存款余额日积数×开户日挂牌公告的活期储蓄存款日利率

　　C.本金×(年利率÷12)×月数

　　D.本金×(年利率÷365)×天数

4.下列属于资产科目的是( )。

　　A.吸收存款　　　　　　　　　　　　B.财政性存款

　　C.存放中央银行准备金　　　　　　　D.应付利息

5.银行存款按期限可分为( )。

　　A.活期存款　　　　　　　　　　　　B.定期存款

　　C.定活两便存款　　　　　　　　　　D.活期储蓄存款

6.整存零取储蓄存款凭存单分次支取本金,支取期包括( )。

　　A.1个月　　　　B.1年　　　　C.3个月　　　　D.6个月

7.银行存款按存取款方式分类,可分为( )。

　　A.现金存款　　　B.存折存款　　　C.存单存款　　　D.转账存款

8.银行对个人储蓄存款实行( )的原则。

　　A.存款自愿　　　B.存款有息　　　C.取款自由　　　D.为储户保密

9.我国商业银行提供的定期存款服务,期限一般为( )。

　　A.6个月　　　　B.1年　　　　C.3年　　　　D.10年

10.专用存款账户具有专款专用、专项管理的特点,其适用范围主要包括( )。

　　A.基本建设资金　　　　　　　　　　B.财政预算外资金

　　C.社会保障基金　　　　　　　　　　D.日常转账结算资金

（五）简答题

1.存款业务的意义及存款的种类有哪些?

2.存款账户如何划分? 如何管理存款账户?

3.存款业务日常核算有哪些基本要求?

4.储蓄存款的原则包括哪些?

（六）业务题

1.光明电器公司签发现金支票,提取现金 10 万元,请做出会计分录。

2.某储户存入 1 000 元期限 1 年的定期存款,请做出会计分录。

3.光明电器公司 2012 年 3 月 19 日存入单位定期存款 30 万元,定期 1 年,月利率为1.85‰,请做出会计分录。

4.2013 年 3 月 25 日光明电器公司支取上述定期存款,支取日活期存款利率为 0.3‰,请做出会计分录。

5.根据光明电器公司存款分户账,计算本季度利息并做出会计分录。

户名:光明电器公司　　　　　　　　　　　　　　　　　　　　　利率:月 0.3‰

2012 年		摘　要	借方	贷方	借或贷	余额	日数	积数
月	日							
3	1	承前页			贷	300 000.00	71	2 100 000.00
3	6	转借	50 000.00					
3	9	转贷		20 000.00				
3	13	转借	6 000.00					
3	15	转贷		6 000.00				
3	16	转借	4 000.00					
3	19	转贷		3 000.00				
3	21	转息		62.00				

6.某银行 2012 年第一季度结息时,某储户的累计应计息积数为 5 400 000,当日挂牌公告的活期储蓄存款利率为 0.3‰,请计算利息并做出会计分录。

7.某储户 2012 年 3 月 20 日存入半年期整存整取定期储蓄存款 30 000 元,于 2012 年 9 月 30 日来行支取,存入时半年期整存整取储蓄存款利率为 1.65‰,支取日挂牌公告的活期储蓄存款利率为 0.3‰,请计算利息并作会计分录。

第4章

贷款业务的核算

学习目的

通过本章的学习,要求在了解贷款业务含义的基础上,理解贷款业务的核算要求,了解银行贷款的划分种类,熟悉我国商业银行贷款科目的设置及运用,掌握各类贷款业务的核算,并且熟练运用贷款利息的公式、方法及计算。

第一节　贷款业务概述

一、贷款业务的意义

银行贷款也称银行放款,是指银行按照一定的贷款原则和政策,对借款人提供的按约定的利率和期限还本付息的货币资金的信用活动。

办理贷款业务是银行的重要职责,是根据国家信贷政策和产业政策,按照贷款原则,对国民经济各部门进行的资金再分配。通过发放贷款,可以支持生产发展和商品流通;通过调整贷款的流向和支持的重点,可以调节产业结构和产品结构;通过信贷监督,又可以促进企业改善经营管理,节约资金使用,同时也可以加速资金周转,减少贷款损失,从而增加银行的营业收入,提高银行的经济效益。

二、贷款的种类

银行贷款按不同的分类标准,可分为以下几种:

(一)按贷款期限划分

按贷款期限划分,银行贷款可以分为短期贷款、中期贷款和长期贷款三类。

短期贷款是指贷款期限在1年以内(含1年)的贷款,多数用于流动资金贷款,其利率较其他贷款高。

中期贷款是指贷款期限在1年以上(不含1年)5年以下(含5年)的贷款,多数用于固定资产投资和重大设备改造,其利率比短期贷款低。

长期贷款是指贷款期限在 5 年以上(不含 5 年)的贷款,主要用于大型工程、重点工程、对外援助等项目的投资,其利率在三种期限的贷款中最低。

(二)按贷款的保障条件分类

按贷款的保障条件分类,可分为信用贷款、担保贷款和票据贴现。信用贷款,是指银行凭借客户的信誉而无须提供抵押物或第三者保证而发放的贷款。担保贷款,是指具有一定的财产或信用作还款保证的贷款。票据贴现,是贷款人以购买借款人未到期商业票据的方式发放的贷款。

担保贷款根据贷款的安全保障性不同分为抵押贷款、质押贷款和保证贷款。抵押贷款,是指按规定的抵押方式以借款人或第三者的财产作为抵押发放的贷款;质押贷款,是指按规定的质押方式以借款人或第三者的动产或权利证明作为质物发放的贷款;保证贷款,是指按规定的保证方式以第三人承诺在借款人不能偿还贷款时,按约定承担一般保证责任或连带责任而发放的贷款。

(三)按银行承担责任的不同分类

按银行承担责任的不同分类,银行贷款可以分为自营贷款和委托贷款。自营贷款是指银行以合法方式筹集的资金自主发放的贷款,并由商业银行收回本金和收取利息,贷款风险由银行自行承担;委托贷款是指由政府部门、企事业单位及个人等委托人提供资金,由银行(受托人)根据委托人确定的贷款对象、用途、金额、期限、利率等代为发放、监督使用并协期收回的贷款,其风险由委托人承担。银行发放委托贷款时,只收取委托费,不得代垫资金。银行因发放委托贷款而收取的手续费,按收入确认条件予以确认。

(四)按贷款的质量和风险程度分类

按贷款的质量和风险程度分类,银行贷款可以分为正常贷款、关注贷款、次级贷款、可疑贷款和损失贷款。其中,次级贷款、可疑贷款和损失贷款又统称为不良贷款。

正常贷款,是指借款人能够履行合同,没有足够理由怀疑贷款本息不能按时足额偿还的贷款;关注贷款,是指尽管借款人目前有能力偿还贷款本息,但存在一些可能对偿还产生不利影响的因素的贷款;次级贷款,是指借款人的还款能力出现明显的问题,完全依靠其正常营业收入无法足额偿还贷款本息,即使执行抵、质押或担保也可能造成一定损失的贷款;可疑贷款,是指借款人无法足额偿还贷款本息,即使执行抵、质押或担保也将造成较大损失的贷款;损失贷款,是指在采取所有可能的措施或一切必要的法律程序之后,本息仍然无法收回或只能收回极少部分的贷款。

(五)按贷款的用途分类

银行贷款的用途非常复杂,它涉及再生产的各个环节、各种产业、各个部门、各个企业,与多种生产要素相关,贷款用途本身也可以按照不同的标准进行划分。但是按照我国习惯的做法,通常有两种分类方法:一是按照贷款对象的部门来划分,分为工业贷款、商业贷款、农业贷款、科技贷款和消费贷款;二是按照贷款的具体用途来划分,一般分为流动资金贷款和固定资金贷款。

第二节 贷款业务的核算

一、贷款业务的核算要求

1.根据不同的贷款,制定相应的贷款核算方式

虽然银行贷款根据不同的标准,具有不同的分类,但是关于贷款业务的会计核算必须从简化手续和便于管理的要求出发,制定相应的贷款核算方法。也就是说,根据不同类别的贷款,设立不同种类的贷款账户,制定贷款和收回的具体核算手续,对贷款业务进行及时的处理,对不同部门的资金需求进行监督和予以反映。

2.认真履行贷款核算手续

会计人员对贷款业务必须按照会计核算的要求,做好会计核算工作。银行贷款的会计核算手续,主要分为发放贷款、计算利息、按照权责发生制原则将本期应收利息列入当期损益、收回贷款本金和利息、按规定计算和收取逾期贷款的罚息、呆账贷款和坏账的核销等手续。

3.发挥会计监督职能,确保资金的合理使用

会计监督是银行会计的一项重要职能,银行会计部门应该科学、合理地设置贷款业务核算的科目,及时、准确地进行贷款业务的核算和衔接一致的表内、表外登记,积极有效地行使会计监督职能,确保信贷资金的合理使用及本息的安全收回。

4.应计贷款和非应计贷款应分别核算

非应计贷款,是指贷款本金或利息逾期90天没有收回的贷款。应计贷款,是指非应计贷款以外的贷款。当贷款的本金或利息逾期90天时,应单独核算。当应计贷款转为非应计贷款时,应将已入账的利息收入和应收利息予以冲销从表内转化到表外。在应计贷款转为非应计贷款后,当收到该笔贷款的还款时,首先冲减本金;本金全部收回后,再收到的还款则确认为当期利息收入。

5.严格执行"七不准"的相关规定

2012年1月20日,银监会发布《中国银监会关于整治银行业金融机构不规范经营的通知》(银监发[2012]3号),要求银行业金融机构在业务经营中须遵守"七不准"、"四公开"的规定。其中"七不准"包括:(1)不得以贷转存。对符合条件的贷款应遵循"实贷实付"和"向受益人支付"的原则。(2)不得存贷挂钩。(3)不得以贷收费。(4)不得浮利分费。(5)不得借贷搭售。(6)不得一浮到底。(7)不得转嫁成本。

二、贷款会计科目的设置及使用

1."短期贷款"科目

本科目属于资产类,用来核算银行根据有关规定发放的期限在1年以下(含1年)的各种贷款,包括抵押贷款、质押贷款、保证贷款、信用贷款等。

银行向借款人发放短期贷款时,其会计分录如下:

借:短期贷款——××单位贷款户

　　贷:单位活期存款

收回贷款本息时,其会计分录如下:

借:单位活期存款

　　贷:短期贷款——××单位贷款户

　　　　利息收入

银行按规定计算应收利息时,其会计分录如下:

借:应收利息

　　贷:利息收入

实际收取利息时,其会计分录如下:

借:单位活期存款

　　贷:应收利息

短期贷款逾期转为逾期贷款时,其会计分录如下:

借:短期贷款——××单位贷款户(蓝字)

　　贷:逾期贷款——××单位贷款户(红字)

2."中期贷款"科目

本科目属于资产类,用来核算银行发放的期限在 1 年以上,5 年以下(含 5 年)的各种贷款。

银行向借款人发放中期贷款时,其会计分录如下:

借:中期贷款——××单位贷款户

　　贷:单位活期存款

收回贷款本息时,其会计分录如下:

借:单位活期存款

　　贷:中期贷款——××单位贷款户

　　　　利息收入

银行按规定计算应收利息时,其会计分录如下:

借:应收利息

　　贷:利息收入

实际收取利息时,其会计分录如下:

借:单位活期存款

　　贷:应收利息

中期贷款逾期转为逾期贷款时,其会计分录如下:

借:中期贷款——××单位贷款户(蓝字)

　　贷:逾期贷款——××单位贷款户(红字)

3."长期贷款"科目

本科目属于资产类,用来核算银行发放的期限在 5 年以上(不含 5 年)的各种贷款。

银行向借款人发放长期贷款时,其会计分录如下:

借:长期贷款——××单位贷款户

　　贷:单位活期存款

收回贷款本息时,其会计分录如下:

借:单位活期存款

　　贷:长期贷款——××单位贷款户

　　　　利息收入

银行按规定计算应收利息时,其会计分录如下:

借:应收利息

　贷:利息收入

实际收取利息时,其会计分录如下:

借:单位活期存款

　贷:应收利息

长期贷款逾期转为逾期贷款时,其会计分录如下:

借:长期贷款——××单位贷款户(蓝字)

　贷:逾期贷款——××单位贷款户(红字)

长期贷款逾期 90 天及以上时,其会计分录如下:

借:非应计贷款

　贷:逾期贷款

4."逾期贷款"科目

本科目属于资产类,用来核算银行发放的借款合同约定到期(含展期后到期)未归还,但逾期未满 90 天的贷款,以及其他按照有关规定作为逾期贷款核算的款项。逾期满 90 天及以上的贷款,在"非应计贷款"科目核算,不在本科目核算。

贷款到期未归还,转为逾期贷款时,其会计分录如下:

借:短期贷款(红字)

　贷:逾期贷款——××单位贷款户(蓝字)

或借:中期贷款(红字)

　　贷:逾期贷款——××单位贷款户(蓝字)

或借:长期贷款(红字)

　　贷:逾期贷款——××单位贷款户(蓝字)

按规定计算应收利息时,其会计分录如下:

借:应收利息

　贷:利息收入

收回贷款时,其会计分录如下:

借:单位活期存款

　贷:逾期贷款——××单位贷款户

转作非应计贷款时,其会计分录如下:

借:非应计贷款

　贷:逾期贷款

5."非应计贷款"科目

本科目属于资产类,用来核算银行发放的逾期满 90 天及超过 90 天仍不能归还的贷款和贷款虽然未到期或逾期不到 90 天但生产经营已停止、项目已停建的贷款。

逾期贷款转为非应计贷款时,其会计分录如下:

借:非应计贷款——××单位贷款户

　贷:逾期贷款

收回贷款的还款时,其会计分录如下:

借:单位活期存款

　贷:非应计贷款

非应计贷款不再计提应收利息,并且将原已入账的利息收入和应收利息予以冲销,其会计分录如下:

借:利息收入

　　贷:应收利息

贷款本金全部收回后,再收到还款时,其会计分录如下:

借:单位活期存款

　　贷:利息收入

6.“应收利息”科目

本科目属于资产类,用来核算银行交易性金融资产、持有至到期投资、可供出售金融资产、发放贷款、存放中央银行准备金、拆出资金、买入返售金融资产等应收取的利息。

银行发放的贷款,应于资产负债表日按贷款的合同本金和合同利率计算确定的应收未收利息,按贷款的摊余成本和实际利率计算确定的利息收入,其会计分录如下:

借:应收利息

　　贷:利息收入

应收利息实际收到时,其会计分录如下:

借:××存款

　　贷:应收利息

已计提的贷款应收利息逾期 90 天后仍未收到时,其会计分录如下:

借:利息收入

　　贷:应收利息

同时将应收利息纳入表外核算。

7.“利息收入”科目

本科目属于损益类,用来核算银行确认的利息收入,包括发放的各类贷款与其他金融机构之间发生资金往来业务、买入返售金融资产等实现的利息收入等。

资产负债表日,银行应按合同利率计算确定的应收未收利息,按摊余成本和实际利率计算确定的利息收入,其会计分录如下:

借:应收利息

　　贷:利息收入

贷款本金逾期 90 天或贷款本金尚未逾期,但应收利息逾期 90 天的贷款,其应收利息不再计入当期损益,其会计分录如下:

借:利息收入

　　贷:应收利息

期末,应将利息收入科目余额转“本年利润”科目,其会计分录如下:

借:利息收入

　　贷:本年利润

结转后本科目应无余额。

三、贷款业务的核算

(一)信用贷款的核算

借款人取得信用贷款,应由借款人提出书面申请。银行接到借款人申请后,由信贷管理部门进行审批,审批同意后,与借款人签订借款合同,确定贷款金额与归还日期、利率等事项。

1. 贷款发放的核算

贷款合同签订后,银行信贷部门填制借款凭证一式五联,经有权人审查签章后,交会计部门进行账务处理。会计部门收到借款凭证后,应认真进行审查,借款凭证是否有有权人的签字,金额大小写是否一致,企业加盖的印鉴是否与预留印鉴相符等。审核无误后,通过银行会计核算系统办理转账。转账完成后,在借款凭证各联加盖业务章,第一联退借款人作回单,第二联转账借方凭证,第三联作转账贷方凭证,第四联由信贷部门留存,第五联作借据由会计部门按贷款到期日先后顺序排列,专夹保管。其会计分录如下:

　　借:××贷款——××单位贷款户

　　　贷:××存款——××单位存款户

【例 4-1】某银行于 2011 年 3 月 2 日向光明电器公司发放一笔流动资金贷款,期限 1 年,金额 20 万元,会计分录为:

　　借:短期贷款——光明电器公司　　　　　　　　　　　　　　　　　　200 000

　　　贷:单位活期存款——光明电器公司存款户　　　　　　　　　　　　　　200 000

2. 贷款收回的核算

贷款到期,借款单位归还贷款时,应填制还款凭证(见表 4-1)交贷款银行办理还款手续,会计部门审核无误后,抽出专夹保管的借据核对并登记还款记录,然后通过会计核算系统进行账务处理。其会计分录为:

　　借:××存款——××单位存款户

　　　贷:××贷款——××单位贷款户

表 4-1　中国××银行贷款还款凭证(借方传票)

凭证开出日期　　　　年　　月　　日　　　　　　　　银行转账日期　　　　年　　月　　日

汇款人	名称										
	账号										
	开户银行										
贷款到期日		年 月 日		还款项数							
人民币(大写)			千	百	十	万	千	百	十	元	角	分
贷款种类		原借款金额			原借据银行编号						
此借款由上列账户归还 此致 中国××银行××分行		借款单位预留银行印鉴 (银行主动收回后盖章)			会计分录: 借: 贷: 审核　　复核 记账						

【例 4-2】2012 年 5 月 10 日光明电器公司向银行归还贷款一笔,期限 3 年,金额 10 万元,其会计分录如下:

借:单位活期存款——光明电器公司存款户　　　　　　　　　　　　　100 000

　　贷:中期贷款——光明电器公司　　　　　　　　　　　　　　　　　　　　100 000

贷款到期,借款人没有能够主动归还贷款,而其存款账户的余额又足够还款时,会计部门征得信贷部门的同意,并由信贷部门出具"贷款收回通知单",会计部门即可凭此填制一式四联的"还款凭证"扣还贷款。还款凭证各联的用途及相应的会计分录与借款人主动归还贷款的会计核算分录相同。

3. 贷款展期的核算

贷款到期,由于客观情况发生变化,借款人经过努力不能还清贷款的,短期贷款必须于到期日前10天,中长期贷款必须于到期日前1个月,由借款人向银行提出贷款展期的书面申请,写明展期的原因,银行信贷部门视具体情况决定是否展期。对同意展期的贷款,应在展期申请书上签署意见,然后将展期申请书交给会计部门,且每一笔贷款只能展期一次。短期贷款展期不得超过原贷款的期限;中期贷款展期不得超过原贷款期限的一半;长期贷款展期,最长不得超过3年。

会计部门收到贷款展期申请书后,应主要审查以下内容:信贷部门是否批准、有无签章;展期贷款的金额与借款凭证上的金额是否一致;展期时间是否超过规定期限;展期利率的确定是否正确。审核无误后,在贷款分户账及到期卡上批注展期还款利率、还款日期,同时将一联贷款展期申请书加盖业务公章后交借款单位收执,另一联贷款展期申请书附在原借据后,按展期后的还款日期排列。贷款展期无须办理转账手续。

4. 贷款逾期的核算

借款人不能按期归还全部贷款,会计部门应在贷款到期日营业终了前,将未归还贷款转入逾期贷款账户。会计部门根据逾期贷款金额填制红蓝特种转账借方传票,按同方向办理转账。其会计分录如下:

借:××贷款——××单位贷款户(红字)

借:逾期贷款——××单位逾期贷款户(蓝字)

【例4-3】某银行于2012年5月3日向国美电器商城发放一笔金额30万元,期限6个月的流动资金贷款,该笔贷款于11月3日到期日只归还20万元,其余10万元未归还。

收回部分贷款会计分录为:

借:单位活期存款——国美电器商城存款户　　　　　　　　　200 000

　　贷:短期贷款——国美电器商城贷款户　　　　　　　　　　　　　200 000

逾期未归还贷款会计分录为:

借:短期贷款——国美电器商城贷款户　　　　　　　　100 000(红字)

借:逾期贷款——国美电器商城逾期户　　　　　　　　100 000

(二)抵押(质押)贷款的核算

1. 贷款发放的核算

借款人申请抵押(质押)贷款时,须填写抵押(质押)贷款申请书,经银行信贷部门和有权审批人审批并办理相应登记手续后,由信贷部门交会计部门办理抵押(质押)品保管手续。信贷部门与会计部门应严格交接手续。

抵押贷款以财产作抵押,银行应特别注意对抵押品的鉴定。借款人在申请贷款时,所提供的抵押品必须是抵押人所有并且具有价值、可保存、易变卖的财产。

质押贷款的发放以质物为基础。质物可以是出质人的动产或权利,以动产作质押的,必须将动产移交发放贷款的银行占有,并订立质押合同。以票据、债券、存单等票据权利作质物的,应当在合同约定的期限内将权利凭证交与贷款银行;以依法可以转让的股票作质物的,还应向出质人的管理部门办理出质登记。

银行保管的抵押物、质物必须贯彻证(物)账分管的原则,会计部门负责管账并在本部门内(或指定的部门)指定专人管物(票据、保险单、房产证等),管账、管物人员必须分离,互相制约,互相核对,确保安全,会计按企业及财产类设置明细账户,纳入"代保管有价值品"表外科目核算。其会计分录如下:

收入:代保管有价值品——××单位户

然后按信用贷款方式办理贷款发放手续。其会计分录如下:

借:××贷款——××单位抵押贷款户

贷:××存款——××单位存款户

2.贷款收回的核算

抵押贷款到期收回的账务处理,可以比照信用贷款到期收回的手续处理。其会计分录如下:

借:××存款——××单位存款户

贷:××贷款——××单位抵押贷款户

然后,会计部门或指定部门经办人员根据信贷部门书面通知办理抵押物、质押物退还手续,销记表外账户。其会计分录如下:

付出:代保管有价值品——××单位户

3.贷款到期不能收回的处理

抵(质)押贷款到期借款人不能归还,应将抵押物、质物从"代保管有价值品"表外科目转入"待处理抵押(质押)品"科目核算,然后再根据贷款合同进行相应的出售、拍卖。

借款人以非现金清偿债务的,贷款银行应对受让的非现金资产按公允价值入账,贷款本息的账面余额与受让的非现金资产的公允价值之间的差额,首先冲减减值准备,减值准备不足以冲减的部分,计入当期损益。其会计分录如下:

借:抵债资产(公允价值)

　　贷款减值准备

贷:××贷款

　　应收未收利息

4.抵债资产处置

抵债资产处置时,抵(质)押品处理后扣除有关费用所得的净收入,如果低于贷款本息,低于的部分继续由借款人负责偿还;如果高于贷款本息,多余的部分归借款人所有。其会计分录如下:

以抵押品折价时:

借:××资产科目

贷:逾期贷款——××单位贷款户

　　利息收入——××单位利息收入户

付出:待处理抵押品

以抵(质)押品进行拍卖、变卖所得款项扣除有关费用后,超过贷款本金和利息的会计分录如下:

借:存放中央银行准备金等科目

贷:逾期贷款——××单位抵押贷款逾期户

应收利息

单位活期存款——××抵押人存款户

抵(质)押品拍卖、变卖所得款项扣除有关费用后,低于贷款本金的部分,应由借款人偿还。

借:存放中央银行准备金等科目

单位活期存款——××抵押人存款户

贷:逾期贷款——××单位抵押贷款逾期户

(三)保证贷款的核算

1.贷款发放的核算

借款人向银行申请保证贷款时,提交保证贷款申请书,经银行信贷部门审查保证人的法人资格、营业执照、近几年的年终报表后,经法律公证,然后与借款人签订保证合同,填制借款凭证,并交给银行会计部门保管,会计部门凭以记账。其会计分录如下:

借:保证贷款——××单位贷款户

贷:单位活期存款——××单位存款户

2.贷款收回的核算

当保证贷款到期时,银行收回保证贷款,与信用贷款类似,也是通过由借款人主动归还,或者由银行主动扣收的方式,来进行收回贷款。收回贷款的转账会计分录如下:

借:单位活期存款——××单位存款户

贷:保证贷款——××单位贷款户

其余处理手续与信用贷款收回时的处理手续相同。

保证贷款到期,借款人因客观原因无法按时偿还贷款时,也可以向银行申请办理展期,但是保证人需要向银行出示续保证明,经银行信贷部门审批。其余手续与信用贷款到期收回的处理手续相同。如果借款人无力偿还,又没有办理展期或者展期申请未被银行批准时,银行则向保证人收回贷款,保证人承担保证责任的期间为借款合同履行期届满但本息尚未清偿之时起的两年。其会计分录如下:

借:单位活期存款——××保证人存款户

贷:保证贷款——××单位贷款户

(四)票据贴现业务的核算

1.贴现贷款发放的核算

当收款人或背书人(持票人)需要资金时,可以在商业汇票到期以前,持未到期的商业汇票到银行申请贴现。申请贴现时,应填制一式五联的贴现凭证(见表4-2)。第一联作贴现放款(借方)凭证,第二联作持票人账户收款(贷方)凭证,第三联作贴现利息收入(贷方)凭证,第四联给持票人作收账通知,第五联为到期卡。第一联按规定盖章后,连同汇票一并交银行,信贷部门审查以下内容:申请人是否在银行开立存款账户的企业法人以及其他组织;与出票人或者接手前之间是否具有真实的商品交易关系;申请人是否提供与其直接前手之间的增值税发票和商品发运单据复印件。审核无误后,可以贴现的,在凭证的"银行审批"栏签注"同意"字样,并加盖有关人员名章后交会计部门。

表 4-2　贴现凭证(借方传票)

申请人	名称		贴现汇票	种　类			号　码							
	账号			发票日			年		月			日		
	开户银行			到期日			年		月			日		
汇票承兑人(或银行)		名称	账号				开户银行							
汇票金额(即贴现金额)		人民币(大写)					十	万	千	百	十	元	角	分
贴现率每月	‰	贴现利息	千 百 十 万 千 百 十 元 角 分				实付贴现金额							
备注							科目(借) 对方科目(贷) 复核　　　　　记账							

会计部门接到汇票和贴现凭证后,按规定要求审查汇票并认真审核贴现凭证的填写是否与汇票内容相符,然后按照规定贴现率计算贴现利息和实付贴现金额。计算公式为:

贴现利息＝汇票金额×贴现天数×(月贴现率÷30)

贴现金额＝汇票金额－贴现利息

其中:贴现天数自贴现之日起至汇票到期日前一天止,实付贴现金额按票面金额扣除贴现日至汇票到期前一日的利率计算。承兑人在异地的,贴现的期限以及贴现利息的计算应另加3天的划款日期。

【例4-4】某异地企业于5月11日以其持有的未到期银行承兑汇票向银行申请贴现,该汇票3月5日签发并承兑,6月5日到期,汇票面额100 000元,月贴现率为9‰,则:

贴现利息＝100 000×(25＋3)×(9‰÷30)＝840(元)

实付贴现金额＝100 000－840＝99 160(元)

计算利息后,在贴现凭证有关栏目上填写贴现率、贴现利息和实付贴现金额,以贴现凭证第一联作"贴现"科目借方凭证,第二、三联分别作有关科目和利息收入科目的贷方凭证,办理转账。其会计分录如下:

借:贴现——商业承兑汇票

贷:单位活期存款——贴现申请人户

利息收入——贴现利息收入户

转账后,第四联贴现凭证加盖转讫章作收账通知交持票人,第五联和汇票按到期日顺序排列专夹保管。

2.贴现贷款收回的核算

商业汇票贴现款的收回是通过委托收款方式进行的,贴现银行作为收款人在汇票背面背书栏加盖结算专用章并由授权的经办人员签名或盖章,注明"委托收款"字样。办理贴现的银行应经常查看贴现票据到期的情况,提前填制委托收款凭证,在"委托收款凭证名称"栏注明"商业承兑汇票"或"银行承兑汇票"字样及其汇票号码,连同汇票向收款人收取票款。

对于商业承兑汇票和银行承兑汇票,有不同的处理方式:

(1)贴现汇票为银行承兑汇票时的处理。承兑银行收到贴现银行寄来的委托收款凭证及汇票后,于汇票到期日将票款从应解汇款科目中付出,划转贴现银行。其会计分录如下:

借:应解汇款——承兑申请人户
　贷:清算资金往来——××清算中心户

贴现银行收到款项划回时,即转销贴现科目,其会计分录如下:

借:清算资金往来——××清算中心户
　贷:贴现——银行承兑汇票户

(2)贴现汇票为商业承兑汇票时的处理。承兑人开户银行收到贴现银行寄来的委托收款凭证及汇票后,于汇票到期日检查承兑人存款账户。承兑人足额支付票款时,将票款从承兑人账户中划出,划转贴现银行,其会计分录如下:

借:单位活期存款——承兑户
　贷:清算资金往来——××清算中心户

如果因承兑人账户不足支付而退回委托收款凭证和汇票时,贴现银行对应收的汇票款项,则从贴现申请人的账户扣收。填制两联特种转账传票,一联代转账借方传票,另一联代支款通知随同汇票交给贴现申请人。第五联贴现凭证作贷方传票,其会计分录如下:

借:××存款——贴现申请人户
　贷:贴现——商业承兑汇票户

如贴现申请人账户也不足支付票款,则转入逾期贷款,其会计分录如下:

借:××存款——贴现申请人户
　　逾期贷款——贴现申请人贷款户
　贷:贴现——商业承兑汇票户

同时对付款人处以汇票金额的5‰但不低于1 000元的罚款,列作银行收益。

当贴现银行收到付款人开户行将票款划回后,即以专夹保管的第二联委托收款凭证代传票有关凭证作附件办理转账,转销贴现科目,其会计分录如下:

借:清算资金往来——××清算中心户
　贷:贴现——商业承兑汇票户

(五)贷款损失准备的核算

1.贷款损失准备的有关规定

贷款损失准备是按一定比例或方法提取的,用于补偿贷款损失的准备金。贷款损失准备的提取可以真实反映商业银行的信贷资产质量,增强商业银行的风险意识,提高防御风险的能力,同时,也是会计谨慎性原则的体现。

贷款损失准备包括专项准备和特种准备两种。专项准备针对贷款资产的风险程度和回收可能性合理计提;特种准备是对特定国家发放贷款计提的准备。

贷款损失准备计提范围为发放、提供信用以及承担信用风险而形成的信贷资产,具体包括:贷款(含抵押、质押等贷款)、银行卡透支、贴现、信用垫款(含银行承兑汇票垫款、信用证垫款、担保垫款等)、进出口押汇、拆出资金、转贷并承担对外还款责任的国外贷款、承担还款责任的国外贷款等。

2.贷款损失准备的核算

贷款损失准备的计量以质量分类方法为基础。其中,关注类贷款按贷款余额的一定比例计提减值准备。次级、可疑和损失类贷款可采用现金流贴现法或以前年度贷款损失平均率等方法进行计算。现金流贴现法,是指在合理预计每笔贷款未来净现金流基础上,按照原始有效利率和一定期限,估算贷款现值和损失率,并以此为依据提取贷款损失准备。

提取的贷款损失准备计入当期损益,发生贷款损失冲减已计提的贷款损失准备。已冲销的贷款损失,以后又收回的,其核销的贷款损失准备予以转回。其会计分录如下:

提取贷款损失准备:

借:营业费用

　　贷:贷款损失准备

贷款核销:

借:贷款损失准备

　　贷:××贷款

贷款损失准备的转回:

借:××贷款

　　贷:贷款损失准备

借:××账户

　　贷:××贷款

第三节　贷款利息的核算

一、贷款利息计算的有关规定

(一)结息日

贷款可以按月(季)结息,也可以利随本清。按月结息的,每月的 20 日为结息日;按季结息的,每季度末月的 20 日为结息日,具体结息方式由借贷双方协商确定。

(二)利率调整

短期贷款遇利率调整,不分段计息。中长期贷款(含中长期个人住房贷款)由借贷双方根据商业原则确定,可在合同期限内按月、按季、按年进行调整,也可以使用固定利率。目前,商业银行中长期贷款利率大部分仍沿用 1 年一定的原则。

贷款展期,期限应累计计算,累计期限达到新的利率期限档次时,自展期之日起,按展期日挂牌的同档次利率计息,达不到新的期限档次时,按展期日的原档次利率计息。

(三)贷款利率的上限与下限

人民银行对贷款利率实行下限管理,商业银行贷款利率最低为人民银行公布的基准利率的 0.9 倍,即最多下浮 10%。贷款利率上限放开,但城乡信用社贷款利率浮动上限为基准利率的 2.3 倍。

(四)逾期贷款或挤占挪用贷款

逾期贷款或挤占挪用贷款,从逾期或挤占挪用之日起,按逾期和挪用贷款利率计息,直到清偿本息为止,遇逾期和挪用贷款利率调整分段计息。对贷款逾期或挪用期间不能按期支付的利息按逾期和挪用贷款利率按季或月计收复利。如果同一笔贷款既逾期又挤占挪用,应择其重,不能并处。

(五)应收未收贷款利息的处理

对贷款的应收未收利息按季或按月以当前执行利率计收复息。

二、贷款利息的计算方法

贷款利息的计算方法同存款利息的计算方法,不再赘述。以下主要介绍定期结息的计息方法。

定期结息,是指银行在每月或每季度末月 20 日营业终了时,根据贷款科目余额表计算累计贷款积数(贷款积数计算方法与存款积数计算方法相同),登记贷款计息科目积数表,按规定的利率计算利息。定期结息的计息天数按日历天数,全年按 365 天或 366 天计算。算头不算尾,即从贷出的那一天算起,至还款的那一天止。在结息日计算时应包括结息日。其公式为:

贷款利息＝累计贷款计息积数×日利率

【例 4-5】某行于 2011 年 5 月 2 日发放一笔短期贷款,金额为 20 万元,月利率为 4‰,期限 4 个月,则:

(1)6 月 20 日银行按季结息时,该笔贷款应计利息为

200 000×50×4‰÷30＝1 333.33(元)

(2)6 月 21 日至 9 月 2 日还款时,该笔贷款应计利息为

200 000×73×4‰÷30＝1 946.67(元)

(3)若 6 月 20 日银行未能收到 1 333.33 元利息,则到期日还款时,该笔贷款应计利息为:

1 333.33＋(200 000＋1 333.33)×73×4‰÷30＝3 292.97(元)

贷款发生逾期,逾期部分应先按合同约定的利率和期限计收到期贷款利息;其次,逾期金额应转入逾期贷款账户之日起,利率按规定比例计收罚息。

【例 4-6】某银行于 2012 年 4 月 8 日向光明电器公司发放短期贷款一笔,金额 20 万元,期限 6 个月,月利率 4.35‰,如该笔贷款于同年 10 月 28 日归还(逾期利率按每日 2.1‰计算),银行的应收利息为:

(1)6 月 20 日银行按季结息,该笔贷款应计利息为:

$$200\,000 \times 74 \times 4.35\text{‰} \div 30 = 2\,146(元)$$

其会计分录为:

借:应收利息——光明电器公司　　　　　　　　　　　　　　2 146
　贷:利息收入——短期贷款利息收入　　　　　　　　　　　　　　　　2 146

(2)9 月 20 日银行按季结息,该笔贷款应计利息为:

$$200\,000 \times 92 \times 4.35\text{‰} \div 30 = 2\,668(元)$$

其会计分录为:

借:应收利息——光明电器公司　　　　　　　　　　　　　　2 668
　贷:利息收入——短期贷款利息收入　　　　　　　　　　　　　　　　2 668

(3)10 月 8 日,贷款转入逾期,作分录为:

借:短期贷款——光明电器公司贷款户　　　　　　200 000(红字)
借:逾期贷款——光明电器公司贷款户　　　　　　200 000(蓝字)

应计利息:

$$200\,000 \times 17 \times 4.35\text{‰} \div 30 = 493(元)$$

其会计分录为:

借:应收利息——光明电器公司　　　　　　　　　　　　　　493
　贷:利息收入——短期贷款利息收入　　　　　　　　　　　　　　　　493

(4)10 月 28 日贷款收回,逾期利息为:

$$200\,000 \times 20 \times 2.1\text{‰} = 840(元)$$

借:单位活期存款——光明电器公司存款户　　　　　　206 147
　贷:短期贷款——光明电器公司贷款户　　　　　　　　　　200 000
　　应收利息——光明电器公司　　　　　　　　　　　　　5 307
　　利息收入——短期贷款利息收入　　　　　　　　　　　　840

三、贷款利息的账务处理

银行会计部门计算出应计利息后,应编制传票,全部转入"应收利息"科目。其会计分录如下:

借:应收利息——××单位户
　贷:利息收入——××贷款利息收入

然后根据计算的利息按借款人编制一式三联贷款利息通知单。如借款单位存款账户有足够余额来支付贷款利息,则贷款利息通知单一联作为支款通知,另两联分别代替借方和贷方传票办理转账。其会计分录如下:

借:单位活期存款——××单位存款户
　贷:应收利息——××单位户

如借款单位存款账户无款支付,在合同期内,银行会计部门应根据有关规定计收复利,待该借款单位存款账户上有足够余额来支付贷款利息时,银行一并扣收。其会计分录如下：

借：单位活期存款——××单位存款户

贷：应收利息——××单位户

对到期不能归还的贷款，银行应按规定加收罚息。

本章练习与思考

（一）名词解释

1. 信用贷款

2. 短期贷款

3. 抵押贷款

4. 质押贷款

5. 保证贷款

6. 贷款损失准备

7. 贴现贷款

8. 银行贷款

9. 长期贷款

10. 定期结息

（二）判断题

（　　）1. 短期贷款是指贷款期限在 1 年以内（含 1 年）的贷款，多数用于流动资金贷款。

（　　）2. 按贷款的质量和风险程度分类，可分为信用贷款、担保贷款和票据贴现。

（　　）3. 次级贷款是指尽管借款人目前有能力偿还贷款本息，但存在一些可能对偿还产生不利影响的因素的贷款。

（　　）4. 借款人在申请抵押贷款时，所提供的抵押品必须是抵押人所有并且具有价值、可保存、易变卖的财产。

（　　）5. 质押贷款的发放以质物为基础，质物可以是出质人的动产或不动产。

（　　）6. 次级、可疑和损失类贷款损失准备计提可采用现金流贴现法或以前年度贷款损失平均率等方法进行计算。

（　　）7. 商业银行贷款利率以人民银行公布的基准利率最多下浮 15%。

（　　）8. 贷款定期结息是银行在每月或每季度末月 20 日营业终了时进行。

（　　）9. 贷款损失准备的计量以质量分类方法为基础。

（　　）10. 长期贷款的利率低于短期贷款、中期贷款的利率。

（　　）11. 银行贷款结息，具体结息方式由结息银行自行确定。

（　　）12. 中期贷款是期限在 1 年以上（含 1 年）5 年以下（含 5 年）的贷款。

（　　）13. 根据有关规定，每一笔贷款只能展期 1 次。

（　　）14. 贷款利率上限已放开，但城乡信用社贷款利率浮动上限为基准利率的 2.3 倍。

（　　）15.按贷款的质量和风险程度分类,次级贷款、可疑贷款和损失贷款又统称为不良贷款。

（三）单项选择题

1.长期贷款展期不得超过（　　）。

A.1 年　　　　　　B.2 年　　　　　　C.3 年　　　　　　D.5 年

2.下列属于负债类会计科目的有（　　）。

A.贴现　　　　　　　　　　　　B.应解汇款

C.清算资金往来　　　　　　　　D.贷款损失准备

3.借款人因故不能按期归还贷款时,短期贷款必须在到期日（　　）以前向银行申请展期。

A.10 日　　　　　　B.15 日　　　　　　C.20 日　　　　　　D.1 个月

4.为"贷款损失准备"计提的准备金作为（　　）。

A.特别准备金　　　B.专项准备金　　　C.一般准备金　　　D.坏账准备金

5.发放贷款的会计分录是（　　）。

A.借:××贷款　　　　　　　　　B.借:××贷款

　　贷:××存款　　　　　　　　　　贷:资金清算往来

C.借:××存款　　　　　　　　　D.借:××贷款

　　贷:××贷款　　　　　　　　　　贷:现金

6.办理贴现贷款,承兑人在异地的,贴现的期限以及贴现利息的计算应另加（　　）的划款日期。

A.1 日　　　　　　B.2 日　　　　　　C.3 日　　　　　　D.5 日

7.贷款到期,借款单位归还贷款时,其会计分录是（　　）。

A.借:××存款——××单位存款户

　　贷:××贷款——××单位贷款户

B.借:××贷款——××单位贷款户

　　贷:××存款——××单位存款户

C.借:现金

　　贷:××贷款——××单位贷款户

D.借:××贷款——××单位贷款户

　　贷:现金

8.某商业银行 2011 年年末贷款余额为 2 亿元,按贷款余额 1‰计提一般准备金,2010 年一般准备金账面余额为 60 万元,则 2011 年应计提一般准备金为（　　）。

A.100 万元　　　　B.140 万元　　　　C.60 万元　　　　D.200 万元

9.非应计贷款是指贷款本金或利息逾期（　　）没有收回的贷款。

A.30 日　　　　　　B.60 日　　　　　　C.90 日　　　　　　D.120 日

10.银行按规定计算应收利息时,其会计分录为（　　）。

A.借:××存款　　　　　　　　　B.借:利息收入

　　贷:应收利息　　　　　　　　　　贷:应收利息

C. 借:××存款　　　　　　　　　　D. 借:应收利息
　　贷:利息收入　　　　　　　　　　　贷:利息收入

（四）多项选择题

1. 按贷款的保障条件分类,银行贷款分为(　　)。
　　A. 信用贷款　　　　B. 委托贷款　　　　C. 担保贷款　　　　D. 票据贴现

2. 按贷款的质量和风险程度分类,银行贷款可以分为(　　)。
　　A. 正常贷款　　　　B. 关注贷款　　　　C. 次级贷款　　　　D. 可疑贷款
　　E. 损失贷款

3. 担保贷款按照担保方式的不同分为(　　)。
　　A. 抵押贷款　　　　B. 质押贷款　　　　C. 信用贷款　　　　D. 保证贷款

4. 下列属于资产科目的是(　　)。
　　A. 短期贷款　　　　B. 吸收存款　　　　C. 逾期贷款　　　　D. 应收利息

5. 按银行承担责任的不同分类,银行贷款可以分为(　　)。
　　A. 自营贷款　　　　B. 委托贷款　　　　C. 信用贷款　　　　D. 特定贷款

6. 按贷款用途来划分,银行贷款分为(　　)。
　　A. 工业贷款　　　　B. 商业贷款　　　　C. 消费贷款　　　　D. 农业贷款
　　E. 科技贷款

7. 按银行发放贷款的期限分类,银行贷款可以分为(　　)。
　　A. 短期贷款　　　　B. 中期贷款　　　　C. 临时贷款　　　　D. 长期贷款

8. 贷款业务的核算要求包括(　　)。
　　A. 及时处理贷款业务
　　B. 合理设置贷款业务核算科目
　　C. 发挥会计监督职能
　　D. 确保信贷资金的合理使用及本息的安全收回

9. 下列属于贷款的是(　　)。
　　A. 票据贴现　　　　B. 抵押贷款　　　　C. 保证贷款　　　　D. 质押贷款

10. 下列关于贷款展期的说法,正确的是(　　)。
　　A. 短期贷款展期期限不得超过原贷款期限的一半
　　B. 同一短期贷款展期不得超过2次
　　C. 中期和长期贷款均应在到期前一个月申请展期
　　D. 中长期贷款展期只限于一次,国家另有规定的除外

（五）简答题

1. 贷款核算的基本要求是什么?

2. 贷款的种类是怎样划分的?

3. 贷款利息计算的有关规定包括哪些?

4. 简述贷款收回的核算及其会计分录。

（六）业务题

1. 某银行于20××年2月10日向国美商城发放贷款一笔,期限3年,金额10万元,

请做出会计分录。

2.国美电器商城向某银行归还一笔金额5万元、期限6个月的贷款,请做出会计分录。

3.某银行于2012年5月1日向光明电器公司发放一笔30万元、期限6个月的流动资金贷款,月利率4.35‰。该笔贷款于11月1日到期只归还20万元,其余10万元于11月20日归还,请做出发放贷款、到期收回、逾期收回贷款会计分录,并计算银行的应收利息(逾期利息按每日2.1‰计算)。

4.某企业于4月1日以其持有的未到期银行承兑汇票向银行申请贴现,该汇票2月10日签发并承兑,5月10日到期,汇票面额100 000元,经审查同意办理贴现,假定月贴现率为5‰。请计算贴现利息及办理贴现的会计分录。

5.某商业银行2012年末各项贷款余额为500 000 000元,按贷款余额1%计提一般准备金,2011年末一般准备账面余额为2 600 000元。请计算2012年末计提一般准备的数额,并做出会计分录。

第5章 支付结算业务的核算

学习目的

通过本章的学习,要求学生了解支付结算的概念、支付结算工具的种类及各种支付结算工具的操作流程,掌握各种支付结算工具的基本规定及账务处理。

第一节 支付结算业务概述

一、支付结算业务的意义

（一）支付结算的概念

支付结算,是指单位、个人在社会经济活动中使用票据、汇兑、托收承付、委托收款和信用卡等结算方式进行货币给付及资金清算的行为。

社会经济活动中的经济往来包括商品交易、劳务供应和资金调拨等,呈现出广泛性、多样性、复杂性等特点,但不论何种经济往来关系,都必然伴随货币的给付与清偿,这就是货币结算。货币结算可分为现金结算和转账结算两种。现金结算是收、付款双方直接以现金进行清算,是货币作为流通手段的表现;而转账结算则是通过银行将款项从付款单位账户划转到收款单位账户的货币收付行为,表现为各存款账户之间的资金转移。

（二）支付结算的原则

支付结算的原则是银行和客户在办理结算时必须遵守的基本准则。主要包括以下内容:

1.恪守信用,履约付款。该原则是对办理结算业务的双方当事人的约束,是维护经济合同秩序和保障当事人权利的重要原则。该原则要求,办理结算的当事人必须依法承担义务和行使权利,任何单位和个人在办理结算时必须共同遵守合同的规定,履行各自的职责。付款方必须按照规定的付款条件履行款项的支付,不得任意拖欠款项和无理拒付款项,收款方也应按照合同的约定履行自己的义务。

2.谁的钱进谁的账,由谁支配。该原则是在结算过程中维护存款人权益的体现。银行作为资金清算的中介,在办理结算时必须按照委托人的要求收款和付款。即必须按照收款人的账户及户名,准确、及时地为其收账;对客户支取的款项,必须根据付款人的委托办理付款。对存款人的资金,除国家法律另有规定外,必须由存款人自己支配,其他任何单位、个人及银行本身都不得对其资金进行干预和侵犯。这条原则既保护了存款人对其资金的自主支配权,又明确了银行办理结算的责任。

3.银行不垫款。该原则旨在划清银行资金和存款人资金的界限,保证银行资金的安全。银行在支付结算活动中处于中介人的地位,只是接受客户的委托进行资金的划拨,而不承担垫款的责任。为此,在结算过程中,银行必须坚持"先付后收、收妥抵用",并且客户在支用款项时,应限制在银行存款账户的余额内。

（三）支付结算的纪律

1.客户应遵守的支付结算纪律。办理结算的单位和个人,必须重合同、守信用,并严格执行《中华人民共和国票据法》(以下简称《票据法》)、《支付结算办法》和账户管理的规定。不准签发没有资金保证的票据或远期支票,套取银行信用;不准签发、取得和转让没有真实交易和债权债务的票据,套取银行和他人资金;不准无理拒绝付款,任意占用他人资金;不准违反规定开立和使用账户;不准出租出借账户或转让他人使用;不准利用多头开户转移资金以逃避支付结算的债务。

2.银行应遵守的支付结算纪律。银行要履行"清算中介"的职责,还要必须严格执行《票据法》和《支付结算办法》。不准以任何理由压票、任意退票、截留挪用客户和他行资金;不准无理拒绝支付应由银行支付的票据款项;不准受理无理拒付、不扣或少扣滞纳金;不准违章签发、承兑、贴现票据,套取银行资金;不准签发空头银行汇票、银行本票和办理空头汇款;不准在支付结算制度之外规定附加条件,影响汇路畅通;不准违反规定为单位和个人开立账户;不准拒绝受理、代理他行正常结算业务;不准放弃对企事业单位和个人违反结算纪律的制裁;不准逃避向中央银行转汇大额汇划款项。

二、支付结算业务的种类

我国目前的支付结算按使用的支付结算工具不同,分为票据、结算凭证和信用卡三类,称为"三票三式一卡"。"三票"是指支票、汇票和银行本票三种票据,其中汇票又分为银行汇票和商业汇票;"三式"是指汇兑、托收承付和委托收款三种结算方式;"一卡"是指信用卡。

支付结算按使用的区域范围不同,分为同城使用的结算方式、异地使用的结算方式、同城异地均可使用的结算方式。

第二节 票据类结算业务的核算

一、支票业务的核算

支票是出票人签发的,委托办理支票存款业务的银行或者其他金融机构在见票时无条件支付确定的金额给收款人或者持票人的票据。

（一）支票的基本规定

1.支票分为现金支票、转账支票和普通支票。现金支票只能用于支取现金；转账支票只能用于转账；普通支票可以用于支取现金，也可以用于转账。在普通支票左上角划两条平行线称为划线支票，它只能用于转账，不能支取现金。

2.中国人民银行于2007年6月25日建成全国支票影像交换系统，实现了支票在全国范围内的互通使用。此前，支票仅限于单位和个人在同一票据交换区域内使用。

3.支票的出票人为在经中国人民银行当地分支行批准办理支票业务的银行机构开立可以使用支票的存款账户的单位和个人。

4.为防范支付风险，异地使用支票的单笔金额上限为50万元。

5.支票的提示付款期限为自出票日起10日（到期日遇节假日顺延）。

6.签发支票必须记载下列事项：表明"支票"的字样；无条件支付的委托；确定的金额；付款人名称；出票日期；出票人签章。支票的金额、收款人名称，可以由出票人授权补记，未补记前不得背书转让和提示付款。签发支票应使用碳素墨水或墨汁填写，支票的金额、日期、收款人不得更改，其他内容更改，须有出票人加盖预留银行印鉴证明。

7.签发支票时应特别注意，一是查看银行机构代码。若没有记载，签发的支票将无法在异地正常使用，应及时联系开户银行加载银行机构代码。二是在签发支票时，要保证付款时账户余额足够支付所签发的支票金额，否则，签发空头支票将受到相应的处罚。

8.根据《票据法》的规定，禁止签发空头支票。出票人签发一张支票，如果账户余额不够支付所签发的金额，该支票就是一张空头支票。另外，与预留银行签章不符的支票，也被视为空头支票。对于签发空头支票或者与其预留的签章不符的支票，不以骗取财物为目的的，出票人将被处以支票票面金额5%但不低于1 000元的罚款，持票人还有权要求出票人赔偿支票票面金额2%的赔偿金；以骗取财物为目的的，出票人还将被追究刑事责任。对屡次签发的，银行应停止其签发支票。

9.持票人可以委托开户银行收款或直接向付款人提示付款。用于支取现金的支票仅限于收款人向付款人提示付款。持票人委托银行收款时，应作委托收款背书。

支票丧失，失票人可以向付款人申请挂失，并向法院申请公示催告或提起诉讼。支票可以背书转让，但用于支取现金的支票不能背书转让。

（二）持票人、出票人在同一行处开户的核算

1.银行受理持票人送交支票的处理

对持票人送交的转账支票（见表4-1）和三联进账单（见表4-2），银行应当认真审查以下内容：支票内容是否正确、完整；进账单填写的内容是否与支票相符；支票的付款期是否有效；印鉴是否相符；大小写金额是否一致；付款人账户是否有足够支付的余额。经审查无误后，支票作转账借方传票，进账单第二联作转账贷方传票，办理转账。其会计分录为：

借：单位活期存款——出票人户

　　贷：单位活期存款——持票人户

进账单第一联作回单加盖转讫章交给持票人，第三联作收账通知交持票人。

表 5-1

		××银行　转账支票　　支票号码：	
××银行 转账支票存根 支票号码 附加信息	本支票付款期限十天	出票日期(大写)　　年　月　日　　付款行名称： 收款人：　　　　　　　　　　　　　出票人账号：	

××银行
转账支票存根
支票号码
附加信息

出票日期　　　　年　月　日

收款人：
金　额：
用　途：

单位主管：　　　会计：

本支票付款期限十天

××银行　转账支票　　支票号码：
出票日期(大写)　　年　月　日　　付款行名称：
收款人：　　　　　　　　　　　　出票人账号：

人民币 (大写)	亿	千	百	十	万	千	百	十	元	角	分

用途
上列款项请从
我账户内支付

出票人签章：　　　　　　　　复核：　　　　　记账：

【例 5-1】某银行收到开户甲单位送交的转账支票和三联进账单,金额为 5 000 元。经审查是同在本行开户的乙单位签发用于支付给甲单位的货款。则会计分录为:

借:单位活期存款——乙单位　　　　　　　　　　　　　　　　　　　　5 000
　　贷:单位活期存款——甲单位　　　　　　　　　　　　　　　　　　　　　　5 000

2.银行受理出票人送交支票的处理

银行接到出票人送交的转账支票和三联进账单,按前述要求认真审查无误后,支票作转账借方传票,进账单第二联作转账贷方传票,办理转账。会计分录同上,进账单第一联加盖转讫章作回单交出票人,进账单第三联加盖转讫章作收账通知交持票人。

表 5-2　进账单 2

号码：

出票人	全称		收款人	全称										
	账号			账号										
	开户银行			开户银行										
金额	人民币 (大写)			亿	千	百	十	万	千	百	十	元	角	分
票据种类		票据张数												
票据号码														
备注：														
						复核：　　　　　记账：								

（三）持票人、出票人在同城，但不在同一行处开户的核算

1.持票人开户行受理持票人送交支票的处理

（1）持票人开户行接到持票人送交的转账支票和三联进账单时，应按照有关规定认真审查，无误后，将第一联进账单加盖转讫章交给持票人，第二、三联进账单上按票据交换场次加盖"收妥后入账"的戳记留存，转账支票按照票据交换的规定及时提出交换。根据转账结算必须先付后收的原则，编制转账贷方传票将票据交换取得的款项暂时记入其他应付款账户，其会计分录为：

借:存放中央银行准备金

或　借:辖内往来

　　贷:其他应付款——持票人户

（2）出票人开户行收到交换提入的支票，应按规定审查，无误后不予退票的，转账支票作借方凭证办理付款，其会计分录为：

借:单位活期存款——出票人户

　　贷:存放中央银行准备金

或贷:辖内往来

交换提入的支票发生退票的，银行应填制"退票理由书"，通过"其他应收款"先挂账处理，其会计分录为：

借:其他应收款——出票人户

　　贷:存放中央银行准备金

或贷:辖内往来

实际退票时，作相反的会计分录销账，将支票及"退票理由书"退给持票人开户行。如遇空头支票、印鉴不符或支付密码错误的支票，除退票外，出票人开户行应按规定对出票人处以罚款，另编制特种转账借方、贷方传票办理转账。其会计分录为：

借:单位活期存款——出票人户

　　贷:营业外收入——结算罚款收入户

（3）持票人开户行俟退票时间过后，没有收到退票，编制一张转账借方传票作借方凭证，第二联进账单作贷方凭证为持票人入账，第三联进账单加盖转讫章作收账通知交持票人。其会计分录为：

借:其他应付款——持票人户

　　贷:单位活期存款——持票人户

如在退票时间内收到退票，编制转账借方传票办理销账，"退票理由书"连同支票及进账单一并退给持票人。其会计分录为：

借:其他应付款——持票人户

　　贷:存放中央银行准备金

或贷:辖内往来

2.出票人开户行受理出票人送交支票的处理

出票人开户行接到出票人送交的转账支票和三联进账单，经审查无误后，支票作转账借方传票，办理转账。其会计分录为：

借:单位活期存款——出票人户

  贷:存放中央银行准备金

进账单第一联加盖转讫章作回单交出票人,进账单第二联加盖业务公章连同第三联,按票据交换规定及时提出交换。

持票人开户行收到交换提入两联进账单,经审查无误后,进账单第二联作转账贷方传票,办理转账。其会计分录为:

借:存放中央银行准备金

  贷:单位活期存款——持票人户

进账单第三联加盖转讫章作收账通知交持票人。

【例 5-2】甲银行受理了开户单位 A 公司提交的转账支票和三联进账单,金额为 10 000 元,系支付给在同城乙银行开户的 B 公司的货款,银行审查无误后,通过票据交换收付款项,则两家银行的账务处理为:

甲银行:

借:单位活期存款——A 公司   10 000

  贷:存放中央银行准备金   10 000

乙银行:

借:存放中央银行准备金   10 000

  贷:单位活期存款——B 公司   10 000

(四)支票退票与挂失处理

1. 退票

出票人开户行收到交换提入的支票,经审查如发现问题需退票的,应填制退票理由书,在约定的时间通知持票人开户行,通过"其他应收款"科目先办理转账。其会计分录为:

借:其他应收款

  贷:存放中央银行准备金

支票及退票理由书在下次交换时划退持票人开户行并销记"其他应收款"科目。其会计分录为:

借:存放中央银行准备金

  贷:其他应收款

如系空头支票、签章与预留签章不符的支票、支付密码不符的支票,银行还应按规定收取罚金。其会计分录为:

借:单位活期存款——出票人户

  贷:营业外收入——结算罚款收入

持票人开户行收到退票通知,通过"其他应付款"科目先办理转账。其会计分录为:

借:存放中央银行准备金

  贷:其他应付款

俟下次交换提入退回凭证,再冲销"其他应付款"科目。其会计分录为:

借:其他应付款

  贷:存放中央银行准备金

2. 挂失的处理

支票丧失,失票人到付款行挂失时,应提交两联挂失止付通知书。付款行按规定审核无误并确未付款的,方可受理。第一联挂失止付通知书加盖业务公章作为受理回单交给失票人,第二联挂失止付通知书登记支票挂失登记簿后专夹保管,并在出票人账户账首明显处用红笔注明"×年×月×日第×号支票挂失止付"字样,据以控制付款。

二、银行本票业务的核算

银行本票是银行签发的,承诺自己在见票时无条件支付确定的金额给收款人或持票人的票据。

(一)银行本票的有关规定

1.单位和个人凡在同一票据交换区域需要支付的各种款项,均可以使用银行本票;银行本票可以用于转账,注明"现金"字样的银行本票可以用于支取现金。

2.银行本票分为定额本票(见表4-3)和不定额本票(见表4-4)两种,定额本票面额为1 000元、5 000元、1万元和5万元。根据中国人民银行的规定,自2005年1月1日起,将定额本票、不定额本票合并为本票(不定额)。

3.银行本票上必须记载:无条件支付的承诺、确定的金额、收款人名称、日期、出票人签章。

4.银行本票的提示付款期限自出票日起最长不得超过2个月,超过提示付款期限的银行本票,代理付款人不予受理。

表5-3 定额银行本票凭证

付款期限 贰个月	××银行 地名 本票号码
	本票
	出票日期
	(大写) 年 月 日
收款人:	
凭票即付人民币 壹 仟 圆 整	
转账 现金 ￥1 000	
出票行签章	

(二)出票行签发银行本票的处理

申请人需要使用银行本票时,应填写一式三联"银行本票申请书"。出票银行受理申请人银行本票申请书时,应认真审查,审核无误后,对于转账签发本票的,其会计分录为:

借:单位活期存款——申请人户

　贷:本票

交现金签发本票的,会计分录为:

借:现金

　贷:应解汇款——申请人户

借:应解汇款——申请人户

　贷:本票

表 5-4　不定额银行本票

		×× 银行			
付款期限 贰个月	本票　　　2		地名	本票号码	
出票日期 （大写）　　　　年　　　月　　　日					
收款人：			申请人：		
凭票即付人民币 　　　（大写）					
转账 | 现金					
备注：					
		出票行签章	出纳	复核	经办

出票银行在办理转账或收妥现金后,签发银行本票。签发银行本票时应注意:签发不定额本票,出票日期和出票金额必须大写,大写的金额数字要用正楷或行书填写,如果填写错误应将本票作废重新签发。用于转账的本票,须在本票上划去"现金"字样;用于支取现金的本票,须在本票上划去"转账"字样。申请人在申请书的备注栏内注明"不得转让"的,出票行应在本票正面注明。

填写的本票经复核无误后,在不定额本票的第二联或定额本票的正联上加盖本票专用章,并由授权的经办人签名或签章。定额本票正联交给申请人,不定额本票第二联需用总行统一制作的压数机在"人民币大写"栏右端压印小写金额后交给申请人。第一联卡片或存根联上加盖经办、复核人员名章后留存,专夹保管。

申请人接到签妥的银行本票,在票据交换区域购货后,将本票交给收款人。在提示付款期内,收款人可以将本票背书转让。

（三）银行本票付款的处理

1.转账支付的处理

代理付款行接到在本行开立账户的持票人直接交来本票和三联进账单,应认真审查。审查无误后,如果是他行签发的本票,则应通过票据交换,待退票时间过后办理转账。其会计分录为:

借:存放中央银行准备金(或有关科目)
　　贷:单位活期存款——持票人户

2.现金支付的处理

出票行接到收款人交来的注明"现金"字样的本票时,抽出专夹保管的本票卡片或存根,经核对相符办理转账。其会计分录为:

借:本票
　　贷:现金

（四）出票行结清本票的处理

1.持票人、申请人不在同一行处开户的处理

出票行收到票据交换提入的本票时，抽出保管的本票卡片或存根，经核对无误后办理转账。其会计分录为：

借：本票

贷：存放中央银行准备金（或有关科目）

2.持票人、申请人在同一行处开户的处理

出票行受理本行签发的转账本票，则不需要通过票据交换。其会计分录为：

借：本票

贷：单位活期存款——持票人户

三、银行汇票业务的核算

银行汇票是出票银行签发的，由其在见票时按照实际结算金额无条件支付给收款人或持票人的票据。银行汇票的出票银行为银行汇票的付款人。

（一）基本规定

1.单位和个人的各种款项结算，均可以使用银行汇票。

2.银行汇票的出票和付款，全国范围内仅限于中国人民银行和各商业银行已参加"全国联行往来"的机构办理。

3.签发银行汇票必须记载下列事项：表明"银行汇票"的字样、无条件支付的承诺、出票金额、付款人名称、收款人名称、出票日期、出票人签章。

4.银行汇票的提示付款期限自出票日起1个月，逾期代理付款行不予受理。

银行汇票可以转账也可以支取现金。转账汇票允许背书转让，转让时以实际结算金额为准。银行汇票的实际结算金额不得更改，更改则汇票无效。银行汇票的实际结算金额低于出票金额的，其多余金额由出票银行退交申请人。

银行汇票的核算过程包括出票、付款和结清三个阶段。

（二）银行汇票出票的核算

申请人需要使用银行汇票，应向出票银行填写"银行汇票申请书"。申请书一式三联（见表5-5），第一联存根，第二联借方凭证，第三联贷方凭证。交现金办理的，第二联注销。

出票银行受理时，应认真审查申请书填写的各项内容是否符合要求；填明现金字样的，申请人和收款人是否均为个人，并交存现金。审查无误后，以申请书第二联作借方凭证，第三联作贷方凭证，办理转账。其会计分录为：

借：单位活期存款——申请人户（或现金）

贷：汇出汇款

表 5-5　银行汇票申请书

申请日期　　　年　　月　　日　　　　　　　　　第　　号

申请人		收款人										
账号或住址		账号或住址										
用　途		代理付款行										
汇票金额人民币 （大写）		千	百	十	万	千	百	十	元	角	分	
上列款项请从我账户内支付。 申请人签章：		科目（借）： 对方科目（贷）： 转账日期：　　年　　月　　日										

出票行收妥现金或转账后，签发银行汇票（见表 5-6）。银行汇票一式四联：第一联卡片，第二联汇票，第三联解讫通知，第四联多余款收账通知。

出票银行签发汇票时，出票日期和金额必须大写，现金汇票应在汇票各联"出票金额人民币（大写）"之后紧接着填写"现金"字样，再填写大写金额，并在代理付款行名称栏填明确定的本系统代理付款行名称。申请书注明"不得转让"字样的，应在汇票备注栏注明。

汇票签发后经复核无误，在汇票第二联上加盖汇票专用章并由授权的经办人签名或盖章；在汇票实际结算金额栏的小写金额上方，用压数机压印出票金额后连同汇票第三联一并交申请人；第一联卡片加盖经办、复核名章，逐笔登记汇出汇款明细账后与第四联一并专夹保管。

表 5-6　银行汇票

付款期限 壹个月	××银行 银行汇票　　2　　地名　　汇票号码										
出票日期　　　年　　月　　日　　代理付款行：　　　行号： （大写）											
收款人		账号：									
出票金额人民币 （大写）											
实际结算金额人民币 （大写）		千	百	十	万	千	百	十	元	角	分
申请人		账号：									
出票行：　　　行号：　　　密押：											
备注：	多余金额										
凭票付款 出票行盖章	千	百	十	万	千	百	十	元	角	分	复核： 记账：

【例 5-3】甲银行接到开户单位万达公司提交的一式三联"银行汇票申请书",金额为 30 000 元,系该公司用于向异省同系统乙银行开户单位美网公司支付货款,甲银行审查无误,收妥款项并签发银行汇票,则会计分录为:

借:单位活期存款——万达公司　　　　　　　　　　　　　　　30 000

　贷:汇出汇款　　　　　　　　　　　　　　　　　　　　　　　　　30 000

　(三)银行汇票付款的核算

代理付款行接到在本行开户的持票人直接交来的银行汇票、解讫通知和三联进账单时,应认真审查以下有关内容:汇票和解讫通知的号码、内容是否一致;汇票是否真实,是否超过提示付款期限;汇票填明的持票人是否在本行开户,与进账单上的名称是否一致;汇票必须记载的事项是否齐全,出票金额、实际结算金额、出票日期、收款人名称等是否更改,其他记载事项的更改是否由原记载人签章证明;出票行的签章是否符合规定,加盖的汇票专用章是否与印模相符;压数机压印的出票金额是否由统一制作的压数机压印,与大写的出票金额是否一致;汇票的实际结算金额是否在出票金额以内,与进账单金额是否一致,多余金额结计是否正确;持票人是否在背面签章;背书转让时汇票背书是否连续。

经审查无误后,第二联进账单作贷方凭证,汇票第二联作借方凭证附件,办理转账。其会计分录为:

借:辖内往来

　贷:单位活期存款——持票人户

进账单第一联作回单,第三联作收账通知加盖转讫章交持票人,第三联汇票解讫通知加盖转讫章,随联行借方报单划转出票行。

【例 5-4】承上例,乙银行收到开户单位美网公司提交的两联银行汇票和一式三联进账单,汇票实际结算金额和进账单金额为 30 000 元,审查无误后,乙银行予以兑付,并向同系统甲银行结清,则乙银行的会计分录为:

借:辖内往来　　　　　　　　　　　　　　　　　　　　　　　　　30 000

　贷:单位活期存款——美网公司　　　　　　　　　　　　　　　　30 000

代理付款行接到未在本行开户的持票人为个人交来的银行汇票、解讫通知和三联进账单时,除认真审查上述有关内容外,还必须审查持票人的身份证件,并要求提交持票人的身份证件复印件,留存备查。

经审查无误后,以持票人姓名开立应解汇款账户,并在该分户账上填明汇票号码以备查考,以第二联进账单作贷方凭证,办理转账。其会计分录为:

借:辖内往来

　贷:应解汇款——持票人户

原持票人需要支取现金的,代理付款行经审查汇票上填明"现金"字样,申请人、收款人确为个人,以及填写的代理付款行名称确为本行的,可以办理现金支付手续;未填明"现金"字样需要支取现金的,由代理付款行按照现金管理规定审查支付,另填制一联现金借方凭证。其会计分录为:

借:应解汇款——持票人户

　贷:现金

原持票人需要一次或分次办理转账支付的,应由其填制支付凭证,并向银行交验身份证件。其会计分录为：

借：应解汇款——持票人户

贷：单位活期存款——××户

或贷：存放中央银行准备金

（四）银行汇票结清的核算

出票行接到代理付款行寄来的第三联汇票解讫通知和联行借方报单时，抽出专夹保管的汇票卡片根，经核对确属本行签发，报单金额与实际结算金额相符，多余金额结计正确无误后。分别情况处理：

1. 汇票全额付款

出票行应在汇票卡片的实际结算金额栏填入全部金额，在多余款收账通知的多余金额栏填写"－0－"，汇票卡片作借方凭证，解讫通知和多余款收账通知作借方凭证附件，办理转账。其会计分录为：

借：汇出汇款

贷：辖内往来

同时销记汇出汇款账。

【例 5-5】承上例，甲银行收到乙银行发来的汇票全额解付的解讫通知和联行借方报单，对汇票予以结清，其会计分录为：

借：汇出汇款　　　　　　　　　　　　　　　　　　　　　30 000

贷：辖内往来　　　　　　　　　　　　　　　　　　　　　　　30 000

2. 汇票部分付款

出票行应在汇票卡片的实际结算金额栏填写实际结算金额，将多余金额填写在多余款收账通知的多余金额栏内，汇票卡片作借方凭证，解讫通知作多余款转账贷方凭证，办理转账。其会计分录为：

借：汇出汇款

贷：辖内往来

单位活期存款——申请人户

同时销记汇出汇款账，将第四联多余款收账通知加盖转讫章作收账通知，交申请人。如果申请人未在出票银行开立账户，多余金额应先转入"其他应付款"科目，通知申请人持申请书存根及本人身份证件来出票行办理取款手续。

【例 5-6】上例中，若美网公司汇票的实际结算金额为 28 000 元，则甲银行收到借方报单的金额也是 28 000 元，此时多余款 2 000 元退还原申请人万达公司账户，其会计分录为：

借：汇出汇款　　　　　　　　　　　　　　　　　　　　　30 000

贷：辖内往来　　　　　　　　　　　　　　　　　　　　　　　28 000

单位活期存款——万达公司　　　　　　　　　　　　　　　　2 000

（五）银行汇票逾期付款、退款及挂失的处理

1. 银行汇票逾期付款处理

持票人超过付款期限向代理付款行提示付款不获付款的，在票据权利时效内请求付款时，应向出票行说明原因，并提交汇票第二、三联。持票人为个人的，还应交验本人身份证件。出票行经与原专夹保管的汇票卡片核对无误，多余金额结计正确后，即在汇票和解

讫的备注栏填写"逾期付款"字样,并一律通过"应解汇款"科目核算。具体处理如下:

(1)汇票全额付款。出票行应在汇票卡片的实际结算金额栏填入全部金额,在多余款收账通知的多余金额栏填写"－０－",汇票卡片作借方凭证,解讫通知作贷方凭证,多余款收账通知作贷方凭证附件,办理转账。其会计分录为:

借:汇出汇款

　贷:应解汇款——持票人户

同时销记汇出汇款账,并根据持票人填写的汇款凭证或汇票申请书,将款项划转持票人开户行。其会计分录为:

借:应解汇款——持票人户

　贷:辖内往来

或贷:汇出汇款

(2)汇票部分付款。出票行应在汇票卡片的实际结算金额栏填写实际结算金额,将多余金额填写在多余款收账通知的多余金额栏内,汇票卡片作借方凭证,解讫通知作多余款转账贷方凭证,另填制一联特种转账贷方传票,办理转账。其会计分录为:

借:汇出汇款

　贷:应解汇款——持票人户

　　单位活期存款——原申请人户

同时销记汇出汇款账,将第四联多余款收账通知加盖转讫章作收账通知,交原申请人。向持票人付款的手续同前。

2.退款处理

申请人由于汇票超过付款期限或其他原因要求退款时,应交回汇票和解讫通知,并提交单位证明或身份证件。出票行经核对无误,即在实际结算金额大写栏填写"未用退回"字样,汇票卡片作借方凭证,汇票作附件,解讫通知作贷方凭证,办理转账。会计分录与签发时相反。

3.挂失处理

确系填明"现金"字样和代理付款行的汇票丧失,失票人到出票行或代理付款行挂失时,应提交三联挂失止付通知书。代理付款行先受理的,应登记挂失登记簿后,立即通知出票行。出票行先受理或接到代理付款行通知后,应查对汇出汇款账和汇票卡片,经核对相符,确属本行签发并未注销的,方可受理。挂失止付通知书登记挂失登记簿后,与原汇票卡片及多余款收账通知一并专夹保管,据以控制付款。如失票人委托出票行通知代理付款行挂失的,出票行应立即向代理付款行发出挂失通知。

四、商业汇票业务的核算

商业汇票是由出票人签发,委托付款人在指定日期无条件支付确定的金额给收款人或持票人的票据。

(一)商业汇票的基本规定

1.在银行开立账户的法人以及其他组织之间,必须具有真实的交易关系和债权债务关系,才能使用商业汇票。

2.签发商业汇票必须记载下列内容:表明"商业汇票"的字样、无条件支付的委托、确定的金额、付款人名称、收款人名称、出票日期、出票人签章。欠缺记载上列事项之一的,商业汇票无效。

3.商业汇票必须经过承兑。根据承兑人的不同,商业汇票分为商业承兑汇票和银行承兑汇票。由银行以外的付款人承兑的汇票为商业承兑汇票,由银行承兑的汇票为银行承兑汇票。

商业汇票可以在签发时向付款人提示承兑后使用,也可以在汇票出票后先使用再向付款人提示承兑。定日付款或者出票后定期付款的汇票,持票人应当在汇票到期日前向付款人提示承兑,见票后定期付款的汇票,持票人应当自出票日起1个月内向付款人提示承兑。未按规定期限提示承兑的,持票人丧失对其前手的追索权。商业汇票的付款人接到出票人或持票人向其提示承兑的汇票时,应当向出票人或持票人签发收到汇票的回单,记明汇票提示承兑日期并签章。付款人应当在自收到提示承兑的汇票之日起3日内承兑或拒绝承兑。付款人拒绝承兑的,必须出具拒绝承兑的证明。付款人承兑商业汇票,不得附有条件,承兑附有条件的,视为拒绝承兑。

4.商业承兑汇票的出票人,为在银行开立存款账户的法人以及其他组织,与付款人具有真实的委托付款关系。出票人不得签发无对价的商业汇票用以骗取银行或其他票据当事人的资金。

5.商业汇票的付款期限最长不得超过6个月。商业汇票可以背书转让。商业汇票的提示付款期限,自汇票到期日起10日。持票人应在提示付款期内通过开户银行委托收款或直接向付款人提示付款。

6.商业汇票的持票人在汇票未到期前需用资金,可持未到期的商业汇票向开户银行申请贴现。贴现银行也可继续进行再贴现和转贴现。

(二)商业承兑汇票的核算

使用商业承兑汇票的交易双方按约定签发商业承兑汇票。商业承兑汇票一式三联(见表5-7)。

商业承兑汇票的第一联承兑人留存;第二联由承兑人承兑后交收款人留存,汇票到期前由持票人开户行随结算凭证寄交付款人开户行,据以收取汇票款项;第三联由出票人留存。承兑时,承兑人应在商业承兑汇票第二联上签署"承兑"字样,并加盖预留银行印鉴。

1.持票人开户行受理汇票的处理

持票人委托银行收款时,应填制委托收款凭证,在"委托收款凭据名称"栏内注明"商业承兑"及其汇票号码,连同汇票一并提交开户行。持票人开户行应认真审查以下内容:汇票是否是统一印制的凭证;提示付款期限是否超过;汇票上填明的持票人是否在本行开户;出票人、承兑人的签章是否符合规定;汇票必须记载的事项是否齐全,出票日期、出票金额、收款人名称是否更改,其他记载事项的更改是否有记载人签章证明;是否做成委托收款背书,背书转让的汇票其背书是否连续,签章是否符合规定;委托收款凭证的记载事项是否与汇票记载的事项相符。审查无误后,在委托收款凭证各联上加盖"商业承兑汇票"戳记,将第二联委托收款凭证单独保管,并登记发出委托收款结算凭证登记簿,其余手续参照委托收款处理。

表 5-7 商业承兑汇票

汇票号码

出票日期(大写) 　　　 年　　 月　　 日

付款人	全称		收款人	全称	
	账号			账号	
	开户银行			开户银行	

出票金额人民币 (大写)		亿	千	百	十	万	千	百	十	元	角	分

汇票到期日 (大写)		付款人 开户行	行号	
			地址	

交易合同号码	本汇票请予以承兑于到期日付款。
本汇票已经承兑,到期无条件支付票款。 　　　　　　　　　　承兑人签章: 承兑日期　　 年　　 月　　 日	出票人签章:

2.付款人开户行收到汇票的处理手续

付款人开户行接到持票人开户行寄来的委托收款凭证及汇票时,应按照有关规定认真审查,付款人确在本行开户,承兑人在汇票上的签章与预留银行的签章相符,即将汇票留存,并将第五联委托收款凭证交给付款人并签收。第三、四联委托收款凭证登记"收到委托收款结算凭证登记簿"后,专夹保管,以便考核汇票款的支付或退回情况。

付款人开户行接到付款人的付款通知,或在付款人接到开户行的付款通知的次日起3日内仍未接到付款人的付款通知的,应按照支付结算办法规定的划款日期和以下情况处理:

(1)付款人存款足以支付。付款人的银行账户有足够票款支付的,第三联委托收款凭证作借方凭证,汇票加盖转讫章作附件,按委托收款付款手续处理。其会计分录为:

借:单位活期存款——付款人户

　　贷:辖内往来或有关科目

【例 5-7】甲银行收到异省同系统乙银行寄来的甲银行开户单位某毛纺厂开出的商业承兑汇票,金额为 250 000 元,汇票已到期。经审查无误,且该单位账户有足够的资金,则甲银行付款的会计分录为:

借:单位活期存款——某毛纺厂　　　　　　　　　　　　　　　　250 000

　　贷:辖内往来　　　　　　　　　　　　　　　　　　　　　　　　　250 000

(2)付款人存款不足支付。付款人银行账户不足支付的,银行应填制三联付款人未付票款通知书(用异地结算通知书代替),在委托收款凭证备注栏注明"付款人无款支付"字样。第一联通知书和第三联委托收款凭证留存备查,将第二联通知书连同第四、五联委托收款凭证及汇票寄持票人开户行转交持票人。

(3)付款人拒付。银行在付款人接到通知的次日起 3 日内收到付款人的拒绝付款证明时,经核对无误后,在委托收款凭证和收到委托收款凭证登记簿备注栏注明"拒绝付款"字样;将拒绝付款证明连同委托收款凭证及汇票一起寄至持票人开户行转交持票人,其余手续参照委托收款处理。

3. 持票人开户行收到划回票款或退回凭证的处理

(1)划回票款。持票人开户行接到付款人开户行寄来的联行报单和委托收款凭证或拍来的电报,应将留存的第二联委托收款凭证上填注转账日期作贷方凭证办理转账。其会计分录为:

借:辖内往来或有关科目

　　贷:单位活期存款——持票人户

其余手续参照委托收款处理。

【例 5-8】承上例,若乙银行收到甲银行划来商业承兑汇票款 250 000 元,收款单位是本行开户的新荣贸易公司。经审查无误,乙银行代为入账,则会计分录为:

借:辖内往来　　　　　　　　　　　　　　　　　　250 000

　　贷:单位活期存款——新荣贸易公司　　　　　　　　250 000

(2)退回凭证。持票人开户行接到付款人开户行寄来的付款人未付票款通知书或付款人的拒绝付款证明和汇票以及委托收款凭证,经核对无误,应在原专夹保管的第二联委托收款凭证和发出委托收款凭证登记簿上作相应记载后,将委托收款凭证、未付票款通知书或拒绝付款证明及汇票退给持票人并由持票人接收。

(三)银行承兑汇票的核算

银行承兑汇票是由在承兑银行开立存款账户的存款人签发,由银行审查同意承兑的票据。该汇票为一式三联(见表 5-8),第一联卡片,由承兑行留存备查,到期支付票款时作借方凭证附件;第二联汇票,由持票人开户行随委托收款凭证寄给付款行作借方凭证附件;第三联存根,由出票人存查。

1. 银行承兑汇票承兑的处理

出票人或持票人持银行承兑汇票向汇票上记载的付款银行申请或提示承兑时,承兑银行的信贷部门按照支付结算办法和相关规定,审查同意后即可与出票人签署银行承兑协议,一式三联。第一联回执留存,第二联和第三联副本与第一、二联汇票一并交本行会计部门。

会计部门接到汇票和承兑协议审核无误后,在第一、二联汇票上注明承兑协议编号,并在第二联汇票"承兑人签章"处加盖汇票专用章并由授权的经办人签名或盖章;由出票人申请承兑的,将第二联汇票连同一联承兑协议交给出票人;由持票人提示承兑的,将第二联汇票交给持票人,一联承兑协议交给出票人。同时按照承兑金额的 5‰向出票人收取手续费。其会计分录为:

借:单位活期存款——××户

　　贷:手续费收入——承兑手续费收入

承兑银行根据第一联汇票卡片填制银行承兑汇票表外科目收入凭证,登记表外科目登记簿：

收入：银行承兑汇票

经办人员对银行承兑汇票登记簿的余额要经常与保存的第一联汇票卡片进行核对，以保证金额相符。

表 5-8　银行承兑汇票 2

汇票号码

出票日期(大写)　　　年　月　日

出票人全称				收款人	全称												
出票人账号					账号												
付款行全称		行号			开户银行												
汇票金额	人民币(大写)					亿	千	百	十	万	千	百	十	元	角	分	
汇票到期日(大写)				付款行	行号												
					地址												
承兑协议编号：																	
本汇票请你行承兑，到期无条件付款。 出票人签章：		本汇票已经承兑，到期日由本行付款。 承兑行签章： 承兑日期：　　年　月　日 备注：				复核： 记账：											

【例 5-9】甲银行收到开户单位机电厂的承兑申请，委托甲银行承兑其所签发的金额为 60 万元的商业汇票一份，经审查同意进行承兑并收取手续费，会计分录为：

手续费＝600 000×0.5‰＝300(元)

借：单位活期存款——机电厂　　　　　　　　　　　　　　　　300

　　贷：手续费收入——承兑手续费收入　　　　　　　　　　　　　　　300

收入：银行承兑汇票 600 000

2. 持票人开户行受理银行承兑汇票的处理

持票人凭汇票委托开户银行向承兑银行收取票款时，应填制邮划或电划委托收款凭证，在"委托收款凭据名称"栏注明"银行承兑汇票"及其汇票号码，连同汇票第二联一并送交开户行。

持票人开户行经审查有关凭证无误后，在委托收款凭证各联上加盖"银行承兑汇票"戳记。银行承兑汇票第二联连同有关委托收款凭证寄承兑银行。其余手续按照发出委托收款凭证的手续处理。

3. 承兑银行到期收取票款的处理

承兑银行应每天查看汇票的到期情况，对到期汇票，应于到期日(法定休假日顺延)向出票人收取票款,专户存储。转账时填制两联特种转账借方传票,一联特种转账贷方传票,并在"转账原因"栏注明"根据××号汇票划转票款"。其会计分录为:

借:单位活期存款——出票人户

贷:应解汇款——出票人户

【例5-10】承上例,若机电厂申请承兑的银行承兑汇票本日到期,且该单位的账户上有足够的资金,甲银行向该单位收取票款,则会计分录为:

借:单位活期存款——机电厂   600 000

贷:应解汇款——机电厂   600 000

出票人账户无款或不足支付的,应转入该出票人的逾期贷款户,每日按5‰计收利息。账户无款支付的,应填制两联特种转账借方传票,一联特种转账贷方传票,在"转账原因"栏注明"××号汇票无款支付转入逾期贷款户"。其会计分录为:

借:逾期贷款——出票人户

贷:应解汇款——出票人户

一联特种转账借方传票加盖业务公章交给出票人。

账户不足支付的,除按照上述办法处理外,加填两联特种转账借方传票,在"转账原因"栏注明"××号汇票划转部分票款"。其会计分录为:

借:单位活期存款——出票人户

  逾期贷款——出票人户

贷:应解汇款——出票人户

一联特种转账借方传票加盖转讫章作为支款通知交出票人。

4.承兑银行支付汇票款项的核算

承兑银行接到持票人开户行寄来的委托收款凭证及汇票,抽出专夹保管的汇票卡片和承兑协议副本,审查各项内容无误后,于汇票到期日或到期日之后的见票当日,按照委托收款的付款手续处理。其会计分录为:

借:应解汇款——出票人户

贷:辖内往来或有关科目

同时销记表外科目登记簿。

付出:银行承兑汇票

【例5-11】承上例,甲银行接到该银行承兑汇票的收款人(在异省同系统乙银行开户)某设备厂寄来的委托收款凭证和银行承兑汇票,甲银行予以付款,则会计分录为:

借:应解汇款——机电厂   600 000

贷:辖内往来   600 000

付出:银行承兑汇票 600 000

承兑银行存在合法抗辩事由拒绝支付的,应自接到商业汇票的次日起3日内,做成拒绝付款证明连同银行承兑汇票邮寄持票人开户银行转交持票人。

5.持票人开户行收到汇票款项的处理

持票人开户行接到承兑银行寄来的联行报单和委托收款凭证或拍来的电报,按照委托收款的款项划回手续处理,抽卡核对无误后办理转账。其会计分录为:

借:辖内往来或有关科目

　　贷:单位活期存款——持票人户

其余手续参照委托收款处理。

【例 5-12】承上例,乙银行收到甲银行划来的银行承兑汇票款,经审查确为本行开户单位某设备厂收款,则收款人账的会计分录为:

借:辖内往来　　　　　　　　　　　　　　　　　　　600 000

　　贷:单位活期存款——某设备厂　　　　　　　　　　　　　600 000

(四)商业汇票丧失的处理

持票人丧失已承兑的银行承兑汇票,向承兑行申请挂失止付时,应当提交三联挂失止付通知书。承兑行接到挂失止付通知书,应从专夹中抽出第一联汇票卡片和承兑协议副本,核对相符确未付款的,方可受理。在第一联挂失止付通知书上加盖业务公章作为受理回单,第二、三联于登记汇票挂失登记簿后,与第一联汇票一并另行保管,据以控制付款。商业承兑汇票丧失,由失票人向承兑人挂失。

已承兑的银行承兑汇票丧失,失票人凭人民法院出具的其享有票据权利的证明向承兑行请求付款。承兑行应审查确未支付的,根据人民法院出具的证明抽出原专夹保管的第一联汇票卡片,核对无误后,将款项支付给失票人。

第三节　非票据类业务的核算

一、汇兑业务的核算

汇兑是汇款人委托银行将其款项支付给收款人的结算方式。

(一)基本规定

1.汇兑适用于单位和个人的各种款项的结算。

2.汇兑按凭证寄递方式的不同,可分为信汇和电汇两种,由汇款人选择使用。

3.签发汇兑凭证必须记载下列事项:表明“信汇”或“电汇”的字样;无条件支付的委托;确定的金额;收款人名称;汇款人名称;汇入地点、汇入行名称;汇出地点、汇出行名称;委托日期;汇款人签章。汇兑凭证上欠缺上列记载事项之一的,银行不予受理。汇兑凭证上记载汇款人名称、收款人名称,其在银行开立存款户而又欠缺记载账号的,银行不予受理。

(二)信汇的核算

信汇是汇款人委托汇出银行以邮寄结算凭证的方式,通知汇入行将款项付给指定收款人的一种汇兑结算。

1.汇出行的处理

汇款人委托银行办理信汇时,应向银行填交一式四联信汇凭证(见表 5-9):第一联为汇出行给汇款人的回单;第二联由汇出行作支款凭证;第三联由汇入行作收款凭证;第四联由汇入行给收款人作收账通知或作取款凭证。

表 5-9　　××银行信汇凭证 2

委托日期　　　　年　　月　　日

汇款人	全称		收款人	全称									
	账号			账号									
	汇出地点	省　　市(县)		汇入地点	省　　　市(县)								

金额	人民币 (大写)		亿	千	百	十	万	千	百	十	元	角	分

此汇款支付给收款人。	支付密码
汇款人盖章:	附加信息及用途: 复核　　　　　记账

汇兑凭证上记载收款人为个人的,收款人需要到汇入银行领取汇款,汇款人应在汇兑凭证上注明"留行待取"字样;信汇凭证收款人签章支取的,应在信汇凭证上预留其签章。汇款人确定不得转汇的,应在汇兑凭证备注栏注明"不得转汇"字样。汇款人和收款人均为个人,需要在汇入银行支取现金的,应在信、电汇凭证的"汇款金额"大写栏先填写"现金"字样,后填写汇款金额。

汇出行受理信汇凭证后,应认真审查下列事项:信汇凭证记载的各项内容是否齐全、正确;汇款人账户内是否有足够支付的余额;汇款人的印章是否与预留银行印鉴相符;对填明"现金"字样的,还应审查汇款人和收款人是否均为个人。审查无误后,第一联回单上加盖转讫章或受理凭证专用章退给汇款人。转账汇款的,第二联信汇凭证作借方传票。其会计分录为:

借:单位活期存款——汇款人户

　贷:辖内往来或有关科目

现金汇款的,填制一联现金贷方凭证,第二联信汇凭证作附件。其会计分录为:

借:现金

　贷:应解汇款——汇款人户

借:应解汇款——汇款人户

　贷:辖内往来或有关科目

转账或收妥现金后,第三联信汇凭证加盖联行专用章与第四联随同联行往来划款报单寄汇入行。对跨系统的汇款,信汇凭证第三、四联按有关跨行转汇办法处理。

【例 5-13】甲银行受理开户单位棉纺厂提交的信汇凭证一式四联,金额 5 000 元,系该单位汇给异省同系统乙银行开户单位飞云贸易公司的货款,经审查无误后予以汇款,则会计分录为:

借:单位活期存款——棉纺厂　　　　　　　　　　　　　　　　　　　　5 000

　贷:辖内往来　　　　　　　　　　　　　　　　　　　　　　　　　　　　5 000

2.汇入行的处理

汇入行接到汇出行寄来的联行报单及第三、四联信汇凭证,应审查第三联信汇凭证上

的联行章与报单印章是否一致,无误后,按下列情况分别处理:

(1)直接入账的汇款。以信汇凭证第三联作贷方传票,另填转账借方传票办理转账。其会计分录为:

借:辖内往来或有关科目

　　贷:单位活期存款——收款人户

【例 5-14】承前例,乙银行收到甲银行寄来的信汇凭证和邮划贷方报单,经审查确为开户单位飞云贸易公司收款,予以收款入账,则会计分录为:

借:辖内往来 5 000

　　贷:单位活期存款——飞云贸易公司 5 000

(2)不能直接入账的汇款。以信汇凭证第三联作贷方传票,另填转账借方传票办理转账。其会计分录为:

借:辖内往来或有关科目

　　贷:应解汇款——收款人户

同时,登记应解汇款登记簿,并在信汇凭证上编列应解汇款顺序号,第四联信汇凭证留存专夹保管。另以便条通知收款人来银行办理取款手续。

收款人持便条来行办理取款时,汇入行应按规定认真审查,无误后,按下列手续处理:

转账支付的,应由原收款人向银行填制支款凭证。其会计分录为:

借:应解汇款——收款人户

　　贷:××科目

以第四联信汇凭证作借方凭证附件,同时销记应解汇款登记簿。

支付现金的,应一次办理现金支付手续。未注明"现金"字样,需要支取现金的,由汇入行按照现金管理规定审查支付。另填制一联现金借方凭证,第四联信汇凭证作附件。其会计分录为:

借:应解汇款——收款人户

　　贷:现金

同时销记应解汇款登记簿。

需要分次支取的,应凭第四联信汇凭证注销应解汇款登记簿中的该笔汇款,并如数转入应解汇款科目分户账内(不通过分录,以丁种账代替),银行审核收款人填制的支款凭证,其预留签章和收款人身份证件无误后,办理分次支付手续。待最后结清时,将第四联信汇凭证作借方凭证附件。

需要转汇的,应重新办理汇款手续,其收款人及汇款用途必须是原汇款的收款人和用途,并在第三联信汇凭证上加盖"转汇"戳记。第三联信汇凭证备注栏注明不得转汇的,不予办理转汇。

(三)电汇的核算

1.汇出行的处理

汇款人委托银行办理电汇时,应按照信汇凭证填写要求向银行填制一式三联电汇凭证,第一联回单,第二联借方凭证,第三联发电依据。

汇出行受理电汇凭证时,比照信汇审查无误后,第一联电汇凭证加盖转讫章退给汇款人,第二联作借方凭证办理转账,其分录与信汇相同。并根据第三联电汇凭证编制电划贷方报单,据以向汇入行拍发电报。

2.汇入行的处理

汇入行接到汇出行发来的电报,经审核无误后,应编制电划补充报单,其余各项处理手续,均与信汇相同。

(四)退汇的处理

1.汇款人申请退汇的处理

(1)汇出行处理。汇款人要求退汇时,对收款人在汇入行开立账户的,由汇款人与收款人自行联系退汇;对收款人未在汇入行开立账户的,应由汇款人备函或将本人身份证件连同原信、电汇回单交汇出行办理退汇。

汇出行接到退汇函件和原回单,经与原汇款凭证核对无误后,填制一式四联"退汇通知书"(用支付结算通知书代),在第一联上批注"×年×月×日申请退汇,俟款项退回后再办理退款手续"字样,加盖业务公章退交汇款人,第二、三联加盖结算专用章寄汇入行,第四联与申请退汇函件一同保管。

要求用电报通知退款时只需填制两联退汇通知书,并拍发电报通知汇入行,其余手续比照邮寄通知退汇处理。

(2)汇入行处理。汇入行接到汇出行寄来的退汇通知书第二、三联或通知退汇的电报时,经查明汇款尚未解付,应与收款人联系,索回取款通知,并以第二联退汇通知书作借方凭证,原第四联信汇凭证作附件办理转账。其会计分录为:

借:应解汇款——收款人户

　　贷:辖内往来或有关科目

退汇通知书第三联随同联行贷方报单寄原汇出行。如系电报通知退汇,应另填一联特种转账借方传票,并编制电划贷方报单,据以拍发电报。

如果该笔汇款已经解付,应在退汇通知书上注明解付情况和日期后,将第二联(或电报)留存,以第三联退汇通知书(或拍发电报)通知汇出行。

(3)汇出行的处理。汇出行接到汇入行寄来的联行贷方报单及退汇通知书第三联,经与原保管的第四联退汇通知书核对无误后,即以第三联退汇通知书作贷方传票办理转账。其会计分录为:

借:辖内往来或有关科目

　　贷:单位活期存款——原汇款人户

同时,在原信、电汇凭证第二联上注明"此款已于×月×日退回"字样,以备查考。在留存的第四联退汇通知书上注明"汇款退回,已代进账"字样,加盖转讫章后交汇款人。

如果汇款人未在银行开立账户,应将退汇款项先转入"其他应付款"科目并通知原汇款人,俟汇款人前来取款时,再从"其他应付款"科目中支付。如系电报通知退汇的,汇出行接到退汇电报后,应编制电划贷方补充报单,其余手续与邮寄相同。

如果汇出行接到注明汇款已经解付的退汇通知书第三联或电报时,应将第三联退汇通知书(或电报)存查,在留存的第四联上批注解付情况后交原汇款人。

2.汇入行主动退汇的处理

汇入行收到收款人拒收或发出通知 2 个月仍无人办理的汇款时,应主动将汇款退回汇出行。如收款人因故拒收汇款,应在收账通知上注明拒收理由并加盖印章,汇入行据以办理退汇手续。

汇入行主动退汇时,应填制一联特种转账借方传票和两联特种转账贷方传票,并在传票上注明"退汇"字样和批注退汇理由。以特种转账借方传票办理转账,原第四联信汇凭证作附件,会计分录与汇款人申请退汇时汇入行的处理相同。两联特种转账贷方传票随同联行邮划贷方报单寄给原汇出行。

原汇出行接到汇入行寄来的邮划贷方报单和两联特种转账贷方传票,以一联特种转账贷方传票办理转账,将款项转入原汇款人账户,另一联特种转账贷方传票加盖转讫章作收款通知交给原汇款人。

如系个人汇款的,也应通过"其他应付款"科目进行过渡处理。

二、委托收款业务的核算

委托收款是收款人委托银行向付款人收取款项的结算方式。

(一)委托收款的基本规定

1. 单位或个人凭已承兑商业汇票、债券、存单等付款人债务证明办理款项的结算,均可以使用委托收款结算方式。

2. 委托收款在同城和异地均可以使用;委托收款结算款项的划回方式,分邮寄和电报两种,由收款人选择使用。

3. 签发委托收款凭证必须记载下列事项:确定的金额、付款人名称、收款人名称、委托收款凭据名称及附寄单证张数、委托日期、收款人签章;委托收款以银行以外的单位为付款人的,委托收款凭证必须记载付款人开户银行名称;以银行以外的单位或在银行开立存款账户的个人为收款人的,委托收款凭证必须记载收款人开户银行名称;未在银行开立存款账户的个人为收款人的,委托收款凭证必须记载被委托银行名称。欠缺记载的,银行不予受理。

(二)收款人开户行受理委托收款的处理

收款人办理委托收款结算时,应向银行提交托收凭证和有关的债务证明。

托收凭证为一式五联(见表 5-10)。第一联回单,第二联贷方凭证,第三联借方凭证,第四联收账通知(电划的为发电依据),第五联付款通知。

收款人按规定填写之后,在第二联凭证上签章,然后连同有关债务证明一并交开户银行。

收款人开户行收到收款人提交的托收凭证和债务证明后,经审查无误后,第一联加盖业务公章退给收款人,第二联在凭以登记"发出委托收款凭证登记簿"后专夹保管;第三联托收凭证加盖结算专用章与第四、五联及有关债务证明一并交付款人开户行。

表 5-10　托收凭证(贷方凭证)2

委托日期　　　年　　月　　日

业务类型		委托收款(　　邮划　　电划)		托收承付(　　邮划　　电划)			
付款人	全称			收款人	全称		
	账号				账号		
	地址	省　　市(县)　　开户行			地址	省　　市(县)　　开户行	
委收金额	人民币(大写)			亿 千 百 十 万 千 百 十 元 角 分			
款项内容		托收凭据名称		附寄单证张数			
备注:		上列款项随附有关债务证明,请予办理。					
收款人开户银行收到日期　年　　月　　日		收款人盖章	复核:　　　　　　记账:				

(三)付款人开户行的处理

付款人开户行接到收款人开户行寄来的第三、四、五联托收凭证及有关债务证明时,应审查是否属于本行的凭证。审查无误后,在各联凭证填注收到日期,根据托收凭证第三、四联将有关内容输入资金汇划系统,逐笔登记"收到委托收款凭证登记簿"。然后将第三、四联托收凭证专夹保管。

1.银行作为付款人付款的处理

以银行为付款人的,对托收凭据已到期并在付款期限内的,应在收到寄来托收凭证和有关债务证明的当日将款项支付给收款人,对托收凭据未到期的,俟到期日将款项主动支付给收款人。其会计分录为:

借:单位活期存款——付款人户

　贷:辖内往来

转账后,销记收到委托收款凭证登记簿。

2.付款人为单位付款的处理

以单位为付款人的,付款人开户行接到托收凭证和有关债务证明时,按照有关办法规定需要将有关债务证明留存或交给付款人的,应将第五联托收凭证加盖业务公章及时交给付款人。付款人应于接到付款通知的当日书面通知银行付款。

付款人未在接到付款通知的次日起3日内通知银行付款的,视同付款人同意付款,银行应于付款人签收日的次日起第四天上午开始营业时,将款项划给收款人。

银行在付款人签收日的次日起第四天上午开始营业时,付款人账户有足够的资金支付全部款项,办理划款。其会计分录为:

借:单位活期存款——付款人户

　贷:辖内往来

转账后,注销收到委托收款凭证登记簿。

银行在办理划款时,付款人账户不足支付时,应通过收款人开户行向收款人发出未付款项通知书。债务证明留存付款人开户行的,应将债务证明连同未付款项通知书邮寄收款人开户行转交收款人。

3.付款人拒绝付款的核算

付款人审查有关债务证明后,对收款人委托收取的款项需要拒绝付款的,可以办理拒绝付款。

付款人为银行的,银行应在收到托收凭证及债务证明的次日起 3 日内出具拒绝付款证明,连同有关债务证明、托收凭证邮寄收款人开户行,转交收款人。

付款人为单位的,付款人应在接到付款通知的次日起 3 日内出具拒绝证明,送交其开户行;持有债务证明的,连同债务证明一并送交其开户行。开户行将拒绝证明、债务证明和有关托收凭证邮寄收款人开户行,转交收款人,并销记收到委托收款凭证登记簿。

(四)收款人开户行收到划回款项的核算

收款人开户行收到付款人开户行划来的托收有关凭证,经确认后,记入收款人账户和销记发出委托收款凭证登记簿及应收托收款项表外科目。其会计分录为:

借:辖内往来

　贷:单位活期存款——收款人户

收款人开户行如果接到付款人开户行寄来的第四联托收凭证和第二、三联"付款人未付款项通知书"及付款人开户行留存的债务证明,抽出第二联托收凭证,与第四联托收凭证核对无误后,在第二联托收凭证的备注栏注明"无款支付"字样,销记发出委托收款凭证登记簿和应收托收款项科目分户账,然后将第四联托收凭证及一联未付款项通知书、收到的债务证明退给收款人。收款人在银行留存一联的未付款项通知书上签收后,收款人开户行将留存的一联未付款项通知书连同第二联托收凭证一并留存。

三、托收承付业务的核算

托收承付是收款人根据购销合同发货后,委托银行向异地付款人收取款项,付款人验单或验货后,向银行承认付款的结算方式。托收承付按款项划回方式的不同,分为邮划和电划;按承付货款的方式不同,分为验单付款和验货付款,由收付款双方协商选用。

(一)托收承付的基本规定

1.使用托收承付结算方式的收付款单位,必须是国有企业、供销合作社,以及经营管理较好并经开户银行审查同意的城乡集体所有制工业企业。

2.办理托收承付结算的款项,必须是商品交易,以及因商品交易而产生的劳务供应的款项。代销、寄销、赊销商品的款项,不得办理托收承付结算。

3.收付双方使用托收承付结算必须签有符合《合同法》的购销合同,并在合同上订明使用托收承付结算方式。

4.托收承付结算每笔金额起点为 1 万元。新华书店系统每笔金额起点为 1 000 元。

5.收款人办理托收,必须具有商品确已发运的证件;没有发运证件的,应按规定凭其他有关证件办理托收。

（二）托收承付的核算

1. 收款人开户行受理托收承付的处理

收款人办理托收，应填制一式五联邮划或电划托收凭证（表 4-10），第一联回单，第二联贷方凭证，第三联借方凭证，第四联收账通知（电划第四联为发电依据），第五联承付通知（凭证同委托收款业务结算凭证）。收款人在第二联托收凭证上加盖单位印章后，将托收凭证和有关单证提交开户行。

收款人开户行收到上述凭证后，应按规定认真进行审查：托收的款项是否符合托收承付结算规定的范围、条件、金额起点以及其他有关规定；有无商品确已发运的证件，无证件的，是否符合托收承付结算办法规定的其他特殊条件；托收凭证各栏是否填写齐全、正确；托收凭证记载的附件张数与所附单证的张数是否相符。托收凭证第二联是否加盖收款人印章等。必要时还要查验交易双方签订的购销合同。银行审查的时间最长不得超过次日。经审查无误后，将第一联凭证加盖业务公章后退给收款人。第二联托收凭证由银行专夹保管，并登记发出托收结算凭证登记簿。然后在第三联托收凭证上加盖结算专用章，连同第四、第五联凭证及交易单证一起寄交付款人开户行。

2. 付款人开户行通知付款及划款的处理

付款人开户行接到收款人开户行寄来的第三、四、五联托收凭证及交易单证时，应严格审查无误后，在凭证上填注收到日期和承付期。然后根据第三、四联托收凭证登记定期代收结算凭证登记簿后，专夹保管；第五联托收凭证加盖业务公章后，连同交易单证一并及时送交付款人。

付款人承付货款分为验单付款和验货付款两种。验单付款的承付期为 3 日，从付款人开户行发出承付通知的次日算起（承付期内遇法定休假日顺延）。验货付款的承付期为 10 日，从运输部门向付款人发出提货通知的次日算起。对收付双方在合同中明确规定，并在托收凭证上注明验货付款期限的，银行从其规定。

付款人收到提货通知后，应即向银行交验提货通知。付款人在银行发出承付通知后（次日算起）的 10 日内，如未收到提货通知，应在第 10 天将货物尚未到达的情况通知银行；如不通知，银行即视作已经验货，于 10 日期满的次日上午银行开始营业时，将款项划给收款人。在第 10 天，付款人通知银行货物未到，而以后收到提货通知没有及时送交银行的，银行仍按 10 日期满的次日作为划款日期，并按超过的天数，计扣逾期付款赔偿金。

在承付期内，付款人应认真审查凭证或检验货物，并积极筹措资金；如有异议或其他要求，应在承付期内通知银行，否则银行视为同意付款。

（1）全额付款的处理

付款人在承付期内没有任何异议，并且其在承付期满日营业终了前银行存款账户上有足够金额，银行便视作同意全额付款，开户行便于承付期满日次日（遇法定休假日顺延）上午开始营业时，主动将款项从付款人账户内划出，按收款人指定的划款方式，划给收款人，以第三联托收凭证作借方传票办理转账。其会计分录为：

借：单位活期存款——××付款人户

　　贷：辖内往来

转账后，销记定期代收结算凭证登记簿，并以第四联托收凭证作附件随联行报单寄收款人开户行。

（2）提前承付的处理

付款人在承付期满前通知银行提前付款，银行划款的手续同全额付款，但应在托收凭证和登记簿备注栏分别注明"提前承付"字样。

（3）多承付的处理

付款人因商品的价格、数量或金额变动的原因，要求对本笔托收多承付的款项一并划回时，付款人应填四联"多承付理由书"（以托收承付拒绝付款理由书改用）提交开户行，银行审查后，在托收凭证和登记簿备注栏注明多承付的金额，以第二联多承付理由书代借方凭证，第三联托收凭证作附件办理转账。其会计分录为：

借：单位活期存款——××付款人户

　贷：辖内往来

然后将第一联多承付理由书加盖转讫章作支款通知交给付款人，第三、四联多承付理由书寄收款人开户行。

（4）逾期付款的处理

付款人在承付期满日银行营业终了时，如无足够资金支付货款，其不足部分，即为逾期付款。付款人开户银行对逾期支付的款项，应当根据逾期付款金额和逾期天数，每天按5‰计算逾期付款赔偿金。

付款人在承付期满日营业终了前，账户无款支付的，付款人开户行应在托收凭证和登记簿备注栏分别注明"逾期付款"字样，并填制三联"托收承付结算到期未收通知书"，将第一、二联通知书寄收款人开户行，第三联通知书与第三、四联托收凭证一并保管。等到付款人账户有款可以一次或分次扣款时，比照下面"部分付款"的有关手续办理，将逾期付款的款项和赔偿金一并划给收款人。赔偿金的计算公式为：

赔偿金金额＝逾期支付金额×逾期天数×赔偿金率

逾期付款天数从承付期满日算起。承付期满日银行营业终了时，付款人如无足够资金支付，其不足部分，应当算作逾期一天；在承付期满的次日（如遇法定休假日顺延，但以后遇法定休假日照算逾期天数）银行营业终了时，仍无足够资金支付，其不足部分，应当算作逾期2天，依此类推。

托收款项逾期如遇跨月时，应在月末单独计算赔偿金，于次月3日内划给收款人。在月内有部分付款的，其赔偿金从当月1日起计算并随同部分支付的款项划给收款人，对尚未支付的款项，月末再计算赔偿金，于次月3日内划给收款人。赔偿金的扣付列为企业销货收入扣款顺序的首位，如付款人账户余额不足以全额支付时，应排列在工资之前，并对该账户采取"只收不付"的控制办法，待一次足额扣付赔偿金后，才准予办理其他款项的支付。

【例5-15】甲公司付款的托收承付款项一笔，金额40万元，9月5日承付期满，9月6日上午开业划款时，由于付款人存款账户余额不足，只能支付12万元，逾期至9月23日开业时支付18万元，其余款于10月16日上午开业全部扣清。应计收的赔偿金为：

　9月23日计算赔偿金＝180 000×18×0.5‰＝1 620（元）

　9月末计算赔偿金＝100 000×26×0.5‰＝1 300（元）

10 月 16 日计算赔偿金＝100 000×15×0.5‰＝750(元)

每月单独扣付赔偿金时,付款人开户行应填制特种转账借方传票两联,并注明原托收号码及金额,在转账原因栏注明付款的金额及相应扣付赔偿金的金额。以一联特种转账借方传票作借方凭证,其会计分录为:

借:单位活期存款——××付款人户

　贷:辖内往来

付款人开户行对逾期未付的托收凭证,负责进行扣款的期限为 3 个月(从承付期满日算起)。期满时,付款人仍无足够资金支付尚未付清的欠款,银行应于次日通知付款人将有关交易单证(单证已作账务处理或已部分支付的,可以填制应付款项证明单)在 2 日内退回银行(到期日遇法定休假日顺延);付款人逾期不退回单证的,银行于发出通知的第 3 天起,按照尚未付清欠款金额,每天处以 5‰但不低于 50 元的罚款,并暂停其向外办理结算业务,直至退回单证时止。付款人开户行收到付款人退回的单证,经审核无误后,在托收凭证和登记簿备注栏注明单证退回日期和"无法支付"的字样,并填制三联"应付款项证明单",将一联证明单和第三联托收凭证一并留存备查,将两联证明单连同第四、五联托收凭证及有关单证一并寄收款人开户行。

付款人开户行在退回托收凭证和单证时,需将应付的赔偿金一并划给收款人。付款人逾期不退回单证的,开户行按前述规定予以罚款作为银行营业外收入处理。

(5)部分付款的处理

付款人在承付期满日开户行营业终了前,账户只能部分支付的,付款人开户行应在托收凭证上注明当天可以扣收的金额;同时,填制两联特种转账借方凭证,并注明原托收号码及金额,以一联特种转账借方凭证作借方传票。其会计分录为:

借:单位活期存款——××付款人户(部分支付金额)

　贷:辖内往来(部分支付金额)

转账后,另一联特种转账借方凭证加盖转讫章作支款通知交给付款人,并在登记簿备注栏分别注明已承付和未承付金额,并批注"部分付款"字样。第三、四联托收凭证按付款人及先后日期单独保管。

待付款人账户有款时,再及时将未承付部分款项一次或分次划转收款人开户行,同时逐次扣收逾期付款赔偿金,其处理手续同(4)。

(6)全部拒绝付款的处理

付款人在承付期内提出全部拒付的,应填制四联全部拒付理由书,连同有关的拒付证明、第五联托收凭证及所附单证送交开户行。银行严格审核,不同意拒付的,实行强制扣款,对无理拒付而增加银行审查时间的,银行应按规定扣收赔偿金。

对符合规定同意拒付的,经银行主管部门审批后,在托收凭证和登记簿备注栏注明"全部拒付"字样,然后将第一联拒付理由书加盖业务公章退给付款人,将第二联拒付理由书连同第三联托收凭证留存备查,其余所有单证一并寄给收款人开户行。

(7)部分拒绝付款的处理

付款人在承付期内提出部分拒绝付款,经银行审查同意办理的,依照全部拒付审查手续办理,并在托收凭证和登记簿备注栏注明"部分拒付"字样及部分拒付的金额;对同意承

付部分,以第二联拒付理由书代借方凭证(第三联托收凭证作附件)。其会计分录为:

借:单位活期存款——××付款人户(同意承付金额)

贷:辖内往来(同意承付金额)

然后将第一联拒付理由书加盖转讫章交付款人,其余单证,如第三、四联部分拒付理由书连同拒付部分的商品清单和有关证明,邮寄收款人开户行。

3.收款人开户行收款结账的处理

(1)全额划回的处理

收款人开户行收到付款人开户行寄来的联行报单及第四联托收凭证后,与留存的第二联托收凭证核对无误后,在第二联托收凭证上注明转账日期,办理转账。其会计分录为:

借:辖内往来

贷:单位活期存款——××收款人户

在另一联资金汇划贷方补充凭证上加盖转讫章作收账通知交收款人,并销记登记簿。

(2)多承付款划回的处理

收款人开户行收到付款人开户行划来多承付款项及第三、四联多承付理由书后,在第二联托收凭证和登记簿备注栏注明多承付金额,为收款人及时入账,并将一联多承付理由书交收款人,其余手续与全额划回相同。

(3)部分划回的处理

银行收到付款人开户行部分划回的款项,在第二联托收凭证和登记簿上注明部分划回的金额,为收款人及时入账。其余手续与全额划回相同。

(4)逾期划回、单独划回赔偿金及无款支付退回凭证的处理

收款人开户行收到第一、二联到期未收通知书后,应在第二联托收凭证上注明"逾期付款"字样及日期,然后将第二联通知书交收款人,第一联通知书、第二联托收凭证一并保管。待接到一次、分次划款或单独划回的赔偿金时,比照部分划回的有关手续处理。

收款人开户行在逾期付款期满后接到第四、五联托收凭证(部分无款支付是第四联托收凭证)及两联无款支付通知书和有关单证,核对无误后,抽出第二联托收凭证注明"无款支付"字样,销记登记簿,然后将其余托收凭证及无款支付通知书及有关单证退交收款人。

(5)拒绝付款的处理

收款人开户行收到付款人开户行寄来的托收凭证、拒付理由书、拒付证明及有关单证后,抽出第二联托收凭证,在备注栏注明"全部拒付"或"部分拒付××元"字样,并销记登记簿,同时将托收凭证、拒付理由书及有关单证退回收款人。部分拒付的,对划回款项还要办理收款入账手续。

第四节　信用卡业务的核算

信用卡属于银行卡基支付工具的一种。银行卡基支付工具包括借记卡、贷记卡和储值卡。借记卡,是指由商业银行向社会发行的具有消费信用、转账结算、存取现金等全部或部分功能的支付工具,不能透支。贷记卡,是指由银行或信用卡公司向资信良好的个人

和机构签发的一种信用凭证,即信用卡,持卡人可在指定的特约商户购物或获得服务。按照授信程度的不同,贷记卡分为真正意义上的贷记卡和准贷记卡。信用卡既是发卡机构发放循环信贷和提供相关服务的凭证,也是持卡人信誉的标志,可以透支。储值卡,是指非金融机构发行的具有电子钱包性质的多用途卡种,不记名,不挂失,适应小额支付领域。

在所有卡基支付工具中,银行发行的借记卡和贷记卡是卡基支付工具的主体。本节重点介绍贷记卡即信用卡业务。

一、信用卡的基本规定

（一）概念

信用卡,是指商业银行向个人和单位发行的,据以向特约单位购物、消费和向银行存取现金,且具有消费信用的特制载体卡片。

（二）基本规定

1.信用卡按使用对象分为单位卡和个人卡;按信誉等级分为金卡和普通卡。

2.信用卡的发卡机构必须是经中国人民银行批准的商业银行（包括外资银行、合资银行）和非银行金融机构。非银行金融机构、境外金融机构的驻华代表机构不得发行信用卡和代理收单结算业务。

3.凡在中国境内金融机构开立基本存款账户的单位可申请单位卡,其资金一律从基本存款账户转入,不得交存现金,不得将销货收入的款项存入其信用卡账户。

4.单位卡一律不得支取现金,不得用于 10 万元以上的商品交易、劳务供应款项的结算。

5.具有完全民事行为能力的公民可申领个人卡,其资金以现金存入或以其工资性款项及属于个人的劳务报酬收入转账存入,严禁将单位的款项存入个人卡账户。

6.信用卡透支额,金卡的透支幅度一般为 5 000～100 000 元,普通卡为 2 000～5 000元。信用卡透支期限最长为 60 日。持卡人使用信用卡不得恶意透支。

7.信用卡丧失,持卡人应立即持本人身份证件或其他有效证明,并按规定提供有关情况,向发卡银行或代办银行申请挂失。发卡银行或代办银行审核后,办理挂失手续。

二、信用卡发卡的核算

单位或个人申请使用信用卡,应按规定向发卡行填写申请表。发卡行审查同意后,应及时通知申请人前来办理领卡手续,并按规定向其收取备用金和手续费。

（一）转账办理

需转账办理的,由申请人向银行填制支票及进账单,经发卡行审查无误后,按照支票结算的有关手续处理,另填制一联特种转账贷方凭证,作收取手续费贷方凭证。其会计分录为:

借:单位活期存款——××基本存款账户

贷:单位活期存款——××单位信用卡户

手续费收入

申请人不在发卡行开户的,须向发卡行填交支票及进账单,经发卡行审查无误,按照支

票结算的有关手续处理,并另填制一联收取手续费的特种转账贷方凭证。其会计分录为:

借:存放中央银行准备金或有关科目

贷:单位活期存款——××单位信用卡户

手续费收入

采用其他方式转账存入的,按照有关手续处理。

(二)现金办理

申请人交存现金的,银行收妥现金后发给信用卡。其会计分录为:

借:现金

贷:活期储蓄存款——××个人信用卡户

手续费收入

发卡行在办理信用卡发卡手续时,应登记信用卡账户开销户登记簿和发卡清单,并在发卡单上记载领卡人身份证号码,并由领卡人签收。

三、信用卡付款的核算

(一)特约单位开户行的处理手续

特约单位办理信用卡进账时,应根据签购单汇总填制汇计单和进账单并提交签购单。

特约单位开户行收到特约单位送来的进账单和汇计单及签购单时,应按有关规定认真审查,无误后,根据签购单上压印的全国联行行号或填注的分辖行号和同城票据交换号,分别不同情况处理。

特约单位与持卡人在同一银行开户的,直接办理转账。其会计分录为:

借:单位活期存款——××单位信用卡户

或 借:活期储蓄存款——××个人信用卡户

贷:单位活期存款——特约单位户

手续费收入

特约单位与持卡人在同一城市不同银行机构开户以及属于异地跨系统银行发行的信用卡,特约单位开户行应向持卡人开户行或跨系统发卡行通汇行提出票据交换,待款项收妥后办理转账。其会计分录为:

借:存放中央银行准备金或有关科目

贷:单位活期存款——特约单位户

手续费收入

特约单位与持卡人不在同一城市的,特约单位开户行应向持卡人开户行办理联行划款手续。其会计分录为:

借:辖内往来

贷:单位活期存款——特约单位户

手续费收入

(二)信用卡支取现金的处理手续

参加同城票据交换和联行往来的代理行,对持卡人持信用卡支取现金的,应要求其提交身份证件,并应审查:信用卡的真伪及有效期;持卡人身份证件的照片或卡片上的照片是否与本人相符;该信用卡是否被列入止付名单等。审查无误后,在取现单上办理压(刷)

卡。在取现单上填写持卡人取现的金额、身份证件号码、代理行名称和代号等内容,交由持卡人签名,然后核对其签名与信用卡的签名是否一致,是否与身份证件的姓名相同。持卡人取现金额超过限额的,应办理索权手续,并将发卡行所给的授权号填入取现单有关栏目。

在同一城市和对异地跨系统银行发行的信用卡支取现金的,代理行向持卡人开户行或代理行所在地的跨系统发卡行通汇行提出票据交换。其会计分录为:

借:存放中央银行准备金或有关科目
　　贷:应解汇款——持卡人户

支付现金另填制一联现金借方凭证。其会计分录为:

借:应解汇款——持卡人户
　　贷:现金

异地支取现金的,比照以上在同一城市支取现金的有关手续处理,另填制一联特种转账贷方凭证作收取手续费的贷方凭证。代理行应向持卡人开户行办理联行划款手续。其会计分录为:

借:辖内往来
　　贷:应解汇款——持卡人户
借:应解汇款——持卡人户
　　贷:现金
　　　　其他应付款——手续费户

对本行发行的信用卡支取现金的,其会计分录为:

借:活期储蓄存款——××个人信用卡户
　　贷:现金

(三)持卡人开户行的处理手续

持卡人开户行收到同城交换来的签购单和汇计单或取现单、联行寄来的报单及签购单和汇计单或取现单时,应按规定认真审查,无误后,签购单或取现单作借方凭证,汇计单留存。其会计分录为:

　　借:单位活期存款——××单位信用卡户
或　借:活期储蓄存款——××个人信用卡户
　　　贷:辖内往来(或存放中央银行准备金,或有关科目)

(四)信用卡销卡的处理

持卡人不需要继续使用信用卡的,应持信用卡主动到发卡银行办理销户。其中,个人卡销户,可以转账结清,也可以提取现金;单位卡销户,信用卡账户余额必须转入其基本存款账户,不得提取现金。发卡行在确认持卡人具备销户条件后,为持卡人办理销户手续,收回信用卡。发卡行核对账务无误后,分别情况进行处理。转账结清的,其会计分录为:

　　借:活期储蓄存款——××个人信用卡户
或　借:单位活期存款——××单位信用卡户
　　　利息支出——××利息支出户
　　　贷:活期储蓄存款——××户
或　　　贷:单位活期存款——××基本存款账户

退付现金的,其会计分录为:

借:活期储蓄存款——××个人信用卡户

利息支出——××利息支出户

贷:现金

本章练习与思考

(一)名词解释

1.支付结算

2.支票

3.银行本票

4.银行汇票

5.商业汇票

6.汇兑

7.委托收款

8.托收承付

9.信用卡

(二)判断题

(   )1.汇兑结算只适用于在银行开立账户的汇款人汇划各种款项。

(   )2.在汇兑结算中,汇款人或收款人为个人的,可以在汇入银行支取现金。

(   )3.未在银行开立存款账户的收款人,向汇入银行支取款项,银行审查无误后,以收款人的姓名开立应解汇款账户,该户只付不收,付完清户,不记付利息。

(   )4.委托收款结算方式在同城、异地均可使用。

(   )5.收款人在汇入行需要转汇的应重新办理汇款手续,其收款人与汇款用途必须是原汇款的收款人和用途。

(   )6.托收承付结算每笔的金额起点为 1 万元。

(   )7.委托收款是根据购销合同由收款人发货后,委托银行向付款人收取款项,由付款人向银行承认付款的结算方式。

(   )8.支票的持票人、出票人不在同一行处开户,持票人开户行受理收款人送交支票并经审查无误后,即可将款项转入持票人账户。

(   )9.9 月 15 日银行受理开户单位送交的转账支票和转账进账单,金额 23 000 元,系他行开户单位 9 月 2 日签发,审查无误转账。

(   )10.银行对签发的空头支票应予退票,并按票面金额处以 5% 的罚款。

(   )11.银行汇票的提示付款期限自到期日起 1 个月。

(   )12.商业承兑汇票由银行以外的付款人承兑,银行承兑汇票由银行承兑,商业汇票的付款人为承兑人。

(   )13.商业汇票必须在签发后先向付款人提示承兑后使用,未经承兑的汇票不能使用。

（　　）14.银行承兑汇票到期日,如出票人账户不足支付时,承兑银行应将不足的款项转入出票人的逾期贷款户,每日计收罚息。

（　　）15.承兑银行在银行承兑汇票到期后,收到同在本行开户的持票人提交的汇票要求收款时,支付票款转账的账务处理为:

借:应解汇款
　　贷:单位活期存款——持票人户

（三）单项选择题

1.在汇兑结算方式中,汇入行对留行待取的款项,应先转入（　　）。
　　A.其他应付款　　　　B.其他应收款　　　　C.汇出汇款　　　　D.应解汇款

2.托收承付结算方式中规定,验单付款的承付期为（　　）。
　　A.3 日　　　　　　　　　　　　　　　　　B.5 日
　　C.10 日　　　　　　　　　　　　　　　　D.接到通知的当日

3.某银行于9月20日（星期三）向付款人百货公司发出承付通知,验单付款,承付期满日为（　　）。
　　A.9 月 22 日　　　　B.9 月 23 日　　　　C.9 月 25 日　　　　D.9 月 24 日

4.托收承付的赔偿金定期扣收,每月计算一次,于次月（　　）单独划给收款人。
　　A.随逾期付款金额　　B.3 日内　　　　　　C.月初　　　　　　D.5 日内

5.委托收款结算银行在办理划款时,付款人账户不足支付全部款项,按（　　）处理。
　　A 无款支付　　　　　B.逾期支付　　　　　C.不作处理　　　　D.拒绝支付

6.支票的提示付款期限自出票日起（　　）。
　　A.5 日　　　　　　　B.10 日　　　　　　　C.15 日　　　　　　D.1 个月

7.支票的付款人为（　　）。
　　A.出票人　　　　　　　　　　　　　　　　B.开户行
　　C.支票上记载的出票人开户银行　　　　　　D.背书人

8.出票银行签发的,由其在见票时按实际结算金额无条件支付给收款人或持票人的票据是（　　）。
　　A.支票　　　　　　　B.银行本票　　　　　C.银行汇票　　　　D.商业汇票

9.商业汇票的提示付款期限为（　　）。
　　A.最长不超过 6 个月　　　　　　　　　　　B.自出票日起 10 日
　　C.自汇票到期日起 10 日　　　　　　　　　　D.自出票日起 1 个月

10.因出票人账户不足支付,而将不足支付的款项转入出票人逾期贷款的票据是（　　）。
　　A.银行本票　　　　　　　　　　　　　　　B.银行汇票
　　C.商业承兑汇票　　　　　　　　　　　　　D.银行承兑汇票

（四）多项选择题

1.汇入行主动办理退汇的原因有（　　）。
　　A.经过 2 个月无法交付的汇款　　　　　　　B.收款人为不在本行开户的个人
　　C.汇款人申请退汇　　　　　　　　　　　　D.收款人拒收汇款

2.办理托收承付的款项,必须是( )。

    A.商品交易的款项

    B.到期商业汇票的款项

    C.因该笔商品交易而产生的劳务供应的款项

D.代销商品的款项

3.汇兑结算中,汇入行收到汇入款项时会计分录为:借:联行来账其反映的情况是( )。

    贷:应解汇款

    A.汇款人要求退汇   B.收款人未在银行开立账户

    C.收款人要求"留行待取"   D.收款人要求提取现金

4.委托收款结算方式可能出现的情况是( )。

    A.部分付款   B.如期如数付款   C.无款支付   D.划付赔偿金

5.下述单位中,( )有资格申请采取托收承付的结算方式办理收款手续。

    A.国有企业   B.合资企业   C.供销合作社   D.民营企业

6.支票结算中银行应予以退票,并对出票人按票面金额处以5%但不低于1 000罚款的情况有( )。

    A.出票人签发空头支票

    B.付款人拒收

    C.签章与预留银行签章不符的支票

    D.使用支付密码地区,支付密码错误的支票

7.适用于同一票据交换地区使用的票据有( )。

    A.支票   B.银行汇票   C.银行本票   D.商业汇票

8.银行汇票的出票和付款,全国范围能办理的机构是( )。

    A.中国人民银行

    B.商业银行

    C.各商业银行参加"全国联行往来"的银行机构

    D.所有金融机构

9.商业承兑汇票由( )签发。

    A.承兑银行   B.收款人   C.出票人   D.付款人

10.可以背书转让的票据是( )。

    A.支票   B.银行汇票   C.银行本票   D.商业汇票

(五)简答题

1.什么是支付结算?支付结算种类有哪些?

2.银行的支付结算的原则是什么?

3.简述银行卡的概念及分类。

4.什么是信用卡?信用卡有哪些基本规定?

(六)业务题

以下为建设银行某支行发生的经济业务:

业务题一:支票业务的核算

1.收到本行开户单位东方汽车厂提交的支票一张(号码为1398)和三联进账单,其中支票为同在本行开户的万发贸易有限公司签发,金额200 000元。经审查无误,立即办理转账手续。

2.收到本行开户单位南洋贸易公司提交的支票3张和三联进账单,其中第一张支票为广艺舞蹈学校签发(号码为2733),金额189 000元;第二张支票为晨曦文具店签发(号码为1625),金额5 000元;第三张为顺达食品公司签发(号码为5260),金额17 500元。经审查无误,立即办理转账手续(以上3个签发单位均在本行开户)。

3.收到本行开户单位派克集团公司提交的转账支票一张(号码为7455)和三联进账单,其中支票为派克集团公司签发,进账单上的收款单位为电力集团公司(在同城工商银行开户),金额215 000元。经审查无误,立即办理转账手续。

4.收到本行开户单位华南机械制造厂提交的支票一张(号码为6753)和三联进账单,其中支票的签发单位是大顺钢铁厂(在同城工商银行开户),金额73 000元。经审查无误,通过票据交换,按正常手续入账。

5.通过票据交换提入支票一张,该支票系本行开户单位派克集团公司签发,票面金额为18 000元,但该单位存款余额只有10 000元,请计算罚金并做出相应的会计分录。

要求:根据上述业务资料编制相应的会计分录,有计算的需列出计算过程。

业务题二:银行本票业务的核算

1.收到本行开户单位东方汽车厂提交的第二、三联银行本票申请书,金额75 000元。经审查无误,立即办理转账手续。

2.收到本行开户单位南洋贸易有限公司提交的银行本票一张及三联进账单,金额95 000元,本票为本行签发。经审查无误,立即办理转账手续。

3.收到本行开户单位派克集团公司提交银行本票一张及三联进账单,金额87 000元,本票为同城工商银行签发。经审查无误,立即办理转账手续。

4.收到个体户李敏提交的注明"现金"字样银行本票一张,金额2 000元,本票为本行签发。经审查并验对身份证件无误,立即办理现金支付手续。

5.经票据交换提入本行签发的银行本票一张,金额65 000元。经审查无误,立即办理转账手续。

6.收到个体户李小军提交的银行本票申请书一份及所附现金5 000元,申请签发现金银行本票,收妥现金后,立即办理相应手续。

要求:根据上述资料编制相应的会计分录。

业务题三:银行汇票业务的核算

1.收到本行开户单位东方汽车厂提交的三联银行汇票申请书,金额100 000元。经审查无误,立即办理转账手续。

2.个体户王丽提交银行汇票申请书一份,同时附上现金6 000元,申请签发现金银行汇票,收款人为李翔,兑付行是异地某建行。经审查无误,立即办理相应的账务处理。

3.本行开户单位派克集团公司提交第二、三联银行汇票及三联进账单,票面金额200 000元,进账单及实际结算金额195 000元。经审核无误,立即办理转账手续。

4.李敏提交银行汇票第二、三两联,金额 10 000 元,汇票上注明"现金"字样,李敏要求支取现金。经审查并验对身份证无误,立即办理相应的手续。

5.收到异地某建行填发的全国联行借方报单及汇票解讫通知,报单金额 79 000 元,汇票金额 80 000 元。经审查,汇票系本行签发,申请出票的单位是本行开户单位南洋贸易公司。经审查无误,立即办理转账手续。

6.收到异地某建行填发的全国联行借方报单及汇票解讫通知,报单金额 8 500 元,汇票金额 9 000 元。经审查,该汇票系本行签发,申请出票人李敏未在本行开户。经审核无误,立即办理相应处理。李敏接到通知后于当日来行支取剩余现金。

7.本行开户单位华南机械制造厂提交公函及一个月前由本行签发的银行汇票第二、三两联,金额 53 000 元,申请退款。经审查无误,立即办理转账手续。

要求:根据上述资料编制相应的会计分录。

业务题四:商业汇票业务的核算

1.收到异地某建行发来的第三、四、五联托收凭证及商业承兑汇票,金额 680 000 元,收款人是异地建行开户的佳奇木板厂,付款人是本行开户单位南洋贸易有限公司。经审查无误,且商业汇票已到期,予以划款。

2.收到异地某建行填发的全国联行贷方报单及第四联托收凭证,金额 98 000 元,是本行开户单位派克集团公司委托本行收取的商业承兑汇票款,付款单位是异地建行开户的外贸进出口公司。经审查无误,立即办理转账手续。

3.本行开户单位东方汽车厂申请承兑的银行承兑汇票本日到期,按协议规定,从东方汽车厂账户中收取票款 500 000 元,该账户有足够的款项支付。

4.本行开户单位南洋贸易有限公司申请承兑的银行承兑汇票本日到期,金额 950 000元。按协议规定,从该账户中收取票款,但该单位存款账户余额只有 500 000 元,请做出相应的账务处理。

5.本行开户单位华南机械制造厂签发一份银行承兑汇票,金额 700 000 元,来行申请承兑。经审查同意承兑,双方签订承兑协议。请做出收取手续费的会计处理。

6.本行收到异地某建行发来的委托收款凭证三联及商业承兑汇票一张。汇票为本行开户单位东方汽车厂承兑,金额 71 000 元,收款人为异地某建行开户的开顺钢铁厂。本日承付期满,东方汽车厂的存款账户有足够的金额支付。请做出本行的划款手续。

要求:根据上述资料编制相应的会计分录,有计算的应列出计算过程。

业务题五:汇兑业务的核算

1.本行开户单位南洋贸易公司提交汇兑凭证一式四联,向在异地某建行开户的开心果汁饮料有限公司汇划货款,金额 380 000 元。经审查无误,立即办理转账手续。

2.李翔来行提交汇兑凭证并附上现金 8 000 元,要求向在异地的张军汇划货款,汇入行是异地某建行。经审查无误,立即办理相应的手续。

3.收到异地某建行填发的全国联行贷方报单,金额 87 000 元,收款人是在本行开户的派克集团公司。经审查无误,立即办理转账手续。

4.收到异地某建行填发的全国联行贷方报单,金额 3 000 元(备注:医药费,并注明"现金"字样),收款人李敏当日来行支取现金。经审查无误,立即办理相应的手续。

5.收到异地某建行填发的全国联行贷方报单,金额 60 000 元,并注明"现金"及"留行待取"字样,收款人李力。经审查无误,立即办理相应的手续。当日李力来行提交本人身份证件,要求将汇款 60 000 元转汇北京建行海淀区支行。经审查无误,立即办理相应的手续。

6.本日发现"应解汇款登记簿"上有一笔汇入款项 9 000 元,系两个月前由异地某建行汇入的差旅费,收款人王凯,至今尚未解付。经核实后,办理退汇手续。

要求:根据上述资料编制相应的会计分录。

业务题六:委托收款与托收承付业务的核算

1.收到异地某建行寄来的第三、四、五联托收凭证及商业承兑汇票,金额 532 000 元,收款人是华夏电子厂,付款人是在本行开户的华南机械制造厂。经审查无误予以划款。

2.收到异地某建行填发的全国联行贷方报单及第四联托收凭证,金额 875 000 元,是 3 天前本行开户单位东方汽车厂委托本行收取的商业承兑汇票款。经审查无误,立即办理转账手续。

3.收到异地某建行寄来的托收承付结算凭证一份(验单付款),金额 970 000 元,付款人为本行开户单位派克集团公司。3 月 5 日发出承付通知(3 月 8、9 日为双休日,余类推),承付期满日营业终了,派克集团公司存款账户只能支付 470 000 元,款项于次日划出,剩余款项于 3 月 26 日付清。请计算赔偿金额并做出两次划款的会计分录。

4.收到异地某建行寄来的托收承付结算凭证,其开户单位大华机电厂委托收取货款一笔,金额 176 000 元,付款单位为本行开户单位南洋贸易有限公司。承付期内,南洋贸易有限公司来行提出提前承付的要求。经审查无误,立即办理转账手续。

5.付款期内,本行开户单位华南机械制造厂提交多付款理由书,要求对异地某建行开户的胜利机械厂托收的货款办理转账手续,托收金额 221 000 元,多承付 3 000 元。经审查无误,立即办理转账手续。

6.承付期内,本行开户单位东方汽车厂提交一式四联部分拒付理由书,拒付异地某建行开户的胜利机械厂货款 50 000 元,同时只承付 38 000 元。经审查无误,立即办理转账手续。

要求:根据上述资料编制相应的会计分录,有计算的应列出计算过程。

第6章 银行往来及资金清算的核算

学习目的

通过本章的学习,要求了解银行往来及资金清算的含义,掌握资金汇划清算系统的基本做法,掌握通过人民银行存取现金的处理,掌握缴存存款的核算;了解同城票据交换的处理和现代化支付系统的处理。

第一节 银行往来及资金清算概述

一、银行往来及资金清算的意义

银行往来及资金清算,是指商业银行(包括系统内和跨系统)相互之间以及与中央银行之间,因办理支付结算、资金调拨、相互融通资金和中央银行行使金融监管职能等原因引起的资金账务往来及清算。

银行是国民经济资金活动的枢纽,承担着为社会各部门、各单位之间商品交易、劳务供应进行货币结算,以及财政预算资金上缴、下拨进行划拨清算的责任。在办理这些业务时,如果收付款人在同一行处开户,那么资金从付款人账户划转到收款人账户,在一个行处内即可以完成;如果收付款人在不同的行处开户(在同一银行系统的不同行处开户或在不同银行系统的营业机构开户),则需要在两个行处之间进行资金划拨,并对由此而形成的相互之间资金的代收代付进行清偿。

简单来说,企业及个人之间通过银行进行的资金往来,称为支付结算;银行之间把支付业务往来所产生的资金进行结清核算,称为资金清算。资金清算是由支付结算引起的,支付结算是资金清算的原因,资金清算是实现支付结算的工具,是清偿行与行之间资金存欠的手段,所以支付结算与资金清算两者是紧密联系、相辅相成的。

二、我国银行往来与资金清算的模式

目前,我国已初步建成以中国现代化支付系统为核心,以商业银行行内系统为基础,

票据交换系统、银行卡支付系统等共同组成的支付清算网络。

（一）联行往来系统

各商业银行系统内的联行往来系统，主要适用于各商业银行本系统内各银行之间异地资金的汇划。随着电子计算机技术的普及，各商业银行相继开通了电子清算系统，使各联行机构的款项汇划实现了电子汇划、无纸传递，大大提高了异地汇划的速度和资金清算的效率。

（二）人民银行的电子联行系统

人民银行的电子联行系统，主要适用于各商业银行跨系统各银行之间的贷记资金汇划业务，通过人民银行进行的转汇。

（三）票据交换系统

各大中城市的票据交换系统或票据清分系统，主要适用于同一城市或票据交换区域的各银行之间的票据往来业务。

（四）现代化支付系统

现代化支付系统由大额实时支付系统和小额批量支付系统两个应用系统组成。大额实时支付系统实行逐笔实时处理支付口令，全额清算资金，目标是为银行和社会企事业单位以及金融市场提供快速、安全、可靠的支付清算服务。小额批量支付系统实行批量发送支付口令，轧差净额清算资金，目标是为社会提供低成本、大业务量的支付清算服务，支撑各种支付业务，满足社会各种经济活动的需要。

（五）银行卡支付系统

银行卡支付系统，是由银行卡跨行支付系统以及发卡行内银行卡支付系统组成的专门处理银行卡跨行的信息转接和交易清算业务的信息系统，由中国银联建设和运营，具有借记卡和信用卡、密码方式和签名方式共享等特点。2004年银行卡跨行支付系统成功接入中国人民银行大额实时支付系统，实现了银行卡跨行支付的实时清算。

（六）全国支票影像交换系统

全国支票影像交换系统，是指运用影像技术将实物支票转换为支票影像信息，通过计算机及网络将影像信息传递至出票人开户银行提示付款的业务处理系统。影像交换系统定位于处理银行机构跨行和行内的支票影像信息交换，其资金清算通过中国人民银行覆盖全国的小额支付系统处理。中国人民银行于2007年6月25日建成全国支票影像交换系统，该金融基础设施的建设标志着我国已经打破支票仅在同城使用的限制，实现了支票在全国范围内的互通使用。

第二节　商业银行资金汇划清算系统的核算

一、资金汇划清算概述

资金汇划清算系统是商业银行办理结算资金和内部资金汇划与清算的工具，是一套集汇划业务、清算业务、结算业务等于一体的综合性应用系统。该核算系统利用先进的计算机网络系统,将发、收报行之间横向的资金往来转换成纵向的资金汇划,资金划拨快捷,资金清算及时,大大减少了在途资金,防止了行与行之间的资金存欠。资金汇划清算系统是商业银行办理内部资金汇划的渠道,也是我国支付清算系统的重要基础。

(一)资金汇划清算的基本做法

1. 系统的组成

该系统由汇划业务经办行(以下简称经办行)、清算行、省区分行和总行清算中心通过计算机网络组成。

经办行是具体办理结算资金和内部资金汇划业务的行处,汇划业务的发生行是发报经办行;汇划业务的接收行是收报经办行。经办行为对外营业的分支机构。

清算行是在总行清算中心开立备付金存款账户,办理其辖属行处汇划业务往来的报文转发、账务核算管理、资金清算,解决清算行之前的业务问题以及对下属机构进行业务指导。清算行包括直辖市分行、总行直属分行及二级分行(含省分行营业部)。省区分行在总行开立备付金户,只办理系统内资金调拨和内部资金利息汇划。

总行清算中心是办理系统内各经办行之间的资金汇划、各清算行之间的资金清算及资金拆借、账户对账等账务的核算和管理的部门。

2. 资金汇划业务的处理范围

汇划业务主要承担汇兑、异地托收承付、委托收款(含商业汇票、国内信用证、储蓄委托收款等)、银行汇票、银行卡、储蓄旅行支票、内部资金划拨、其他经总行批准的款项汇划及其资金清算,对公、储蓄、银行卡异地通存通兑业务的资金清算,同时办理有关的查询查复业务。

3. 资金汇划清算的基本做法

其基本做法是实存资金、同步清算、头寸控制、集中监督。

(1)实存资金

实存资金,是指以清算行为单位在总行清算中心开立备付金存款账户,用于汇划款项时的资金清算。

(2)同步清算

同步清算,是指经办行汇出、汇入资金要同时进行清算,随发随收,即当发报经办行通过其清算行经总行清算中心将款项汇划至收报经办行的同时,总行清算中心每天根据各行汇出、汇入资金情况,从各清算行备付金存款账户付出资金或存入资金,从而实现各清算行之间的资金清算保持同步。

(3)头寸控制

头寸控制,是指各清算行在总行清算中心开立的备付金存款账户,保证足额存款,总行清算中心对各行汇划资金实行集中清算。清算行备付金存款不足时,二级分行可向管辖省区分行借款,省区分行和直辖市分行、直属分行头寸不足时可向总行借款。

(4)集中监督

集中监督,是指总行清算中心对汇划往来数据发送、资金清算、备付金存款账户资信情况和行际间查询查复情况进行管理和监督。

（二）资金汇划清算的基本规定

1.行内汇划清算系统的基本程序

资金汇划清算系统的运作程序是：发报行将汇划信息经计算机加密处理后，形成加密数据，通过信息专用线路传输到发报清算行、总行清算中心，总行清算中心将整理后的加密数据，再通过通用线路传输到收报清算中心，转给收报行。

（1）发报经办行

各发报经办行根据发生的结算等资金汇划业务录入数据，全部及时发送到发报清算中心。

（2）发报清算行

发报清算行将辖属各发报经办行的资金汇划信息传输给总行清算中心。

（3）总行清算中心

总行清算中心将发报清算行传输来的汇划数据即时传输给收报清算行，并当日更新各分中心备付金存款。

（4）收报清算分中心

收报清算分中心当天将汇划信息传输给收报经办行办理资金收付。

资金汇划清算系统采取"汇划数据实时发送，各清算行控制进出，总行中心即时处理，汇划资金按时到达"的办法。

"汇划数据实时发送"，是指发报经办行录入汇划数据后，全部实时发送至发报清算行。"各清算行控制进出"，是指清算行辖属所有经办行的资金汇划、查询查复全部通过清算行进出，清算行控制辖属经办行的资金清算。"总行中心即时处理"，是指总行清算中心对发报清算行传输来的汇划数据即时传输至收报清算行。实时业务由收报清算行即时传输到收报经办行，批量业务由收报清算行次日传输到收报经办行。总行清算中心当日更新各清算行备付金存款。"汇划资金按时到达"，是指汇划资金能够做到实时业务即时到达经办行，批量业务次日到达经办行。在每日营业终了前的规定对账时间内，从上到下，由总行清算中心和各清算行与经办行核对当日往来账的笔数、金额无误后，结出当日行内汇划往来账务余额。

2.会计科目的设置与使用

（1）"上存系统内款项"科目。本科目用于核算和反映各省区分行、直辖市分行、总行直属分行及二级分行存放在上级管辖行的清算（调拨）备付金、定期存款和特种存款等。它属于资产类科目，期末余额反映在借方，表示本行在上级行的实有存款。该科目按对方银行设户进行明细核算。省区分行、直辖市分行、总行直属分行应在科目下设"上存总行备付金户"，用于直辖市分行和总行直属分行清算辖属行处汇划款项和资金调拨及省区分行的资金调拨。

省分行营业部、二级分行应在本科目下设两个专户：①上存总行备付金户，用于清算辖属行处汇划款项。②上存省区分行调拨资金户，用于省区分行集中调拨全辖资金的核算。

（2）"系统内款项存放"科目。本科目用于反映总行及各省区分行核算下级行存放的清算（调拨）备付金存款、定期存款和特种存款等。它属于负债类科目，期末余额一般在贷方，表示下级行在本行实际结存的备付金。该科目按对方银行设户进行明细核算。总行按清算行和省区分行设"境内分行存放备付金户"，用于反映各清算行和省区分行在总行备付金存款的增减变动情况。省区分行按二级分行设"调拨资金存款户",用于反映省分行营业部和辖属二级分行在省区分行的调拨资金存款的增减变动情况。

（3）"辖内往来"科目。本科目用于核算和反映各经办行与清算行往来款项及清算情况。它属于资产负债共同类科目,余额轧差反映。其使用方法可根据银行的业务性质决定记账方向:办理划付款业务时,记借方;办理划收款业务时,记贷方。当日汇差资金结清后,该科目的余额为零。

3.会计凭证的设置与使用

资金汇划借方报单、资金汇划贷方报单。该凭证为电子汇划业务的发报行使用。汇划的借贷方报单的方向由发报行的业务性质或由发报行的"辖内往来"科目记账方向决定。如发报行为付款业务（"辖内往来"科目记账方向为贷方）,则使用资金汇划贷方报单。

资金汇划补充凭证是收报经办行接收来账数据后打印的凭证,是账务记载的依据和款项已入账的通知。它分为以下两种:

（1）资金汇划（借方）补充凭证。一式两联,一联作有关科目借方传票,另一联作有关科目的传票或附件。

（2）资金汇划（贷方）补充凭证。格式同资金汇划（借方）补充凭证。一式两联,一联作有关科目的贷方传票,另一联作收账通知。

二、汇划款项及资金清算的核算

收、付款人之间的资金往来通过汇划清算系统,要经过发报经办行、发报清算行、总行清算中心、收报清算行、收报经办行五个处理环节。实际业务操作中,要根据资金的流向,按照"先收款,后记账"和"先记账,后付款"的要求,办理账务核算。

（一）发报经办行的核算

发报经办行是资金汇划业务的起始行,业务发生后,要经过录入、复核和授权三个环节,发报员应做到快速、及时、不积压和不延误。

发报经办行根据汇划业务种类,由经办人员根据汇划凭证录入有关内容。

如汇兑、异地托收承付等贷报业务,其会计分录为:

借:××科目

　　贷:辖内往来

如为银行汇票、银行本票等借报业务,则会计分录相反。

对邮划异地托收承付、委托收款凭证第四联,在款项从客户账户里扣划后,作"资金汇划贷方报单"凭证的附件。银行汇票、银行承兑汇票第二、三联,信用卡存（取）款单在款项划回时作"资金汇划借方报单"凭证的附件;对作"信汇付款指令"处理的信汇业务,应在信汇凭证第三联上加盖用于全国结算业务的结算专用章后连同第四联邮寄收报经办行。原应寄收报经办行的通知、清单、证明等非记账凭证,发报经办行应作为电子汇划信息的附件按规定寄收报经办行。

业务数据经过复核,按规定权限授权无误后,产生有效汇划数据,发送至清算行。

每天营业终了,发报经办行应打印"辖内往来汇总记账凭证"（见表6-1）;打印"资金汇划业务清单"（见表6-2）,并作"辖内往来汇总记账凭证"的附件。然后核对数据,手工核对当天原始汇划凭证的笔数、金额合计与"资金汇划业务清单"发送借贷报笔数、合计数及"辖内往来"发报汇总借贷方凭证笔数及发生额一致无误。

表 6-1　中国××银行辖内往来汇总记账凭证（借方）

行名（分签行）：　　　　　　　　日期：

户名：辖内往来——汇划户	账号：
金额：（大写）	
金额：（小写）	
摘要：[汇划发报]汇总记账笔数：　　　　　　附件张数：	
会计分录：借：辖内往来 　　　　　贷：有关科目	
银行盖章：	

事后监督：　　　　　主管：　　　　　会计：　　　　　打印：

表 6-2　中国××银行资金汇划业务清单

行名（分签行）：　　　　　　　　报表日期：

序号	流水号	应用类型	收报行号	发报日期	借方账号 户名	贷方账号 户名	用途	汇兑业务 延付指令	经办柜员	复核柜员
		传输类型	业务种类				金额		补输柜员	授权柜员
合计	笔数：			金额：						

会计分录：借：辖内往来　　贷：有关科目

事后监督：　　　　　主管：　　　　　会计：　　　　　打印：

（二）发报清算行的核算

发报清算行收到发报经办行传输来的跨清算行汇划业务后，计算机自动记载"上存系统内款项"科目和"辖内往来"科目有关账户。如收到发报经办行发来的贷方汇划业务，其会计分录为：

借：辖内往来

　贷：上存系统内款项——上存总行备付金户

如为借方汇划业务，则会计分录相反。

经过按规定权限授权、编押及账务处理后，汇划业务数据由计算机自动传输至总行。

如遇清算行在总行清算中心备付金存款不足时，清算行要迅速筹措资金补充备付金头寸。

发报清算行于当日日终将日间登记的资金汇划数据信息汇总后上传总行,资金汇划发报业务全部由系统自动完成。发报清算行严格按时结束当日本行汇划往来业务,在当日切换时间以后发生的行内汇划往来业务,作为下一个工作日的业务来处理。

（三）总行清算中心的核算

总行清算中心收到各发报清算行汇划款项,由计算机自动登记后,将款项传送至收报清算行。每日营业终了,更新各清算行在总行开立的备付金存款账户。

如贷方汇划款项,其会计分录为:

借:系统内款项存放——发报清算行存放备付金

　　贷:系统内款项存放——收报清算行存放备付金

如为借方汇划业务,则会计分录相反。

日终处理结束后,计算机生成总行清算中心的"资金汇划往来汇总报单"、"资金汇划日记表"和相关的对账信息,下发收报清算行及经办行对账。

（四）收报清算行的核算

收报清算行收到总行清算中心传来的汇划业务数据,计算机自动检测收报经办行是否为辖属行处,并经核押无误后自动进行账务处理。实时业务即时处理并传送至收报经办行,批量业务处理后次日传送至收报经办行。具体处理方式分为集中式和分散式两种。

1.集中式

集中式,是指收报清算行作为业务处理中心,负责全辖汇划收报的集中处理及汇出汇款、应解汇款等内部账务的集中管理。

（1）收到总行清算中心传来的实时汇划数据后,即时代辖属经办行记账。如贷方汇划业务,其会计分录为:

借:上存系统内款项——上存总行备付金户

　　贷:辖内往来

借:辖内往来

　　贷:××科目

如为借方汇划业务,则会计分录相反。

（2）收到总行清算中心传来的批量汇划数据后,日终进行挂账处理。如贷方汇划业务,其会计分录为:

借:上存系统内款项——上存总行备付金户

　　贷:其他应付款——待处理汇划款项户

如为借方汇划业务,其会计分录为:

借:其他应收款——待处理汇划款项户

　　贷:上存系统内款项——上存总行备付金户

次日清算行代经办行确认后记账。如贷方汇划业务,其会计分录为:

借:其他应付款——待处理汇划款项户

　　贷:辖内往来

借:辖内往来

　　贷:××科目

如为借方汇划业务,其会计分录为:

借:辖内往来

　　贷:其他应收款——待处理汇划款项户

借:××科目

　　贷:辖内往来

　2.分散式

　　分散式,是指收报清算行收到总行传来的汇划数据后,均传至收报经办行处理。

　　(1)收到总行清算中心传来的实时汇划数据后,要即时传至收报经办行记账。如贷方汇划业务,其会计分录为:

借:上存系统内款项——上存总行备付金户

　　贷:辖内往来

　　如为借方汇划业务,则会计分录相反。

　　(2)收到总行清算中心传来的批量汇划数据进行挂账处理。会计分录与集中式批量处理收到挂账的会计分录相同,先转入"其他应付款"或"其他应收款"科目,待次日收报经办行确认后,冲减"其他应付款"或"其他应收款"科目,并通过"辖内往来"科目传至收报经办行记账。

　　(五)收报经办行的核算

　　收报经办行收到清算行传来的批量、实时汇划业务,经检查无误后,打印"资金汇划(借方)补充凭证"或"资金汇划(贷方)补充凭证",一式两份,并自动进行账务处理。如贷方汇划业务,其会计分录为:

借:辖内往来

　　贷:××科目

　　如为借方汇划业务,则会计分录相反。

　　如收到"信汇付款指令"业务,先进行账务处理,其会计分录为:

借:辖内往来

　　贷:其他应付款——待处理汇划款项户

　　待收到发报经办行邮寄的第三、四联信汇凭证核对相符后,再从"其他应付款"科目转入客户账户。其会计分录为:

借:其他应付款——待处理汇划款项户

　　贷:××科目

　　如先收到发报经办行寄来的第三、四联信汇凭证,应专夹保管,等汇划业务数据到达后再作账务处理。

　　收报经办行的日终处理与发报经办行的日终处理相同。

　　【例6-1】工商银行福州鼓楼支行收到开户单位天蓝仓储公司提交的电汇凭证,向工商银行杭州西湖支行开户单位美源饮料公司汇出货款9 000元。工商银行福州鼓楼支行审核无误后,通过资金汇划清算系统办理款项汇划(批量),工商银行杭州西湖支行收到汇划信息,确认无误后,将货款收入入账到开户单位美源饮料公司账户。工商银行杭州分行采取分散管理模式。

　　(1)工商银行福州鼓楼支行根据电汇凭证录入数据,经复核、授权后批量发送至工商银行福州分行。会计分录为：

借：单位活期存款——天蓝仓储公司户 　　　　　　　　　　　　9 000

　　贷：辖内往来——福州分行户 　　　　　　　　　　　　　　　　　9 000

（2）工商银行鼓楼分行收到鼓楼支行传输来的跨清算行汇划业务报文，系统自动进行账务处理，并将汇划数据加押后传输至总行清算中心。会计分录为：

借：辖内往来——鼓楼支行户 　　　　　　　　　　　　　　　9 000

　　贷：上存系统内款项——上存总行备付金户 　　　　　　　　　　9 000

（3）工商银行总行清算中心收到福州分行的汇划业务报文，系统自动登记后，传输至工商银行杭州分行。日终，系统自动更新福州分行和杭州分行在总行的备付金账户。会计分录为：

借：系统内款项存放——福州分行备付金户 　　　　　　　　　9 000

　　贷：系统内款项存放——杭州分行备付金户 　　　　　　　　　　9 000

（4）工商银行杭州分行收到总行清算中心的汇划业务报文，系统自动更新在总行清算中心的备付金账户，并进行挂账处理。会计分录为：

借：上存系统内款项——上存总行备付金户 　　　　　　　　　9 000

　　贷：其他应付款——待处理汇划款项户 　　　　　　　　　　　　9 000

次日，经西湖支行逐笔确认后冲销挂账，并下划至西湖支行记账。会计分录为：

借：其他应付款——待处理汇划款项户 　　　　　　　　　　　9 000

　　贷：辖内往来——西湖支行户 　　　　　　　　　　　　　　　　9 000

（5）工商银行杭州西湖支行收到杭州分行的汇划报文，确认无误后系统自动记账。会计分录为：

借：辖内往来——杭州分行户 　　　　　　　　　　　　　　　9 000

　　贷：单位活期存款——美源饮料公司户 　　　　　　　　　　　　9 000

三、系统内资金调拨

（一）备付金存款账户的开立和补足

省行资金营运部门负责对各行上存总行备付金核定上限限额，各行上存总行备付金日终余额超过上限限额时，应主动调减，使其在限额以内。上存总行备付金账户由总行清算中心计付利息，执行总行系统内备付金利率。

清算行和省区分行在总行清算中心开立备付金存款账户时，可通过人民银行将款项直接存入总行清算中心。上存时填制特种转账传票进行账务处理，其会计分录为：

借：其他应收款——待处理汇划款项户

　　贷：存放中央银行准备金

待接到总行清算中心借记信息后，进行账务处理。其会计分录为：

借：上存系统内款项——上存总行备付金户

　　贷：其他应收款——待处理汇划款项户

总行清算中心收到各清算行和省区分行上存的备付金后，当日通知有关清算行，进行账务处理。其会计分录为：

借:存放中央银行准备金

　　贷:系统内款项存放——××分行存放备付金户

各清算行或省区分行通过人民银行补足备付金存款、二级分行通过人民银行向管辖的省区分行上存用于调拨的资金时,其处理与上述相同。

（二）拆借资金的核算

清算行如不能通过人民银行补足在总行清算中心的备付金存款,经有权人批准,向管辖行申请借入资金。

系统内借款,是指下级行向上级行资金营运部门借入的资金。在资金集中管理后,省行与营业部仍保留系统内借款,省行与辖内分行之间的系统内借款只保留强拆借款,分行与辖内运行之间不再发生系统内借款。

省区分行接到二级分行资金借款申请书后,经有权人批准,向总行清算中心办理资金借出手续。其会计分录为:

借:系统内借出—境内分行——般借出户

　　贷:上存系统内款项——上存总行备付金户

总行清算中心收到省区分行借出资金款项后,当日自动进行账务处理。其会计分录为:

借:系统内款项存放——××省区分行存放备付金户

　　贷:系统内款项存放——××清算行存放备付金户

清算行收到借款信息后,自动进行账务处理。其会计分录为:

借:上存系统内款项——上存总行备付金户

　　贷:系统内借入——一般借入户

【例6-2】工商银行A省某市二级分行当日不能通过人民银行补足在总行清算中心的备付金存款,经批准,向其管辖行申请借入资金6 000 000元。其管辖行经批准向总行清算中心办理资金借出手续。

管辖行（A省分行）：

借:系统内借出——境内分行一般借出户　　　　　　　　　　6 000 000

　　贷:上存系统内款项——上存总行备付金户　　　　　　　　　　6 000 000

总行清算中心：

借:系统内款项存放——A省分行存放备付金户　　　　　　　6 000 000

　　贷:系统内款项存放——A省某市二级分行存放备付金户　　　　6 000 000

A省某市二级分行：

借:上存系统内款项——上存总行备付金户　　　　　　　　　6 000 000

　　贷:系统内借入——一般借入户　　　　　　　　　　　　　　6 000 000

如二级分行在总行备付金不足,日终又不能立即借入资金补足,总行清算中心有权主动代省区分行强行借出资金,弥补二级分行备付金存款,同时通知二级分行和省区分行。

强行借款的处理,除将“系统内借出（入）”科目的“一般借出（入）户”改为“强行借出（入）户”外,其余处理手续与上述相同。

如省区分行在总行备付金存款余额不足向二级分行借出资金,总行清算中心系统自动进行强拆省行、代省行调账及代省行强拆二级分行。其会计分录为:

借:系统内借出——强行借出户

　　贷:系统内款项存放——××省区分行存放备付金户

借:系统内款项存放——××省区分行存放备付金户

　　贷:系统内款项存放——××清算行存放备付金户

省区分行收到总行清算中心代本行强行拆借给辖属二级分行的强行借款通知后,进行账务处理。其会计分录为:

借:上存系统内款项——上存总行备付金户

　　贷:系统内借入——强行借入户

借:系统内借出——强行借出户

　　贷:上存系统内款项——上存总行备付金户

二级分行收到总行清算中心通知后,进行账务处理。其会计分录为:

借:上存系统内款项——上存总行备付金户

　　贷:系统内借入——强行借入户

(三)归还借款的核算

二级分行在总行清算中心备付金存款足以归还向省区分行借款时,经有权人批准,向总行清算中心发出还款通知。填制特种转账凭证,进行账务处理。会计分录为:

借:系统内借入——一般借入户或强行借入户

　　贷:上存系统内款项——上存总行备付金户

同时系统自动更新总行清算中心和省区分行有关账户。总行清算中心的会计分录为:

借:系统内款项存放——××清算行存放备付金户

　　贷:系统内款项存放——××省区分行存放备付金户

省区分行的会计分录为:

借:上存系统内款项——上存总行备付金户

　　贷:系统内借出——境内分行一般借出户或强行借出户

二级分行或省区分行借款到期不能归还,到期日营业终了,自动转入各该科目逾期贷款户,并自转入日按规定的逾期贷款利率计息。

四、资金汇划清算系统的对账

对账是保证总行清算中心、清算行、经办行之间资金汇划及时、准确、安全的重要手段,是防范资金清算风险的有效措施。各清算行每日营业终了自动将汇划及资金清算明细数据逐级上传,进行明细信息配对对账。省、自治区分行收到上传的明细数据后,与辖属各清算行汇划业务明细数据及清算信息配对对账。总行清算中心收到传来的明细数据后,与各清算行在总行的"系统内存放款项"科目有关账户汇划业务明细数据及清算信息配对对账,并将对账结果逐级下传,发现问题及时发出对账差错信息,同时登记"对账差错登记簿"。

各清算行每日接收总行清算中心发出的对账差错信息后,打印差错清单,在五个工作日内必须查清原因,并按规定处理完毕。

第三节　商业银行与中央银行往来的核算

一、商业银行在中央银行开立准备存款账户

商业银行的准备金是商业银行现金资产的重要组成部分。准备存款包括两个部分：一是按照中央银行规定的比例上缴的法定存款准备金；二是准备金账户中超过了法定存款准备金的超额准备金。法定存款准备金是根据商业银行存款余额，按照法定的比例向中央银行缴存的准备金。超额准备金也称支付准备金，是保证日常资金支付的备用金。

商业银行各级机构为满足通过人民银行存取现金、办理各种存贷款业务、资金清算以及考核法定存款准备金的需要，都在人民银行开立了准备金存款账户。

商业银行各分支机构在人民银行开立的准备金存款账户，属于备付金存款账户，用于核算向人民银行存取现金、资金调拨、资金清算和其他日常支付的款项，该账户按照"先存后用，不得透支"的原则进行管理。如果账户资金不足，可以通过向上级行调入资金或向同业拆借等及时加以补充。它不用于考核法定存款准备金。

商业银行各总行在人民银行开立的准备金存款账户，属于备付金和法定存款准备金合一的账户，除用以考核法定存款准备金以外，还用于核算向人民银行存取现金、资金调拨、资金清算以及其他日常支付的款项。该账户余额应大于或最低应等于规定的法定存款准备金。

人民银行对商业银行开立的准备金存款账户，用"××银行准备金存款"科目核算，它属于负债性质账户。商业银行对在人民银行开立的准备金存款账户，用"存放中央银行准备金"科目核算，它属于资产性质账户。

二、商业银行向人民银行存取款项的核算

(一)商业银行向人民银行存取现金的核算

根据货币发行制度的规定，商业银行需核定各行处业务库必须保留的现金限额，并报开户中央银行发行库备案。当现金超过规定的现金限额时，需缴存中央银行发行库，形成现金回笼；当需用现金时，签发现金支票到开户中央银行发行库提取，引起货币发行。

1.商业银行向人民银行提取现金的处理

商业银行向人民银行提取现金，应填写现金支票，待取回现金后，填制现金收入传票，原现金支票存根作附件。其会计分录为：

借：现金
　　贷：存放中央银行准备金

人民银行会计部门审查现金支票无误，同时商业银行准备金存款账户有足够的资金支付，凭以填制发行基金往来科目现金收入传票，一并交发行部门。其会计分录为：

借：××银行准备金存款
　　贷：发行基金往来

发行库填制出库凭证,凭以出库并登记发行基金库存簿。发行库记账为:

付出:发行基金——本身库户

每天营业终了通过计算机联机处理,将货币发行情况报管辖行。

2.商业银行向人民银行存入现金的处理

商业银行向人民银行存入现金,应填制"现金缴款单",连同现金一并交发行库。发行库将款项收妥后,将缴款单回单联退回缴款的商业银行,同时填制发行基金入库凭证办理入库手续。

商业银行填制现金付出传票,办理转账,其会计分录为:

借:存放中央银行准备金

　　贷:现金

人民银行处理时,其会计分录为:

借:发行基金往来

　　贷:××银行准备金存款

发行库记账为:

收入:发行基金——本身库户

每天营业终了通过计算机联机处理,将货币回笼情况报管辖行。

【例6-3】资料:甲工商银行2013年发生如下业务:

(1)7月21日,A工商银行签发现金支票,向开户的中国人民银行提取现金2 000 000元。中国人民银行审核无误后,从其存款账户中支付。

(2)8月16日,存入中国人民银行现金600 000元。

①A工商银行处理:

借:现金	2 000 000	
贷:存放中央银行准备金		2 000 000

人民银行处理:

借:工商银行准备金存款	2 000 000	
贷:发行基金往来		2 000 000

发行库记账:

付出:发行基金——本身库户　　　　　　　　　　　　　　2 000 000

②A工商银行处理:

借:存放中央银行准备金	600 000	
贷:现金		600 000

人民银行处理:

借:发行基金往来	600 000	
贷:工商银行准备金存款		600 000

发行库记账:

收入:发行基金——本身库户　　　　　　　　　　　　　　600 000

(二)商业银行向人民银行转账存取款项的核算

1.向人民银行存入款项的处理

商业银行转账存入的各项资金主要包括上级行调拨来的资金、同业行处转入的结算资金、同业拆入资金、缴存财政性款项、向开户人民银行借入资金等。商业银行收到有关资金时,根据人民银行传来的回单填制借、贷方记账凭证,办理转账。会计分录为:

借:存放中央银行准备金——存款户

　　贷:××科目

人民银行账务处理时,其会计分录为:

借:××科目

　　贷:××银行准备金存款

2.向人民银行支取款项的处理

商业银行从准备金存款账户转账支取资金主要包括给下级行调出业务资金、付给同业行处结算资金、同业或系统内拆出资金、归还人民银行借款资金等。具体支取时,应签开存款户的支款凭证,送交开户人民银行办理支款手续。人民银行与商业银行的会计分录与“向人民银行存入款项”相反。

三、缴存存款的核算

(一)法定存款准备金的核算

法定存款准备金制度是中央银行宏观调控实施的货币政策之一,也是中央银行对金融业实施监管的一种手段。为了充分发挥存款准备金作为货币政策工具的作用,理顺中央银行与商业银行之间的资金关系,增强商业银行资金水平的能力,现行制度规定,商业银行和其他金融机构应按规定的比例向中央银行缴存存款准备金,由中央银行集中管理和统一使用。

1.缴存存款的比例与范围

法定存款准备金的缴存比例,目前定为吸收一般存款的 20%。该比例中央银行将根据货币政策的运用,适时进行调整。

各商业银行应缴存法定准备金的一般存款包括:各商业银行吸收的企业存款、金融机构存款、储蓄存款、商业银行办理的委托业务的负债项目减去资产项目后的贷方余额(委托存款与委托贷款、委托投资轧差后的贷方余额)和其他一般存款。另外,金融机构代理中央银行财政性存款中的机关团体存款、财政预算外存款,也划为金融机构一般存款。

2.法定存款准备金的考核

法定存款准备金由人民银行按各商业银行的法人统一每日进行考核。

各商业银行在每日营业终了,应自下而上编制一般存款科目余额表(见表 6-3),由法人统一汇总后报送法定存款准备金账户开户的人民银行。同时,每月末,各商业银行应将汇总的全系统月末日计表报送开户的人民银行。人民银行于每日营业终了,按一般存款余额的一定比例考核法定存款准备金。日间,人民银行要控制法定存款准备金账户不能发生透支;日终,该账户余额必须达到法定存款准备金的最低限。

表 6-3 一般存款科目余额表

××年 3 月 19 日

科目代号	余额		科目代号	余额	
	位数			位数	
2010	7 280 000	00	2198	737 000	00
2020	411 000	00			
2030	825 000	00			
2060	664 000	00			
2196	579 000	00	合 计	10 496 000	00

按表 6-3 所示的一般存款余额情况,当日营业终了,该商业银行法人在人民银行开立的准备金存款账户的余额不得低于 2 099 200 元。

其计算方法为:

法定存款准备金＝一般存款科目余额表合计余额×缴存比例

＝10 496 000×20％＝2 099 200(元)

工商银行的会计分录为:

借:缴存中央银行一般性存款　　　　　　　　　　　　　　2 099 200

　贷:存放中央银行准备金　　　　　　　　　　　　　　　　　　　2 099 200

人民银行的会计分录为:

借:工商银行准备金存款　　　　　　　　　　　　　　　　2 099 200

　贷:工商银行缴来一般性存款　　　　　　　　　　　　　　　　　2 099 200

每日日终,人民银行对法定准备金进行考核时,如果商业银行法人统一存入人民银行的准备金存款低于规定的一般存款余额的一定比例,人民银行应对其不足的部分处以罚息;商业银行不按时报送旬末一般存款科目余额表和按月报送月末日计表的,人民银行应责令其报送,逾期不报送的,人民银行将对其处以 1 万元以上 10 万元以下罚款。

(二)缴存财政性存款的核算

商业银行的各级机构代办的中央预算收入、地方金库款和代理发行国债(抵减代理兑付国债款)款项等吸收的财政性存款,应全额即 100％就地缴存人民银行。商业银行各分支行每旬调整一次,于旬后 5 日内办理,县支行及其以下处所,每月调整一次,于月后 8 日以内办理;期限内遇例假日不顺延,期满日为例假日可顺延。

商业银行应按规定的时间,根据财政性存款的增减变化情况办理调整增加或减少的手续。划缴或调整存款时,应按本旬末各科目余额总数与上期同类各科目旬末余额总数对比,按实际增加或减少数进行调整,计算应缴存金额。缴存(调整)金额以千元为单位,千元以下四舍五入。

1.调整缴存财政性存款的处理

(1)商业银行的核算

商业银行向人民银行办理调整缴存财政性存款时,应该根据有关存款科目余额,填制一式两份缴存财政性存款各科目余额表,根据余额表填制本次应调增金额或调减金额。然后再填制一式四联缴存(或调整)财政性存款划拨凭证(见表6-4),以第一联和第二联凭证代转账贷方和借方凭证办理转账。如果本次应缴数大于已缴款,则为调增;如果本次应缴数小于已缴数,则为调减。如为调增补缴,其会计分录为:

借:缴存中央银行财政性存款　　　　　　　　　　　　　　　　　　　　81 000

　　贷:存放中央银行准备金　　　　　　　　　　　　　　　　　　　　　　　81 000

转账后,商业银行将划拨凭证第三、四联连同缴存存款各科目余额表一份,一并送交人民银行,另一份余额表留存。

表6-4

缴存(或调整)财政性存款划拨凭证(借方凭证)

			总字第　　号
			字第　　号

××年3月25日

收受银行	名称	中国人民银行××支行	缴存银行	名称	工商银行××市支行
	账号			账号	××××

存款类别	××年3月20日余额		缴存比例	应缴存款金额	
财政性存款	853 000	00	100%	853 000	00

1.合计	853 000	00
2.已缴存金额	772 000	00
3.本次应补缴金额(1－2)	81 000	00
4.本次应退回金额(2－1)		

上列缴存金额或补缴和应退回金额,已按规定办理划转。	备注:	会计分录: 　科目(借)1 050 　　对方科目(贷)1 040 会计:　复核:　记账:

(2)人民银行的核算

人民银行收到商业银行送来的划拨凭证和缴存存款科目余额表,经审查无误,如为调增补缴(见表6-4),其会计分录为:

借:工商银行准备金存款　　　　　　　　　　　　　　　　　　　　　81 000

　贷:工商银行划来财政性存款　　　　　　　　　　　　　　　　　　　　81 000

如为调减退回,商业银行与人民银行的会计分录相反。

转账后,人民银行对商业银行送来的缴存财政性存款科目余额表,应妥善保存备查。

2.欠缴存款的处理

商业银行在调整缴存存款时,如果在人民银行的准备金存款余额不足支付,必须在规定的时间内及时筹集资金,并办理调整缴存手续;如果在期限内未能调入资金,其不足支付的部分即构成欠缴存款。对欠缴存款应按照有关规定进行处理:对本次能实缴的金额和欠缴的金额要分开填制凭证;对欠缴金额待商业银行调入资金时应一次全额收回,人民银行不分次扣收;对欠缴金额每日按规定比例扣收罚款,人民银行随同扣缴存款一并收取。

(1)发生欠缴的核算

①商业银行的核算。调整过程中,如在人民银行存款账户余额不足,造成部分欠缴款事,应在规定时间内设法调入资金,办理缴存手续;如在期限内未能调入资金,亦应填制各科目余额表,并应按本期可实缴的金额和欠缴金额分别填制缴存(或调整)财政性存款划拨凭证和财政性存款欠缴凭证,各一式四联。对实缴金额和欠缴金额应分别进行账务处理。实缴部分的会计分录与调增补缴相同。

以划拨凭证第一、二联办理转账,欠缴凭证第一、二联留存专夹保管,并在表外科目记录:

收入:待清算凭证——人民银行户　　　　　　　　　　　　　670 000

然后将各科目余额表,第三、四联划拨凭证与第三、四联欠缴凭证一并送交人民人行。第一、二联欠缴凭证留存专夹保管。

表6-5

财政性存款欠缴凭证(第三联)

××年3月25日

总字第	号
字第	号

收受银行	名称	中国人民银行××支行	缴存银行	名称	工商银行××市支行		
	账号			账号	××××		
欠缴存款类别			欠缴存款金额				
			(位数)				
本(上)次(3月中旬止)财政性存款欠缴						670 000	00
上列欠缴金额,请从本行存款账户办理划转。 缴存银行盖章:		备注:		会计分录: 　科目(贷) 　对方科目(借) 会计:　复核:　记账:			

②人民银行的核算。人民银行收到商业银行送来的本次实缴存款的划拨凭证及各科目余额表时,根据第三、四联办理转账。其会计分录与调增补缴相同。

对收到的欠缴凭证第三、四联应妥善保管,并通过"待清算凭证"表外科目核算,记载登记簿。其会计分录为:

收入:待清算凭证——××银行户　　　　　　　　　　　　　670 000

(2)扣收欠缴款项的核算

①人民银行的核算。人民银行对商业银行的欠缴存款补缴手续应由人民银行主动采取扣收方法办理。待商业银行调入资金时,应即抽出原保管的欠缴凭证第三、四联代转账借、贷方传票,办理转账,将欠缴金额全额收回。其会计分录为:

借：工商银行准备金存款   670 000

　　贷：工商银行划来财政性存款   670 000

转账后，填制"待清算凭证"表外科目付出传票，销记表外科目和登记簿。其会计分录为：

付出：待清算凭证——××银行户   670 000

同时，人民银行对商业银行超过期限的欠缴存款，应按规定计收罚款。填制特种转账借方、贷方传票各两联，以其中特种转账借方、贷方传票各一联进行账务处理。

假设某商业银行于3月30日调入资金，则欠缴天数为5日，应收罚金为：

$$670\ 000 \times 5 \times 6‰ = 2\ 010（元）$$

其会计分录为：

借：××银行准备金存款   2 010

　　贷：业务收入——罚款净收入户   2 010

将另外两联特种转账借方、贷方传票盖章后转交商业银行。

②商业银行的核算。商业银行收到人民银行转来的特种转账借方、贷方传票后，与原保存的欠缴凭证第一、二联一起办理转账。其会计分录为：

借：缴存中央银行财政性存款   670 000

　　贷：存放中央银行准备金   670 000

借：利润分配——罚款支出户   2 010

　　贷：存放中央银行准备金   2 010

同时，填制"待清算凭证"表外科目付出传票，销记表外科目和登记簿。其会计分录为：

付出：待清算凭证——人民银行户   670 000

四、再贷款、再贴现的核算

再贷款、再贴现是解决商业银行资金不足，发挥中央银行宏观调控作用的重要手段。再贷款是指人民银行向商业银行发放的贷款。再贷款由人民银行总行向商业银行总行直接办理，由商业银行总行集中管理、统借统还、统筹安排使用。再贴现是商业银行将已贴现的未到期商业汇票提交给人民银行，人民银行按汇票金额扣除从再贴现之日起到汇票到期日止的利息后，向商业银行融通资金的一种信用活动。再贴现是解决商业银行因办理票据贴现引起资金不足的一条途径，其对象是在当地人民银行开立存款账户的银行及其所属机构。

（一）再贷款与再贴现账户的开立

人民银行对商业银行办理再贷款和再贴现时，应按贷款种类开立再贷款账户。人民银行对商业银行的再贷款账户，使用"××银行贷款"科目核算。商业银行为反映向人民银行取得和归还贷款情况，在"中央银行借款"科目下设立各种再贷款账户。现行的再贷款按照贷款期限的不同，主要设置以下几个账户：

1.年度性贷款户

各商业银行因经济合理增长引起年度信贷资金不足而从人民银行取得的借款，通过此账户核算。此种贷款期限一般为 1 年,最长不超过 2 年。

2.季节性贷款户

各商业银行因信贷资金先支后收或存款季节性下降、贷款季节性上升等原因引起的资金暂时不足,而从人民银行取得的借款,通过此账户核算。此种贷款期限一般为 2 个月,最长不超过 4 个月。

3.日拆性贷款户

各商业银行由于汇划款项未达等原因发生临时性资金短缺而从人民银行的借款,通过此账户核算。此种借款的期限一般为 10 日,最长不超过 20 日。

4.再贴现户

商业银行以已贴现而未到期的商业汇票向人民银行申请再贴现,在此账户核算。此账户在人民银行与商业银行都以"再贴现"科目核算,人民银行申请再贴现的商业银行立户,商业银行以人民银行立户。

以上再贷款与再贴现账户在人民银行为资产性质账户,余额均为借方;在商业银行为负债性质账户,余额均为贷方。

(二)再贷款业务的核算

1.再贷款的申请及核算

商业银行向人民银行申请借款时,应向人民银行提交"人民银行贷款申请书",经人民银行计划部门审查同意后,填写一式五联的借款凭证,并在第一联上加盖预留人民银行存款户的印鉴,送交人民银行办理借款手续。

(1)人民银行的处理

人民银行收到商业银行提交的一式五联借款凭证,经审查无误后,以第一联借款凭证代转账借方传票,以第二联借款凭证代转账贷方传票,凭以办理转账。其会计分录为:

借:××银行贷款——××贷款户
　贷:××银行准备金存款——××行户

转账后,将借款凭证第五联留存,作再贷款卡片账;第四联作贷款通知,送人民银行计划部门;第三联作收账通知,交给借款的商业银行。

(2)商业银行的处理

待收到人民银行退交的第三联借款凭证(收账通知联)后,凭以编制转账借、贷方传票,办理转账。其会计分录为:

借:存放中央银行准备金
　贷:中央银行借款——××借款户

2.再贷款收回的核算

(1)商业银行的处理

商业银行向人民银行归还借款时,应填写一式四联的还款凭证,并在第二联上加盖预留人民银行存款账户的印鉴,送交开户的人民银行办理还款手续。

待收到人民银行退回的还款凭证第四联(支款通知)和借据后,以还款凭证代转账贷方传票,借据作附件,同时另编制转账借方传票办理转账。其会计分录为:

借:中央银行借款——××借款户
　　金融企业往来支出——中央银行往来支出户
　贷:存放中央银行准备金

（2）人民银行的处理

人民银行收到借款的商业银行提交的还款凭证,经审查无误后,以还款凭证第一、二联办理转账。其会计分录为:

借:××银行准备金存款——××行户
　贷:××银行贷款——××贷款户
　　　利息收入——金融机构利息收入户

人民银行向商业银行收回贷款时,如遇商业银行账户余额不足时,应按照逾期贷款的规定处理。

再贷款利息的计算,基本上与商业银行向单位贷款的计息方法相同。

【例6-4】资料:甲工商银行2014年发生如下业务:

①甲工商银行2月19日向中国人民银行申请季节性贷款,金额7 000 000元,期限3个月,贷款月利率为0.95‰。经中国人民银行审查同意,办理贷款发放手续。

②5月8日,甲工商银行提前归还贷款3 000 000元。

③其余4 000 000元和利息于到期日5月19日全部归还。

甲工商银行处理:

借:存放中央银行准备金
　贷:中央银行借款

借:中央银行借款
　贷:存放中央银行准备金

利息＝4 000 000×3×0.95‰＋3 000 000×78×0.95‰÷30＝18 810(元)

借:中央银行借款　　　　　　　　　　　　　　　　　　　　　4 000 000
　　金融企业往来支出——中央银行往来支出户　　　　　　　18 810
　贷:存放中央银行准备金　　　　　　　　　　　　　　　　　4 018 810

（三）再贴现的核算

1.办理再贴现的核算

商业银行向人民银行申请再贴现,应填制一式五联再贴现凭证,连同已贴现的商业汇票一并提交人民银行计划部门审查。

（1）人民银行的处理

人民银行计划部门审核同意再贴现后,将再贴现凭证与商业汇票送会计部门。会计部门根据票面金额、贴现天数、再贴现率,计算再贴现利息和实付再贴现金额(计算方法同商业银行贴现利息的计算),填入再贴现凭证,以第一、二、三联再贴现凭证作传票转账。其会计分录为:

借:再贴现——××银行再贴现户
　贷:××银行准备金存款
　　　利息收入——再贴现利息收入户

再贴现凭证第四联退还商业银行,第五联与加盖"再贴现"字样的商业汇票专夹保管。

（2）商业银行的处理

商业银行收到人民银行退还的第四联再贴现凭证（收账通知），编制特种转账借、贷方传票，办理转账。其会计分录为：

借：存放中央银行准备金

　　金融企业往来支出——中央银行往来支出户

　贷：再贴现——××汇票户

2.再贴现到期收回的核算

（1）人民银行的处理

再贴现票款到期，人民银行会计部门直接从再贴现申请人商业银行账户收取。根据第五联再贴现凭证，编制两联特种转账借方传票、一联特种转账贷方传票，再贴现凭证作附件转账。其会计分录为：

借：××银行准备金存放

　贷：再贴现——××银行再贴现户

转账后，将另一联借方传票盖章后送交商业银行。

（2）商业银行的处理

商业银行收到人民银行的特种转账借方传票后，另编制特种转账贷方传票办理转账。其会计分录为：

借：再贴现——××汇票户

　贷：存放中央银行准备金

第四节　商业银行往来的核算

商业银行往来，是指各商业银行之间由于办理跨系统转账结算，相互融通资金等业务而引起的资金账务往来。它是社会资金周转不可缺少的重要组成部分，反映了各商业银行相互之间的合作关系。

一、异地结算转汇的核算

商业银行办理的异地转账结算，对于自成联行系统或建立了资金汇划清算系统的商业银行，其系统内的异地结算，可以通过系统内联行往来或资金汇划清算系统划拨款项。对于未建立联行系统或资金汇划清算系统的商业银行，其系统内的异地结算，以及商业银行跨系统的异地结算，均需要通过人民银行转汇或由建立联行系统的商业银行代理结算。

（一）通过人民银行转汇的核算

商业银行需要通过人民银行办理转汇的，该商业银行称为汇出行，汇出行开户的人民银行经办机构称为发报行，异地收到汇划资金的人民银行称为收报行，收到划来款项的商业银行称为汇入行。

通过人民银行转汇划收款业务时，汇出行应将款项划交当地人民银行，汇出行开户的人民银行一方面从汇出行准备金存款账户付出款项，另一方面通过联行往来或大额支付系统将款项划往汇入地人民银行。汇入地人民银行收到划来款项后,一方面将款项转入汇入行准备金存款账户,另一方面将有关凭证交汇入行,由汇入行凭以处理转账。

1.汇出行的处理

汇出行汇出款项时,根据结算凭证逐份填制转汇清单并汇总填制划款凭证,将有关凭证送交开户的人民银行办理转汇并清算资金。其会计分录为:

借:××科目——××户

　贷:存放中央银行准备金

2.发报行的处理

汇出行开户的人民银行收到汇出行交来的凭证,应认真审查各种凭证的内容并着重审查汇出行准备金存款账户是否有足够的资金支付。不足以支付的,应要求汇出行及时补足;在规定时间内不能补足的,即将凭证退回。如汇出行准备金存款账户足以支付或及时补足资金,即将款项从汇出行账户付出并通过联行往来划往汇入行开户的人民银行。其会计分录为:

借:××银行准备金存款

　贷:联行往账

3.收报行的处理

汇入行开户的人民银行收到划来款项,转入汇入行账户,并将凭证送交汇入行。其会计分录为:

借:联行来账

　贷:××银行准备金存款

4.汇入行的处理

汇入行根据人民银行交来的有关凭证办理转账。其会计分录为:

借:存放中央银行准备金

　贷:××科目——××户

如果通过现代支付系统汇划资金,则发报行不处理账务,由国家清算中心进行处理。

【例 6-5】工商银行福州 A 支行的开户单位甲公司欲支付 3 000 000 元贷款给在中国银行沈阳 B 支行开户的乙公司。试作有关会计分录。

汇出行:工商 A 支行:

借:单位活期存款——甲公司　　　　　　　　　　　　　　　3 000 000

　贷:存放中央银行准备金　　　　　　　　　　　　　　　　　　　3 000 000

发报行:福州人民银行:

借:工商银行准备金存款　　　　　　　　　　　　　　　　　3 000 000

　贷:联行往账　　　　　　　　　　　　　　　　　　　　　　　　3 000 000

收报行:沈阳人民银行:

借:联行来账　　　　　　　　　　　　　　　　　　　　　　3 000 000

　贷:中国银行准备金存款　　　　　　　　　　　　　　　　　　　3 000 000

汇入行:中国银行沈阳 B 支行:

借:存放中央银行准备金　　　　　　　　　　　　　　　　　3 000 000

　贷:单位活期存款——乙公司　　　　　　　　　　　　　　　　　3 000 000

（二）通过跨系统商业银行代理结算的核算

未建立系统内联行的商业银行，向异地系统内行处或向异地跨系统行处汇划资金，可以通过当地建立有联行系统的商业银行代理结算业务。以下以转汇划收款为例，介绍转汇的核算手续。

1.汇出行的处理

汇出行根据客户提交的汇款凭证，分别不同系统的汇入行逐笔填制"转汇清单"，直接或通过同城票据交换交同城跨系统转汇行办理转汇。其会计分录为：

借：××存款——××单位户

　　贷：存放中央银行准备金

2.跨系统发报行的处理

跨系统发报行收到汇出行划转来的凭证和转汇清单，通过本系统联行将款项划往异地收报行。其会计分录为：

借：存放中央银行准备金

　　贷：联行往账

3.跨系统收报行的处理

跨系统收报行收到划来款项，通过当地票据交换通知汇入行。其会计分录为：

借：联行来账

　　贷：存放中央银行准备金

4.汇入行的处理

汇入行收到跨系统收报行划来款项，为收款人收账。其会计分录为：

借：存放中央银行准备金

　　贷：××科目

二、同城票据交换的核算

同城票据交换，是指在同城市（区域）范围内，各商业银行之间，按规定的时间，集中到指定的地点（票据交换所），相互交换代收、代付的票据，然后轧计差额，并清算资金存欠的方法。目前，同城票据交换一般由当地人民银行分支机构负责清算，进行集中监督。目前，同城票据交换采用票据自动清分系统进行资金清算。

同城票据交换的基本做法可概括为：定时定点、集中交换、当场轧平、划转差额。

同城票据交换的基本规定有：

1.同城票据交换一般由当地人民银行主持，即由人民银行规定票据交换的时间和场所，统一清算差额。

2.参加票据交换的行处，需向当地人民银行申请，经批准并发给同城票据交换行号后，方能参加票据交换。

3.票据交换的核算分提出行和提入行两个系统。向他行提出票据的行处为提出行；在票据交换所从他行提回票据的行处为提入行。一般参加交换的行处既是提出行，又是提入行，但对提出和提入的票据应分别进行核算。

4.提出交换的票据分为代收（贷方）票据和代付（借方）票据。若提出行提出的是在本行开户的付款人委托银行从其账户中付出款项，划往在他行开户的收款人账上的各种凭证,称为代收票据,如由签发人提交的进账单;若提出的是在本行开户的收款单位交存的,应由在他行开户的单位付款的凭证,称为代付票据,如收款人送存的支票、银行本票。

5.提出行提出代收票据和提入行提入代付票据表示为本行应付款项,提出行提出代付票据和提入行提入代收票据表示本行应收款项。由于参加票据交换的行处既是提出行同时也是提入行,所以各行处在每次交换中当场加计应收和应付款项并轧算出票据交换的应收或应付差额,由票据交换所汇总轧平各行处的应收、应付差额,并转交当地人民银行分支机构办理转账,清算差额。

(一)提出票据的处理

各参加票据交换的行处按规定的交换场次和时间参加票据交换前,对于准备提出的代收、代付票据,提出行应首先审核内容是否齐全、正确。然后提出行将提出交换的票据,按代收票据和代付票据分别登记“代收票据交换登记簿”和“代付票据交换登记簿”,并结出金额合计数,然后按照代收票据和代付票据所属行处的交换号(即对方提入行处的交换代号),加以整理和汇总,加计票据张数、金额,然后将这些业务数据通过互联网将软盘数据传给该清算中心,并由计算机按提入行行号分别打印出“提出借方票据清单”(汇总代付票据)和“提出贷方票据清单”(汇总代收票据)一式两联,一联留存备查,另一联随待交换的票据,由交换员带至交换所进行交换。最后,将所有的借方票据清单和贷方票据清单分别汇总,编制“提出票据汇总计数单”代记账凭证办理转账。

(二)交换票据时的处理

各个参加票据交换的行处持应该提出的票据与汇总表,在规定的时间内到票据交换所进行交换。

交换所收齐各行输(交)来的数据,通过计算机进行分类汇总,并轧计出交换行本场票据交换中应收金额、应付金额及应收或应付差额,然后将有关数据打印出来交给各行的交换员进行复核。

本行交换员将已汇总的应收金额、应付金额及应收或应付差额与人民银行清算员打印的相应数据核对一致后,填写“同城票据清算划收(划付)专用转账凭证”一式四联,其中两联交票据交换所划拨转账清算差额,另两联带回本行进行账务处理。

人民银行清算员收齐各提出行交来的“同城票据清算划收(划付)专用转账凭证”后,进行审查、平衡。审查、平衡无误后,将转账专用凭证中的一联加盖转账专用章后退给提出行作转账回单,一联本所留存,一联转交本行会计部门据以进行资金清算。其会计分录为:

借:××银行准备金存款——备付金存款户(应付差额行户)

　　贷:××银行准备金存款——备付金存款户(应收差额行户)

【例6-6】某日票据交换完毕后,各行交换差额为:工行应收差额6万元,农行应付差额3万元,中行应收差额4万元,建行应付差额7万元。各行分别填交支票或进账单,人民银行据以转账清算。则人民银行清算资金的会计分录为:

借:农业银行准备金存款　　　　　　　　　　　　　　　　30 000

　　建设银行准备金存款　　　　　　　　　　　　　　　　70 000

　　贷:工商银行准备金存款　　　　　　　　　　　　　　　　　　60 000

　　　　中国银行准备金存款　　　　　　　　　　　　　　　　　　40 000

（三）提入票据的处理

提入行根据从票据交换所提入的借、贷方票据以及"提入借（贷）票据汇总计数单"，分别按照代收、代付汇总加计票据笔数和金额。经核对无误后，分别登记"清算总结表"中的"收回代收款"和"收回代付款"栏内，最后结出收入和付出的合计，办理转账。

（四）票据清算差额的处理

参加票据交换的行处，根据本行的"清算总结表"收入和付出合计数，轧算出应收或应付差额，若收入金额大于付出金额，则为应收差额；如果收入金额小于付出金额，则为应付差额。提回票据的银行以提回的"同城票据清算划收（划付）转账凭证"，分别代替借方或贷方记账凭证办理转账，结清过渡性科目"同城票据清算"的余额。

如果本次交换后本行为应收差额，其会计分录为：

借：存放中央银行存款——备付金存款户
　贷：同城票据清算

如果本次交换后本行为应付差额，其会计分录为：

借：同城票据清算
　贷：存放中央银行存款——备付金存款户

三、同业拆借的核算

同业拆借，是指经人民银行批准进入全国银行间同业拆借市场的金融机构之间，通过全国统一的同业拆借网络进行的无担保资金融通行为。商业银行在业务经营过程中，由于转汇、汇差清算、票据交换等原因引起资金临时不足，可向其他商业银行进行拆借资金。其特点是：拆借时间短、定期归还、同业拆借到期后不得展期。拆借时由拆出行与拆入资金的商业银行双方商定拆借条件，签订协议，共同履行，并通过人民银行划拨资金。

同业拆借的资金清算涉及不同银行的，应直接或委托开户银行通过中国人民银行大额实时支付系统办理。同业拆借的资金清算可以在同一银行完成的，应以转账方式进行。任何同业拆借清算均不得使用现金支付。

（一）拆出资金的处理

1. 拆出行的处理

拆借双方签订协议后，拆出行应开出中央银行存款账户的转账凭证或转账支票，提交开户的人民银行，办理资金划转手续。其会计分录为：

借：拆放同业——××行户
　贷：存放中央银行准备金

2. 人民银行的处理

人民银行收到拆出行送存的支票及进账单后，以这两种凭证代转账借、贷方传票，进行账务处理。其会计分录为：

借：××银行准备金存款——拆出行户
　贷：××银行准备金存款——拆入行户

3. 拆入行的处理

拆入行接到收账通知办理转账，会计分录为：

借:存放中央银行准备金

   贷:同业拆入——拆出行户

(二)拆借资金归还的处理

1.拆入行的处理

拆入行应恪守信用,履约还款。归还借款时,拆入行签发中央银行转账支票,提交开户的中央银行并办理本息转账手续。其会计分录为:

借:同业拆入——××行户

   金融企业往来支出——同业往来支出户

   贷:存放中央银行准备金

2.人民银行的处理

人民银行收到拆入行的进账单和转账支票,经审核无误后,办理转账。其会计分录为:

借:××银行准备金存款——拆入行户

   贷:××银行准备金存款——拆出行户

3.拆出行的处理

拆出行根据进账单回单联,编制特种转账借方传票一联,贷方传票两联,办理转账。其会计分录为:

借:存放中央银行准备金

   贷:拆放同业——××行户

     金融企业往来收入——同业往来利息收入户

【例 6-7】区农业银行拆借给区工商银行的 200 万元资金到期,拆借利息为 4 500 元。县工商银行签发转账支票将本息一并归还。分别作工商银行、农业银行、人民银行归还拆借资金的会计分录。

工商银行:

借:拆放同业——农业银行   2 000 000

   金融企业往来支出   4 500

   贷:存放中央银行准备金   2 004 500

农业银行:

借:存放中央银行准备金   2 004 500

   贷:拆放同业——工商银行   2 000 000

     金融企业往来收入   4 500

人民银行:

借:工商银行准备金存款   2 004 500

   贷:农业银行准备金存款   2 004 500

第五节　现代化支付系统的核算

中国现代化支付系统是中国人民银行按照我国支付清算需要,并利用现代计算机技术和通信网络开发建设的,能够高效、安全处理各银行办理的异地、同城各种支付业务及其资金清算和货币市场交易的资金清算的应用系统。它是各银行和货币市场的公共支付清算平台,是人民银行发挥其金融服务职能的重要核心支持系统。自 2002 年以来,中国人民银行相继建成了包括大额支付系统、小额支付系统等为主要应用的第一代中国现代化系统(简称 CNAPS),对加快社会资金周转,提高支付清算效率发挥了重要作用。近年来,商业银行行内系统逐步升级换代,新兴电子支付方式涌现,支付组织多样化发展,这些变化都要求中央银行的支付清算系统提供更全面、高效的服务。2010 年 9 月,中国人民银行决定建设第二代支付系统。

一、现代化支付系统的构成

(一)第一代现代化支付系统的构成

现代化支付系统主要由大额实时支付系统和小额批量支付系统两个业务应用系统,以及清算账户管理系统和支付管理信息系统两个辅助支持系统组成。建有两级处理中心,即国家处理中心和全国省会(首府)城市处理中心及深圳城市处理中心。

(二)第二代现代化支付系统建设的目标

立足第一代支付系统的成功经验,引入先进的支付清算管理理念和技术,进一步丰富系统功能,提高清算效率,拓宽服务范围,加强运行监控,完善灾备系统,建设适应新兴电子支付发展的、面向参与者管理需要的、功能更完善、架构更合理、技术更先进、管理更简便,以上海中心建设为起点,以北京中心投产为建成标志的新一代支付系统。

(三)第二代现代化支付系统的组成及特征

第二代支付系统是以清算账户管理系统(SAPS)为核心,以大额支付系统、小额支付系统、网上支付跨行清算系统、支票影像交换系统等为业务应用系统,以公共控制管理、支付管理系统为支持系统的系统架构。与第一代系统相比,第二代支付系统架构更灵活,适应能力更强,其结构见图 6-1 所示。其主要特点如下:

1.提供灵活的接入方式及清算模式。商业银行可以由总行一点接入或者以分支机构分散接入方式,提供清算账户资金的集中统一管理。

2.建立了全面的流动性风险管理功能。

3.支持新兴电子支付业务处理,促进各商业银行网上银行系统的互相联系。

4.支持外汇交易市场 PVP(对等支付)清算。

5.支持人民币跨境结算功能。

6.支付报文标准国际化。

7.高效的运行控制与维护机制。

8.强化安全管理措施。

9.强大的信息管理及数据存储功能。

10.健全的系统备份功能。

(四)现代化支付系统的参与者

现代化支付系统的参与者分为直接参与者、间接参与者和特许参与者。

1.直接参与者

直接参与者,是指人民银行地市以上中心支行(库)以及在人民银行开设清算账户的

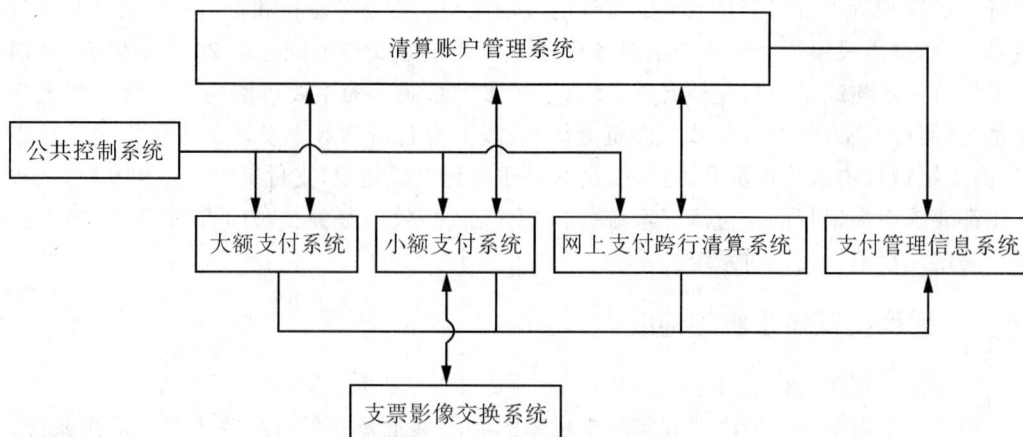

图 6-1

银行和非银行金融机构。直接参与者与城市处理中心直接连接,通过城市处理中心处理其支付清算业务。

2.间接参与者

间接参与者,是指人民银行县(市)支行(库)和未在人民银行开设清算账户而委托直接参与者办理资金清算的银行以及经人民银行批准经营支付结算业务的非银行金融机构。间接参与者不与城市处理中心直接连接,其支付业务通过行内系统或其他方式提交给其清算资金的直接参与者,由该直接参与者提交支付系统处理。

3.特许参与者

特许参与者,是指经中国人民银行批准通过支付系统办理特定业务的机构。外汇交易中心、债券一级交易商等特许参与者在人民银行当地分支行开设特许账户,与当地城市处理中心连接,通过连接的城市处理中心办理支付业务;公开市场操作室等特许参与者与支付系统国家处理中心连接,办理支付交易的即时转账。

(五)现代化支付系统的处理程序

大额支付系统(HVPS)的"大额",是指规定金额起点以上的业务。大额支付系统以电子方式实时处理同城和异地的每笔金额在规定起点以上的大额贷记支付业务和紧急的小额贷记支付业务,支付指令实时发送,逐笔全额清算资金。

大额支付系统在物理结构上设立了两级处理中心,即国家处理中心(NPC)和在全国省会城市的城市处理中心(CCPC)。国家处理中心分别与各城市处理中心连接。NPC 是大额支付系统的中枢节点,负责接收、转发各参与和提交的大额支付业务,并将大额支付业务逐笔实时提交清算;CCPC 是大额支付系统的城市节点,连接 NPC 和各直接参与者,负责自 NPC 和直接参与者之间接收、转发大额支付业务。

1.大额支付系统处理的支付业务,其信息从发起行发起,经发起清算行、发报中心、国家处理中心、收报中心、接收清算行,至接收止(见图 6-2)。

(1)发起行是向发起清算行提交支付业务的参与者。

(2)发起清算行是向支付系统提交支付信息并开设清算账户的直接参与者或特许参

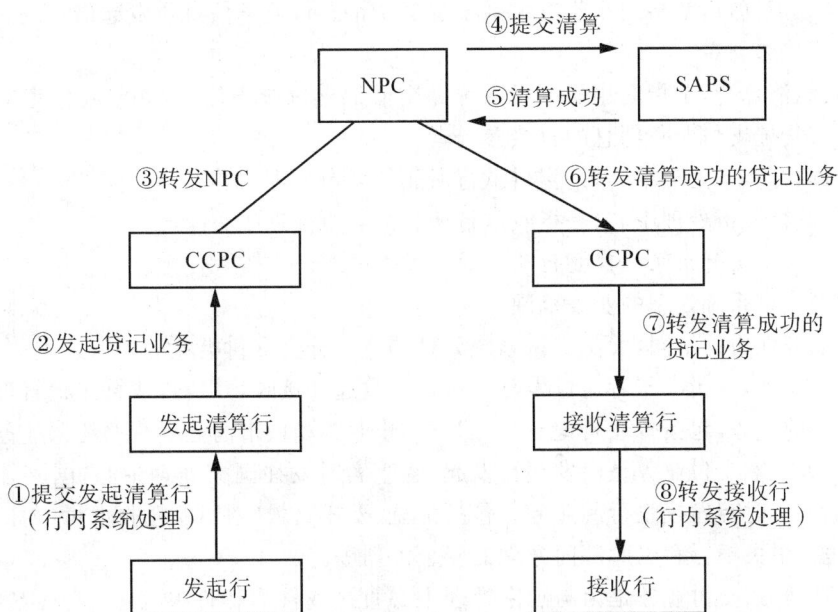

图 6-2　一般大额支付系统业务处理流程

与者。发起清算行也可作为发起行向支付系统发起支付业务。

(3)发报中心是向国家处理中心转发发起清算行支付信息的城市处理中心。

(4)国家处理中心是接收、转发支付信息,并进行资金清算处理的机构。

(5)收报中心是向接收清算行转发国家处理中心支付信息的城市处理中心。

(6)接收清算行是向接收行转发支付信息并开设清算账户的直接参与者。

(7)接收行是从接收清算行接收支付信息的参与者。接收清算行也可作为接收行接收支付信息。

2. 小额支付系统是以电子方式批量处理同城和异地纸凭证截留的商业银行跨行之间的定期借记支付业务,人民银行会计和国库部门办理的借记支付业务,以及每笔金额在规定起点以下的小额贷记支付业务的应用系统。批量发送支付指令,轧差净额清算资金。小额支付系统和大额支付系统在运作原理上基本相同,二者共享清算账户内的清算资金。

小额支付系统处理的同城贷记支付业务,其信息从付款行发起,经付款清算行、城市处理中心、收款清算行,至收款行止。

小额支付系统处理的异地贷记支付业务,其信息从付款行发起,经付款清算行、付款行城市处理中心、国家处理中心、收款行城市处理中心、收款清算行,至收款行止。

小额支付系统处理的同城借记支付业务,其信息从收款行发起,经收款清算行、城市处理中心、付款清算行、付款行后,付款行按规定时限发出回执信息原路径返回至收款行止。

小额支付系统处理的异地借记支付业务,其信息从收款行发起,经收款清算行、收款行城市处理中心、国家处理中心、付款行城市处理中心、付款清算行、付款行后,付款行按规定时限分出回执信息原路径返回,至收款行止。

(1)付款清算行,是指向小额支付系统提交贷记支付业务信息或发起借记支付业务回执信息的直接参与者。

(2)收款清算行,是指向小额支付系统提交借记支付业务信息,并接收借记支付业务回执信息或贷记支付业务信息的直接参与者。

(3)付款行城市处理中心,是指付款行所属的城市处理中心。

(4)收款行城市处理中心,是指收款行所属的城市处理中心。

(六)现代化支付系统处理支付业务的种类

1.大额支付系统处理的业务范围

根据业务性质的不同,大额支付系统处理的业务分为支付类业务和信息类业务。

支付类业务,是指参与者通过大额支付系统发起和接收,并通过清算账户管理系统进行资金结算的业务,包括普通贷记业务、即时转账业务和城市商业银行的汇票业务。

(1)一般大额支付业务是由发起行发起,逐笔实时发往国家处理中心,国家处理中心清算资金后,实时转发接收行的业务。包括汇兑、委托收款(划回)、托收承付(划回)、银行间同业拆借、中央银行和国库部门办理的资金汇划等。

(2)即时转账支付业务是由与国家处理中心直接连接的特许参与者(第三方)发起一对金额相同的借、贷记支付指令,通过国家处理中心实时清算资金,并通知被借记行和被贷记行的支付业务。目前,即时转账业务主要由中央债券综合业务系统发起。主要包括即时转账、质押融资、质押融资扣款等。

(3)城市商业银行银行汇票业务,是支付系统为支持中小金融机构结算和通汇而专门设计的支持城市商业银行银行汇票资金的移存和兑付的资金清算的业务。其包括:银行汇票资金移存、银行汇票资金清算、银行汇票多余金额划回业务、银行汇票未用退回业务。

信息类业务,是指大额支付系统参与者间相互发起和接收的,不需要进行资金清算的信息数据,包括查询查复、退回申请及应答、业务撤销、业务状态查询。

因为在同一个城市,同一商业银行分支只能开立一个清算账户,所以同一清算账户行辖属机构之间的支付业务不得使用支付系统进行处理。因为大额支付系统需要收费,一般商业银行还规定非资金调拨的系统内往来业务,不得使用支付系统进行处理。

2.小额支付系统处理的业务范围

(1)普通贷记业务,是指付款行向收款行主动发起的付款业务。其主要业务种类包括汇兑、委托收款(划回)、托收承付(划回)、行间转账、国库贷记汇划业务、网银贷记支付业务等。

其中,汇兑业务包括现金汇款、普通汇兑、网银支付、外汇清算、资金调拨、国库汇款、国库同城交换净额清算等;委托收款(划回)包括商业汇票、定期存单、凭证式国债、异地活期存折等。

(2)定期贷记业务,是指付款行依据当事各方事先签订的协议,定期向指定收款行发起的批量付款业务,如代付工资、保险金、养老金业务。其业务特点是,单个付款人同时付款给多个收款人。

(3)实时贷记业务,是指付款行接受付款人委托发起的、将款项实时贷记指定收款人账户的业务,包括跨行通存业务、柜台实时缴税等。

（4）普通借记业务，是指收款行向付款行主动发起的收款业务。其主要业务种类包括：中国人民银行机构间的借记、国库借记汇划业务等。

（5）定期借记业务，是指收款行依据当事各方事先签订的协议，定期向指定付款行发起的批量收款业务。其业务种类有代收煤、电、气等公共事业费业务，国库批量扣税业务。其业务特点是，单个收款人向多个付款人同时收款。

（6）实时借记业务，是指收款行接受收款人委托发起的，将确定款项实时借记指定付款人账户的业务。其主要业务种类包括：个人储蓄通兑、对公通兑、国库实时扣税业务等。

（7）清算组织发起的代收付业务。支付系统允许清算组织作为特许参与者，接入CCPC办理代收代付业务。清算组织负责将代收付清单通过小额支付系统转发至代理行，由代理行负责发起定期借贷记业务。清算组织不在支付系统开立清算账户，代收付业务的资金清算仍通过收付款单位的开户行进行处理。

（8）支票圈存业务是指借助于支付密码技术，由收款人在收受支票时，通过 POS 机、网络、电话等受理终端，经由小额支付系统向出票人开户行发出圈存指令，预先从出票人账户圈存支票金额，以保证支票的及时足额支付。

（9）中国人民银行规定的其他支付业务。银行业金融机构行内直接参与者之间的支付业务可以通过小额支付系统办理。

（七）现代化支付系统的运行时序

支付系统的运行时间按照国家法定工作日运行。支付系统根据公历时间确定其工作日，允许调整，并须提前 3 日公布。支付系统支持 24 小时连续运行。

大额支付系统将每一工作日分为日间业务处理时间、清算窗口时间、日终业务处理时间以及营业准备时间等几个时间段。8:30 至 17:00 为日间业务受理时间，17:00 至 17:30 为清算窗口处理时间，17:30 进行日终业务处理，日终业务处理完成后进入营业准备业务处理。各时间段时间允许调整，但须提前公布。

小额批量支付系统的基本业务处理流程是"24 小时连续运行，逐笔发起，组包发送，实时传输，双边轧差，定时清算"。小额系统实行 7×24 小时连续运行，系统每一工作日运行时间为前一自然日 16:00 至本自然日 16:00，每日 16:00 进行当日日切处理，日切时间可以调整，NPC 可以根据人民银行总行决定，设置小额支付系统在 NPC 或 CCPC 的停运和启运状态，但必须提前 3 个工作日通知 CCPC 和 MBFE；发起行逐笔发起小额业务，组包后经 CCPC 或 NPC 实时传输至接收行；同城业务在 CCPC，异地业务在 NPC 逐包按收款清算行和付款清算行双边轧差，并在规定时点提交清算账户管理系统（SAPS）清算。CCPC、NPC 每日 6:00 小额系统日切后进行当日最后一场轧差清算，日切后的业务则纳入次日第一场轧差清算处理。小额系统轧差净额的清算日为国家法定工作日，清算时间为 8:30～17:00，如遇节假日，小额系统仍可继续轧差和转发业务，但所有轧差净额暂不进行资金清算，统一在节假日后的第一个法定工作日进行清算。

总之，大额系统对于系统稳定性、风险管理、资金转移的时效性等因素的要求比小额系统严格得多。然而，小额系统处理的交易数量要远远超过大额系统，而且系统网络往往要扩展到商店甚至个人家庭。因而小额系统管理者对安全性、系统数据吞吐量等指标要求较高。

大额支付系统主要用于资本市场、货币市场交易和大额贸易的资金结算,而小额支付系统一般为小额贸易支付和个人消费服务。此外,大额支付系统收费标准相对小额支付系统收费标准较高。

二、现代化支付系统科目与清算账户的设置

(一)科目的设置

现代化支付系统设置以下会计科目:

1. 大(小)额支付往来

本科目核算支付系统发起清算行和接收清算行通过大(小)额支付系统办理的支付结算往来款项,余额轧差反映。年终,本科目余款全额转入"支付清算资金往来"科目,余额为零。

2. 支付清算资金往来

本科目核算支付系统发起清算行和接收清算行通过大(小)款支付系统办理的支付结算汇差款项。年终,"大(小)额支付往来"科目余额核对准确后,结转至本科目,余额轧差反映。国家处理中心将各行(库)支付清算资金往来账户的余额保留,纳入下一年度每一营业日的账务平衡。

3. 汇总平衡科目(国家处理中心专用)

本科目属于平衡国家处理中心代理中国人民银行分支行(库)账务处理,不纳入中国人民银行行库的核算,可将其理解为国家处理中心对中国人民银行分支行(库)的债务科目。

(二)清算账户的设置

"大(小)额支付往来"、"支付清算资金往来"与"汇总平衡"科目按参与大额支付清算业务的中国人民银行分支行的会计营业部门、国库部门和电子联行转换中心等机构分设账户。清算账户,是指直接参与者在中国人民银行开立的、用于资金清算的存款账户。

三、大额支付系统业务的处理

大额支付系统逐笔实时处理支付业务,全额清算资金。

(一)发起大额支付业务的处理

发起行与清算行之间以及清算行与接收行之间的支付信息传输后的处理,按各行系统内往来的规定处理。以下仅介绍发起清算行、发报中心、国家处理中心、收报中心、接收清算行的基本处理方法。

1. 发起行(发起清算行)的处理

发起行可以为商业银行,也可以为人民银行。发起行业务发生后将支付信息传输给发起清算行;发起清算行将发起行传输来的支付信息与本身发生的支付信息合并后,由操作员录入、复核,自动逐笔加编地方密押后发送发报中心。

(1)发起行为商业银行的,发起行受理客户提交的贷记业务,审核无误进行账务处理后,将支付信息通过行内系统发送发起清算行。发起行的账务处理按各银行系统内往来的规定办理。其会计分录为:

借:单位活期存款——××存款

　　贷:辖内往来——××行

发起清算行的处理。发起清算行收到后,审核无误,按系统内往来进行账务处理。其会计分录:

借:辖内往来——××行
　　贷:存放中央银行准备金

若发起清算行本身就是发起行,则其对自身发起的一般普通贷记业务进行账务处理的会计分录为:

借:××科目
　　贷:存放中央银行准备金

(2)发起行为人民银行的,其会计分录为:

借:××科目
　　贷:大额支付往来——人民银行××行户

2.发报中心的处理

发报中心收到发起清算行发来的支付信息,确认无误后,逐笔加编全国密押,实时发送至国家处理中心。

3.国家处理中心的处理

国家处理中心收到发报中心发来的支付报文,逐笔确认无误后,提交SAPS进行资金清算。SAPS分不同情况进行账务处理。

(1)发起清算行、接收行均为商业银行的,其会计分录为:

借:××银行准备金存款
　　贷:大额支付往来——人民银行××行户
借:大额支付往来——人民银行××行户
　　贷:××银行准备金存款

(2)发起清算行为商业银行,接收清算行为人民银行的,其会计分录为:

借:××银行准备金存款
　　贷:大额支付往来——人民银行××行户
借:大额支付往来——人民银行××行户
　　贷:汇总平衡科目——人民银行××行户

(3)发起清算行为人民银行,接收清算行为商业银行的,其会计分录为:

借:汇总平衡科目——人民银行××行户
　　贷:大额支付往来——人民银行××行户
借:大额支付往来——人民银行××行户
　　贷:××银行准备金存款

(4)发起清算行、接收清算行均为人民银行的,其会计分录为:

借:汇总平衡科目——人民银行××行户
　　贷:大额支付往来——人民银行××行户
借:大额支付往来——人民银行××行户
　　贷:汇总平衡科目——人民银行××行户

(5)发起清算行为银行业金融机构的,其清算账户头寸不足时,SAPS将该笔支付业务进行排队处理。

(6)SAPS账务处理完成后,将支付信息转发国家处理中心。国家处理中心收到后转发收报中心。

4. 收报中心的处理

收报中心接收国家处理中心发来的支付信息,确认无误后,逐笔加编密押实时发送至接收清算行。

5. 接收清算行(接收行)的处理

接收行可以为商业银行,也可以为人民银行。接收清算行接到支付信息后,传输给接收行或对本行业务进行处理。在要传输给接收行情况下,其会计分录为:

借:存放中央银行准备金

　　贷:辖内往来

借:辖内往来

　　贷:××科目

【例 6-8】2013 年 6 月 3 日,工商银行福州南山支行开户单位方舟有限公司将 800 000 元购贷款汇给农业银行沈阳津桥支行开户的兴隆有限公司。工商银行福州南山支行通过大额支付系统进行处理。

(1)发起行(发起清算行)的处理

发起行的处理:

借:单位活期存款——方舟有限公司	800 000	
贷:辖内往来		800 000

发起清算行工商银行福州分行的处理:

借:辖内往来	800 000	
贷:存放央行准备金		800 000

(2)发报中心的处理

发报中心收到发起清算行发来的支付信息,确认无误后,逐笔加编全国密押,实时发送至国家处理中心。

借:工商银行准备金存款——福州支行	800 000	
贷:大额支付往来		800 000
借:大额支付往来	800 000	
贷:农业银行准备金存款——沈阳分行		800 000

(3)国家处理中心的处理

国家处理中心收到发报中心发来的支付报文,逐笔确认无误后,提交 SAPS 进行资金清算。

(4)收报中心的处理

收报中心接收国家处理中心发来的支付信息,确认无误后,逐笔加编密押实时发送至接收清算行。

(5)接收清算行(接收行)的处理

借:存放中央银行准备金	800 000	
贷:辖内往来		800 000
借:辖内往来	800 000	
贷:单位活期存款——兴隆有限公司		800 000

四、小额支付系统业务的处理

小额支付系统批量处理支付业务,轧差净额清算资金。限于篇幅,以下仅介绍普通贷记业务和普通借记业务。

(一)普通贷记业务

普通贷记支付业务,是指付款行向收款行主动发起的付款业务,包括:汇兑、委托收款(划回)、托收承付(划回)、国库贷记汇划业务、网银贷记支付业务、中国人民银行规定的其他普通贷记支付业务。

1.付款(清算)行的处理

(1)银行业金融机构发起业务的处理。付款(清算)行根据客户提交的普通贷记凭证(或信息),审核无误后进行账务处理。其会计分录为:

借:××存款——××户

　　贷:待清算支付款项

完成账务处理后,付款(清算)行根据行内业务处理系统与前置机直连或间连的不同情况,逐包或组包并加编地方押后,发送至城市处理中心。

(2)人民银行(库)发起业务的处理。人民银行会计营业部门和国库部门进行账务处理后,分别在中央银行会计集中核算系统和国家金库会计核算系统按收款清算行组包后,加编地方押发送至城市处理中心。

2.城市处理中心和国家处理中心的处理

(1)付款清算行城市处理中心的处理。城市处理中心收到付款清算行发来的业务包后,进行格式、业务权限等合法性检查并核验地方押。城市处理中心收到中央银行会计集中核算系统和国家金库会计核算系统提交的业务包后,除按上述规定检查外,还要按组包规则进行检查,并对业务包的笔数和金额进行总分核对。

城市处理中心对检查、核押无误的同城业务进行净借记限额检查。检查通过的纳入轧差处理并对业务包标记"已轧差"状态,转发收款清算行,同时向付款清算行返回已轧差信息;检查未通过的,将业务包作排队处理并向付款清算行返回已排队信息。

城市处理中心对检查、核押无误的异地业务加编全国押后,转发国家处理中心。

(2)国家处理中心的处理。国家处理中心收到城市处理中心发来的业务包,进行合法性检查并核验全国押。国家处理中心对检查、核押无误的业务包进行净借记限额检查的处理与城市处理中心的处理基本相同。

(3)收款清算行城市处理中心的处理。城市处理中心收到国家处理中心发来的业务包,核验全国押无误后,加编地方押转发收款清算行。

3.收款(清算)行的处理

(1)银行业金融机构接收业务的处理。银行根据行内业务处理系统与前置机直连或间连的不同情况,对收到城市处理中心发来的业务包,逐包确认并核地方押无误后,发送至行内系统拆包并立即进行账务处理抑或先拆包将业务明细转存磁介质,或使用人民银行规定格式的来账清单或统一印制的来账凭证打印支付信息,送行内系统进行账务处理。其会计分录为:

借:待清算支付款项

 贷:××存款——××户

（2）人民银行（库）接收业务的处理。中央银行会计集中核算系统和国家金库会计核算系统收到城市处理中心发来的业务包,逐包确认并核地方押无误后,作相应的账务处理。

4.各节点对各类通知的处理

付款（清算）行、城市处理中心、国家处理中心、收款（清算）行等各节点收到已拒绝、已排队、已轧差和已清算通知后,修改相应业务的状态。付款（清算）行收到已拒绝通知后作相应处理。

付款（清算）行收到已清算通知时,进行账务处理,其会计分录为:

借:待清算支付款项

 贷:存放中央银行准备金

收款（清算）行收到已清算通知,进行账务处理,其会计分录为:

借:存放中央银行准备金

 贷:待清算支付款项

【例6-9】5月11日,工商银行福州分行（直接参与者）收到开户单位彩霞服装厂提交的电汇凭证,要求向建设银行苏州分行（直接参与者）开户单位风朗纺织厂汇出贷款13 000元。工商银行福州分行审核无误办理转账后,行内系统按收款清算行组包,通过小额支付系统汇出资金。建设银行苏州分行收到业务包后,经确认无误,由行内系统拆包,将贷款收入开户单位风朗纺织厂账户。工商银行福州分行和建设银行苏州分行均收到了小额支付系统发来的已清算通知。

（1）工商银行福州分行的会计分录为:

①发起业务时:

借:单位活期存款——彩霞服装厂户   13 000

 贷:待清算支付款项   13 000

②收到已清算通知时:

借:待清算支付款项   13 000

 贷:存放中央银行准备金   13 000

（2）建设银行苏州分行的会计分录为:

①接收业务时:

借:待清算支付款项   13 000

 贷:单位活期存款——风朗纺织厂户   13 000

②收到已清算通知时:

借:存放中央银行准备金   13 000

 贷:待清算支付款项   13 000

（二）普通借记业务

普通借记支付业务,是指收款行向付款行主动发起的收款业务。包括:中国人民银行机构间的借记业务、国库借记汇划业务、中国人民银行规定的其他普通借记支付业务。

1.发起借记业务的处理

（1）收款（清算）行的处理

①银行业金融机构发起业务的处理。收款(清算)行行内业务处理系统与前置机直连的,根据客户提交的普通借记凭证(或信息),确定每笔业务的借记回执信息最长返回时间 N 日,按相同的 N 和付款清算行组包后发送前置机。前置机对包的格式、业务权限进行检查,并对包的笔数和金额总分核对后,逐包登记借记业务登记簿并加编地方押后发送城市处理中心。

收款(清算)行行内业务处理系统与前置机间连的,根据客户提交的普通借记凭证(或信息),由业务操作员手工录入、复核,或从磁介质导入业务,前置机对提交的业务按相同的 N 和付款清算行组包,逐包登记借记业务登记簿并加编地方押后发送城市处理中心。

②人民银行(库)发起业务的处理。中央银行会计集中核算系统和国家金库会计核算系统对需要发起的借记业务,确定每笔业务的借记回执信息最长返回时间 N,按相同的 N 和付款清算行组包后,逐包登记借记业务登记簿并加编地方押后发送城市处理中心。

(2)城市处理中心和国家处理中心的处理

①收款清算行城市处理中心的处理。城市处理中心收到收款清算行发来的业务包后,进行合法性检查并核验地方押,无误后登记借记业务登记簿。城市处理中心收到中央银行会计集中核算系统和国家金库会计核算系统发来的业务包,除按上述规定检查外,还要按组包规则进行检查,并对业务包的笔数和金额进行总分核对。

城市处理中心对同城业务转发付款清算行,对异地业务加编全国押后发送国家处理中心。

②国家处理中心的处理。国家处理中心收到城市处理中心发来的业务包,进行合法性检查并核验全国押,无误后登记借记业务登记簿并将业务包转发付款清算行城市处理中心。

③付款清算行城市处理中心的处理。城市处理中心收到国家处理中心发来的支付业务,核验全国押无误后,登记借记业务登记簿并加编地方押后转发付款(清算)行。

(3)付款(清算)行的处理

①银行业金融机构接收业务的处理。付款(清算)行行内业务处理系统与前置机直连的,前置机收到城市处理中心发来的业务包,逐包确认并核验地方押无误后,登记借记业务登记簿并发送至行内业务处理系统拆包和处理。

付款(清算)行行内业务处理系统与前置机间连的,前置机收到城市处理中心发来的业务包,逐包确认并核验地方押无误后,登记借记业务登记簿并进行拆包。付款(清算)行将业务明细转存磁介质或使用中国人民银行规定格式的来账清单,或统一印制的来账凭证打印支付信息,送行内系统进行相应的处理。

②人民银行(库)接收业务的处理。中央银行会计集中核算系统和国家金库会计核算系统收到城市处理中心发来的业务包,逐包确认并核验地方押无误后,登记借记业务登记簿并拆包。

(4)各节点收到已拒绝通知的处理

收款(清算)行、城市处理中心、国家处理中心等各节点收到已拒绝通知后,修改相应业务状态并销记登记簿。

2.借记业务回执的处理

(1)付款(清算)行的处理

①银行业金融机构发出业务回执的处理。付款(清算)行收到借记业务后,立即检查协议,执行扣款。付款人当日账户足够支付的,进行账务处理;付款人账户不足支付的,于次日直至借记回执信息最长时间的 T＋N 日(T 为轧差节点的转发日期)内执行扣款并作账务处理。付款(清算)行扣款成功时进行账务处理,其会计分录为:

借:××存款——××户

　贷:待清算支付款项

付款(清算)行对原包业务全部扣款成功的,应立即返回借记业务回执包;到期日原包业务无论扣款是否成功,都应返回借记业务回执包。

付款(清算)行行内业务处理系统与前置机直连的,将借记业务回执包发送前置机,包中附扣款成功和扣款失败的业务明细。前置机对包的格式、业务权限进行检查,将回执包与原包核对无误后,加编地方押发送城市处理中心。付款(清算)行行内业务处理系统与前置机间连的,行内系统按上述规定执行扣款后,由业务操作员手工录入、复核,或从磁介质导入原包业务的借记回执。前置机对提交的借记回执组包并与原包核对无误后,加编地方押后发送城市处理中心。

②人民银行(库)发出业务回执的处理。中央银行会计集中核算系统和国家金库会计核算系统收到借记业务后,比照银行业金融机构的业务处理程序执行相款和组包。加编地方押后发送城市处理中心。

(2)城市处理中心和国家处理中心的处理

①付款清算行城市处理中心的处理。城市处理中心收到付款清算行发来的借记业务回执包,进行合法性检查并核验地方押。城市处理中心收到中央银行会计集中核算系统和国家金库会计核算系统提交的业务包,除按上述规定进行检查外,还应按组包规则进行检查,并对借记业务回执包的笔数和金额进行总分核对。

城市处理中心对检查、核押无误的同城借记业务回执包中成功金额进行净借记限额检查。对检查通过的实时纳入轧差处理、销记登记簿,并对包标记“已轧差”状态后转发收款清算行,同时向付款清算行返回已轧差信息;净借记限额检查未通过的,作排队处理并向付款清算行返回已排队信息。

城市处理中心对检查、核押无误的异地借记业务回执包加编全国押后,发往国家处理中心。

②国家处理中心的处理。国家处理中心收到城市处理中心发来的借记业务回执包,进行合法性检查并核验全国押。国家处理中心对检查、核押无误的借记业务回执包中成功金额进行净借记限额检查。检查通过的实时纳入轧差处理,销记登记簿,并对包标记“已轧差”状态后转发收款清算行城市处理中心;净借记限额检查未通过的,进行排队处理并向付款清算行城市处理中心返回已排队信息。

③收款清算行城市处理中心的处理。城市处理中心收到国家处理中心发来的借记业务回执包,核验全国押无误后销记登记簿,并加编地方押转发收款(清算)行。

(3)收款(清算)行的处理

①银行业金融机构接收业务的处理。收款(清算)行行内业务处理系统与前置机直连

的,前置机收到城市处理中心发来的借记业务回执包,逐包确认并核地方押无误后销记登记簿,发送至行内业务处理系统拆包并立即进行账务处理。其会计分录为:

借:待清算支付款项

    贷:××存款——××户

收款(清算)行行内业务处理系统与前置机间连的,前置机收到城市处理中心发来的借记业务回执包,逐包确认并核地方押无误后,销记登记簿并进行拆包,银行将业务明细转存磁介质或使用中国人民银行规定格式的来账清单,或统一印制的来账凭证打印支付信息,送行内系统进行相应的账务处理。

②人民银行(库)接收业务的处理。中央银行会计集中核算系统和国家金库会计核算系统收到城市处理中心发来的借记业务回执包,逐包确认并核地方押无误后,销记借记业务登记簿并拆包进行相应的处理。

(4)各节点对各类通知的处理

付款(清算)行、城市处理中心、国家处理中心、收款(清算)行等各节点收到已排队、已轧差、已拒绝和已清算通知后,修改相应业务状态,收到已轧差通知时需销记登记簿。付款(清算)行收到已拒绝通知后要作相应处理。

付款(清算)行收到已清算通知时进行账务处理,其会计分录为:

借:待清算支付款项

    贷:存放中央银行准备金

收款(清算)行收到已清算通知时进行账务处理,其会计分录为:

借:存放中央银行准备金

    贷:待清算支付款项

本章练习与思考

(一)名词解释

1.银行往来及资金清算

2.第二代支付系统

3.同步清算

4.代收票据、代付票据

5.大额支付系统(HVPS)

6.小额支付系统

7.资金汇划清算系统

8.商业银行的准备金

9.异地转账结算

10.全国支票影像交换系统

(二)判断题

(　　)1.银行往来及资金清算是指商业银行系统内相互之间,因办理支付结算、资金调拨、相互融通资金等原因引起的资金账务往来及清算。

（　　）2.清算行是在总行清算中心开立备付金存款账户,办理其辖属行处汇划款项清算的分行,包括直辖市分行、总行直属分行及二级分行(含省分行营业部)。

（　　）3."系统内款项存放"科目用于核算和反映各省区分行、直辖市分行、总行直属分行及二级分行存放在上级管辖行的清算(调拨)备付金、定期存款和特种存款等。

（　　）4.发报清算行收到发报经办行传输来的跨清算行借方汇划业务,其会计分录为:

借:辖内往来

　　贷:上存系统内款项——上存总行备付金户

（　　）5.总行清算中心收到各发报清算行汇划款项,每日营业终了更新各清算行在总行开立的备付金存款账户。如贷方汇划款项,其会计分录为:

借:系统内款项存放——收报清算行存放备付金

　　贷:系统内款项存放——发报清算行存放备付金

（　　）6.如省区分行在总行备付金存款余额不足向二级分行借出资金,总行清算中心则可直接向二级分行借款,弥补二级分行备付金头寸。

（　　）7.商业银行在人民银行的准备金存款余额不足支付,对欠缴存款应对本次能实缴的金额和欠缴的金额要分开填制凭证;对欠缴金额待商业银行调入资金时应一次全额收回或分次扣收。

（　　）8.年度性贷款,是商业银行因经济合理增长引起年度信贷资金不足而从人民银行取得的借款。此种贷款期限一般为半年,最长不超过1年。

（　　）9.大额实时支付系统只能转汇2万元以上的款项。

（　　）10.商业银行缴存的财政性存款应上划到管辖行统一缴存。

（　　）11.资金清算是由支付结算引起的,支付结算是资金清算的原因;资金清算是实现支付结算的工具,是清偿行与行之间资金存欠的手段。

（三）单项选择题

1.财政性存款的缴存比例为（　　）。

A.10% 　　　　 B.12.5% 　　　　 C.50% 　　　　 D.100%

2.商业银行向其开户的人民银行支取现金的会计分录为（　　）。

A.借:现金　　　　　　　　　　 B.借:存放中央银行准备金

　　贷:存放中央银行准备金　　　　　　贷:现金

C.借:××科目　　　　　　　　 D.借:存放中央银行准备金

　　贷:存放中央银行准备金　　　　　　贷:××科目

3.2012年5月30日,某商业银行"同城票据清算"科目的余额在借方,本行直接清算当日交换资金差额的会计分录为（　　）。

A.借:同城票据清算　　　　　　 B.借:存放中央银行准备金

　　贷:存放中央银行准备金　　　　　　贷:同城票据清算

C.借:同城票据清算　　　　　　 D.借:存放同业款项

　　贷:存放同业款项　　　　　　　　　贷:同城票据清算

4.收报清算行收到总行传来的汇划数据后均传至收报经办行进行处理的方式,称为（　　）。

A. 分散式　　　　　B. 集中式　　　　　C. 纵向式　　　　　D. 横向式

5. "系统内款项存放"科目的性质是(　　)。

A. 资产类科目　　　　　　　　　　B. 负债类科目

C. 资产负债共同类科目　　　　　　D. 损益类科目

6. 某商业银行本次缴存存款时,财政性存款余额为 1 460 万元,上次财政性存款余额为 1 452 万元,则本次应(　　)。

A. 调增 8 万元　　　　　　　　　　B. 调增 1 万元

C. 不足 10 万元,不予调整　　　　　D. 调减 8 万元

7. 下列关于同程票据交换业务的说法,错误的是(　　)。

A. 有规定的时间和场次

B. 不能当场轧计出差额

C. 参与者是同一交换区域的商业银行和当地人民银行

D. 有集中的交换场所

8. 提出行提出的是在本行开户的收款单位交存的,应由在他行开户的单位付款的凭证,称为(　　)。

A. 代收票据　　　　B. 代付票据　　　　C. 应收票据　　　　D. 借方票据

9. 下面(　　)不是现代化支付系统的参与者。

A. 直接参与者　　　B. 固定参与者　　　C. 间接参与者　　　D. 特许参与者

(四)多项选择题

1. 我国银行往来与资金清算的模式包括(　　)。

A. 人民银行的电子联行系统　　　　B. 票据交换系统

C. 现代化支付系统　　　　　　　　D. 银行卡支付系统

E. 全国支票影像交换系统

2 商业银行向人民银行缴存一般性存款的范围包括(　　)。

A. 单位存款　　　B. 储蓄存款　　　C. 机关团体存款　　　D. 财政性存款

E. 特等存款

3. 引起商业银行相互之间以及与中央银行之间资金账务往来及资金清算的原因有(　　)。

A. 办理支付结算　　　　　　　　　B. 进行资金调拨

C. 相互融通资金　　　　　　　　　D. 中央银行行使金融监管职能

E. 部门间领导职务调动

4. 资金汇划清算系统的组成有(　　)。

A. 经办行　　　B. 清算行　　　C. 省区分行　　　D. 发报行

E. 总行清算中心

5. 资金汇划清算的基本做法是(　　)。

A. 实存资金　　　B. 分散核算　　　C. 同步清算　　　D. 头寸控制

E. 集中监督

6. 资金汇划清算系统的处理办法是(　　)。

A.汇划数据批量处理   B.汇划数据实时发送

C.各清算行控制进出   D.总行中心即时处理

E.汇划资金按时到达

7.资金汇划清算系统设置的会计科目有( )。

A.联行往账   B.联行来账

C.上存系统内款项   D.系统内款项存放

E.辖内往来

8.对商业银行各分支机构在人民银行开立的准备金存款账户,下列说法正确的是( )。

A.用于核算向人民银行存取现金、资金调拨、资金清算

B.核算其他日常支付的款项

C.不允许透支

D.用于考核法定存款准备金

E.属于备付金和法定存款准备金合一的账户

9中国现代化支付系统的处理中心,包括( )。

A.同城票据交换中心   B.国家处理中心

C.城市处理中心   D.乡镇处理中心

E.省级处理中心

10.商业银行交换的下列票据,属于应收款的票据有( )。

A.提出交换的借方票据   B.提出交换的贷方票据

C.提回的借方票据   D.提回的贷方票据

E.提回的支票

11.商业银行向人民银行借款包括( )。

A.年度性贷款 B.季节性贷款 C.日拆性贷款 D.再贴现

E.紧急贷款

12.大额支付系统处理的支付类业务包括( )。

A.普通贷记业务   B.普通借记业务

C.即时转账业务   D.实时借记业务

E.城市商业银行的汇票业务

(五)简答题

1.银行之间的资金清算是由什么引起的?

2.我国银行往来与资金清算的模式有哪些?

3.资金汇划清算的基本做法有哪些?

4.资金汇划系统的处理办法有哪些?

5.人民银行如何考察法定存款准备金?

6.商业银行在人民银行开立的存款准备金账户有何性质?如何管理?

7.再贷款按照贷款期限的不同主要设置哪些账户?

8.同城票据交换的基本规定有哪些?

9.现代化支付系统的参与者有哪些?

(六)业务题

1.某市一工商银行分行某日发生下列与异省系统内行处的业务,请按资金汇划清算办法逐笔作出发报经办行和清算行的会计分录。

2.某市工商银行系统收报清算行某日收到总行清算中心传来批量汇划数据,计算机自动检测收报经办行均为辖属行处,日终进行挂账处理。请分别按集中式和分散式作出会计分录。

3.工商银行甲省某市二级分行当日不能通过人民银行补足在总行清算中心的备付金存款,经批准,向甲省分行申请借入资金5 200 000元。甲省分行经批准向总行清算中心办理资金借出手续。请作出会计分录。

4.资料:工商银行某支行有关各种存款账户期末余额合计数,如下表所示。

缴存存款账户余额表

单位:元

项　目	上期余额	本期余额	缴存比例(%)
财政性存款	950 000	1 080 000	100
一般性存款	25 007 000	19 200 000	20

要求:(1)计算出本期应调整的两项存款的金额。

(2)分别编制工商银行、中国人民银行相应的会计分录。

5.某商业银行向开户的人民银行提取现金350 000元。请作出会计分录。

6.某城市商业银行(法人)3月16日营业终了报送给开户人民银行的"一般存款科目余额表"的存款余额合计为833 930 000元,按20%的法定准备率计算,该行当日营业终了"准备金存款账户"的余额最低应为多少?

7.资料:工商银行某市分行发行下列经济业务:

(1)向当地人民银行借入1年期贷款4 500 000元,办理转账。

(2)归还以前向人民银行所借临时借款本息,其中本金2 400 000元,应付利息35 000元。作出会计分录。

8.工商银行某市支行受理开户单位福成饲料公司承付的托收款项770 500元,收款人为异省某市的化工添加剂厂,在农业银行该市支行开户。通过人民银行进行转汇。请作出会计分录。

9.资料:工商银行某支行某日同城交换差额报告单如下表所示。

第一次交换差额报告单

2013年2月21日

单位:元

摘要	同城票据交换清算(借方)		同城票据交换清算(贷方)	
	张　数	金　额	张　数	金　额
提出	借方凭证　25	330 100	贷方凭证　16	283 770
提入	贷方凭证　21	87 050	借方凭证　22	82 330

10.工商银行福州分行营业部(直接参与者)受理开户单位闽福水产品有限公司提交的第二、三两联银行汇票和进账单,该银行汇票出票行为中国银行沈阳分行营业部,出票金额 2 500 000 元,实际结算金额 1 960 000 元,申请人为在该行开户的沈阳新玛特百货公司。工商银行福州分行营业部审查无误后,为闽福水产品有限公司进账,并加编密押后发送发报中心,通过发报中心加编全国密押,实时发送至国家处理中心。请作出会计分录。

11.工商银行福州分行营业部(直接参与者)受理开户单位 A 汽车制造厂到期承付在大连建设银行分行营业部开户的钢铁厂托收款 930 000 元,转账后加编地方押发送至城市处理中心,城市处理中心检查、核押无误加编全国押后转发国家处理中心。请作出会计分录。

12.12 月 10 日,工商银行福州 A 支行(间接参与者)收到开户单位雄大制鞋厂提交的电汇凭证,要求向农业银行沈阳 B 支行(间接参与者)开户单位光强皮革厂汇出货款 80 000 元。工商银行福州 A 支行审核无误后,将支付信息经行内系统发往其所属的工商银行沈阳分行(直接参与者),工商银行青岛分行收到后通过大额支付系统汇出资金。农业银行沈阳 B 支行收到其所属的农业银行沈阳分行(直接参与者)通过行内系统发来的支付信息,确认无误后,将货款收入开户单位光强皮革厂账户。

第7章 外汇业务的核算

学习目的

通过本章的学习,要求了解外汇业务的主要内容,理解并掌握外汇业务核算的特点,尤其是对外汇分账制的含义、内容和做法,能在理解的基础上熟练运用;熟练掌握外汇买卖核算;掌握外汇存款的种类、存期和起存金额,单位外汇存款和个人外汇存款存入支取的规定,存款存入、支取与利息的核算方法;掌握短期外汇贷款的发放、利息计算和收回的会计处理;掌握进口、出口信用证项下各结算环节的会计核算。

第一节 外汇业务概述

一、外汇与汇率

(一)外汇

1. 外汇的概念

要准确地把握外汇的内涵,应从两个方面理解,即外汇有动态外汇和静态外汇之分。动态外汇指一种活动或行为,即清算国际债权债务所需的货币兑换的交易过程。从历史上看,外汇最早是指国际汇兑,即通过银行等金融机构把一国货币换成另一国货币,实现资金转移或债权债务清算的一种专门性经营活动或行为。它强调的是"汇"、"兑"的过程或行为。"汇"指资金的移动,"兑"指通过金融机构进行的货币的兑换。外汇的静态含义指以外币表示的用于国际结算的支付手段,即国际债权债务清算过程中使用的支付手段或工具。静态外汇强调的是国际汇兑过程中所使用的支付手段,是外汇以物质形式本身而存在的。其具体内容包括:外国货币(包括外币现钞和铸币)、外币有价证券(政府债券、公司债券、股票等)、外币支付凭证(汇票、本票、支票、银行存款凭证、邮政存款凭证等)、其他外汇资产。广义的静态外汇是具有普遍意义的外汇的概念,即我们通常所指的外汇。对于一国或地区而言,一国的货币要成为外汇,除了货币发行国的经济实力雄厚,融合于世界经济体系、币值相对稳定外,还应具备完全可自由兑换、普遍接受性和可偿性特征。

目前,世界上已有 60 多个国家或地区的货币被认为是可自由兑换的,但受普遍接受性限制。作为外汇的外币种类并不多,主要有:美元(USD)、日元(JPY)、英镑(GBP)、瑞士法郎(CHF)、丹麦克朗(DKK)、加拿大元(CAD)、澳大利亚元(AUD)、港元(HKD)、新加坡元(SGD)、欧元(EUR)等。

2.外汇的种类

(1)按照外汇的来源和用途分类,有贸易外汇和非贸易外汇。贸易外汇,是指由商品的输出入引起收付的外汇。一个国家的商品输出,可以赚取外汇,商品输入则支付外汇。这种由商品输出入而引起的外汇收支,就是贸易外汇收支。贸易外汇收入是一个国家最主要的外汇来源,贸易外汇支出则是外汇的主要用途。非贸易外汇,是指由非贸易往来而引起收付的外汇。即经常项目中进出口贸易以外的,如劳务外汇、旅游外汇、投资收益和侨汇等。这种外汇,随着国际经济贸易和其他事务往来的发展,对某些国家已日显重要。

(2)按照外汇买卖交割期限分类,有即期外汇和远期外汇。即期外汇(Spot Foreign Exchange),又称现汇,是指外汇买卖成交后在 2 个营业日内办理实际交割的外汇。交割是买卖双方钱货两清,外汇交割是指一方付出本币,另一方付出外币。即期交割有三种情况:①T+0,即买卖成交后立即交割。②T+1,即买卖成交后第一个营业日交割。③T+2,在买卖成交后第二个营业日交割。远期外汇(Forward Foreign Exchange),又称期汇,是指买卖双方先按商定的汇率签订合同,并预约在未来某一天办理实际交割的外汇。远期外汇的期限一般为 1~6 个月,也可长达 1 年。

(3)按持有者的不同分类,有官方外汇和私人外汇。官方外汇,是指国家财政部、中央银行或其他政府机构以及国际组织所持有的外汇。各国政府持有的外汇主要用来稳定本国货币汇率、平衡国际收支、偿付到期债务,是一国国际储备的主要部分。国际组织所持有的外汇主要用于对会员国的贷款。私人外汇,是指自然人地位的居民和非居民所持有的外汇。在不实行外汇管制的国家中,私人对外汇有自行支配的权利。

(4)外汇按形态分类,可分为现钞和现汇。现钞是指各种外币钞票、铸币等。现汇又称转账外汇,是指用于国际汇兑和国际间非现金结算的,用于清偿国际间债权债务的外汇。

(二)汇率

1.汇率的概念

所谓外汇汇率(Foreign Exchange Rate),是指两国货币交换时的量的比例关系,即用一定数量的一国货币去交换一定数量的另一国货币。有了货币的兑换率,一种货币才能顺利地兑换成另一种货币,从而实现国际间的货币收支及债权债务的清偿。例如:USD100=CNY605.90,即 100 美元可以兑换 605.90 元人民币。

2.汇率的标价方法

确定汇率的标价方法,首先要区分"基准货币"和"标价货币"两个概念。按国际惯例,凡在汇率标价中,其数量固定不变的货币则称为基准货币,其数量会发生变动的货币叫标价货币或报价货币。在外汇交易中,这两种货币经常要进行换算,换算公式如下:

①已知基准货币数,求报价货币数,则报价货币数=基准货币数×汇率;

②已知报价货币数,求基准货币数,则基准货币数=报价货币数÷汇率。

目前,国际上常用的标价方法有:直接标价法、间接标价法以及美元标价法和非美元标价法。

(1)直接标价法

直接标价法,又称应付标价法(giving quotation),即用若干数量的本币表示一定单位的外币,或是以一定单位(如1、100、1 000、10 000)的外币为标准,折算成若干单位本币的一种汇率表示方法。我国采用的是直接标价法。在人民币与各种外币的比价中,英镑、港币、美元、日元和欧元均为基准货币,单位为100,人民币为标价货币。人民币外汇牌价表(见表7-1)。

表7-1　人民币外汇牌价表

报价时间:2014-01-20

货币名称	交易单位	现汇买入价	现钞买入价	卖出价	中间价
美元(USD)	100	610.72	605.82	613.16	611.94
日元(JPY)	100	6.24	6.04	6.29	6.26
欧元(EUR)	100	822.94	796.91	829.54	826.24
英镑(GBP)	100	970.92	940.21	978.72	974.82
港币(HKD)	100	78.75	78.20	79.07	78.91

(2)间接标价法

间接标价法,又称应收标价法(receiving quotation),是用若干数量的外币表示一定单位的本币,或是以一定单位的本币为标准,折算成若干单位外币的一种汇率表示方法。目前只有英、美、欧元区的外汇市场等少数国家和地区采用该标价法。例如在欧元区外汇市场上,EUR/USD=1.2588/91,欧元是基准货币,美元是标价货币。

(3)美元标价法与非美元标价法

美元标价法,是指以一定单位的美元为标准来计算应兑换多少其他货币的汇率表示方法,即美元作为基准货币,其他货币是标价货币。非美元标价法,是指以一定单位的其他货币为标准来计算应兑换多少美元的汇率表示方法。其他货币作为基准货币,美元是标价货币。随着外汇市场的迅速发展和外汇交易的全球化,对于外汇交易的双方来说,一笔交易所涉及的两种货币可能没有一种属于本币,传统的用于各国的直接标价法和间接标价法已无法适应国际外汇市场的发展,全球化的外汇交易需要一种统一的汇率表示方法即美元标价法和非美元标价法。

3.汇率的种类

从银行买卖外汇的角度划分,汇率可分为买入汇率、卖出汇率、中间汇率和现钞汇率。

(1)买入汇率与卖出汇率

买入汇率(Buying Rate)也称汇买价,指银行向同业或客户买入外汇时所使用的汇率。因为其客户主要是出口商,所以买入汇率常称为出口汇率(Export Rate)。卖出汇率(Selling Rate)又称汇卖价,指银行向同业或客户卖出外汇时所使用的汇率。由于客户多为进口商,故卖出汇率常被称为进口汇率(Emport Rate)。

(2)中间汇率

中间汇率(Middle Rate)也叫中间价,是银行外汇买入价与卖出价的算术平均值。中间汇率的计算公式为:(买入价+卖出价)÷2=中间汇率。各种新闻媒体报道的外汇行情通常为中间价。

（3）现钞汇率

一般来说，外国现钞不能在本国流通，只有将外钞兑换成本币，才能够购买本国的商品和劳务。把外币现钞换成本币，就出现了买卖外币现钞的兑换率，即现钞汇率（Bank Notes Rate）。现钞汇率不等于外汇汇率，这是因为银行收兑的外国现钞存放在本国银行没有意义，需要存放到外国银行生息，或运到各发行国去，才能充当流通或支付手段。银行运送外币现钞必须花费一定的运费、保险费等，且要承担一定风险，因此，银行在收兑外币现钞时的汇率（即买价），要稍低于外汇汇率，而卖出外币现钞时的汇率（即卖价），则等于外汇汇率，因为银行卖出外币不承担相应的费用。

在银行公布的外汇牌价中，买卖差价顺序排列为：

现钞买入价＜现汇买入价＜中间价＜卖出价

二、外汇业务的主要内容

商业银行的外汇业务，是指以记账本位币以外的货币进行收付、结算的业务。目前，我国外汇指定银行经营的外汇业务主要有：外币存款业务、外汇贷款业务、外汇汇款业务、外汇兑换业务、外汇同业拆借、发行或代理发行股票以外的外币有价证券、外币票据的承兑和贴现、贸易和非贸易结算、外汇担保业务、自营及代客外汇买卖业务、国家外汇管理局批准的其他外汇业务。

三、外汇业务会计核算的特点

（一）记账方法采用借贷复式记账法

借贷复式记账法就是以借、贷为记账符号，以有借必有贷，借贷必相等为记账规则，在两个或两个以上相互联系的账户中进行金额相等、方向相反记录的一种记账方法。借方登记资产增加，负债减少，所有者权益减少，损失增加，收益结转。贷方登记负债增加，所有者权益增加，资产减少，收益增加，损失结转。

（二）记账方式采用外汇分账制

外汇银行经营的货币种类较多，为了完整反映各类外汇资金的增减变化情况，保护各类外汇资金的安全，外汇银行采用外汇分账制。外汇分账制又叫原币记账法，指按业务发生时的货币记账，不折成本位币入账的一种记账方式。其主要内容是：

1. 人民币与外币分账

对有外汇牌价的各类外汇收支要求以原币记账，不折成本位币入账。以原币填制凭证，登记账簿，编制报表，每一种货币各自成立一套完整的账务系统。

2. 专门设置"外汇买卖"科目，起桥梁和平衡作用

当一项银行业务涉及两种或两种以上的货币时，必须通过有关外汇买卖科目核算。外汇买卖科目是外汇分账制的一个特定科目，在不同的外汇业务之间，起一个桥梁的平衡和联系作用。如出口结汇、进口售汇、套汇业务核算，外汇银行均通过外汇买卖科目核算。

3. 年终决算时，编制汇总的人民币报表

各种外币除编制各自的报表外，美元以外的其他外币要按年终决算牌价折成美元报表，合并的美元报表按年终决算牌价折成人民币报表，同以人民币报表按会计科目归口合

并,编制一张汇总的人民币报表。

(三)记账基础采用权责发生制

权责发生制又称应收应付制,只要债权债务一经产生,不管有无实际的资金收付行为,都应记账。权责发生制对于本期内实际发生,应属于本期的收益和费用,不论其款项是否收到或付出都作为本期的收益和费用处理。反之,凡不属于本期实际发生,不应属于本期的收益和费用,即使款项已经收到或付出,都不作为本期的收益和费用处理。例如,一笔3年期的美元定期存款到期时的利息为1 500美元,这笔1 500美元利息虽到期后支付,但应属于3个年度,需均衡分摊。商业银行应在第一年、第二年年终都应对当年承担的利息费用列作损失,进行账务处理,这样才能准确计算各年的损益。否则1 500美元的利息支出都由第三承担,第三年的支出就被扩大了,而第一年、第二年的支出则被缩小了,显然不能正确反映每年的经营成果。

第二节　外汇买卖业务的核算

一、外汇买卖科目的使用

外汇买卖科目是共同类会计科目,买入外币时,外币金额应贷记此科目,同时,人民币金额应按中间价借记此科目。卖出外币时,外币金额应借记此科目,同时,人民币金额应按中间价贷记此科目。

二、外汇买卖业务的核算

(一)买入外汇的会计核算

买入外汇包括结汇和外币兑本币业务。所谓结汇,是指境内企事业单位、机关和社会团体按国家的外汇政策规定,将各类外汇收入按银行挂牌汇率卖给外汇指定银行,即银行买进这部分外汇,同时付给对方相应的人民币。利息找零业务比照结汇处理,即商业银行在支付储户本息时,元以下辅币不能支付外币零头,可以按牌价以人民币折付。买入外汇的基本会计分录为:

借:有关科目　　　　　　　　　　　　　　　　　　　外币××

　贷:外汇买卖(钞买价或汇买价)　　　　　　　　　　　　　外币××

借:外汇买卖(中间价)　　　　　　　　　　　　　　　人民币××

　贷:有关科目　　　　　　　　　　　　　　　　　　　　人民币××

　　外汇买卖价差　　　　　　　　　　　　　　　　　　　人民币××

【例7-1】当天,外汇银行从国内居民手中买入2 000美元现钞,结付人民币现金。当日美元的钞买价是605.82%,中间价是611.94%。其会计分录为:

借:现金　　　　　　　　　　　　　　　　　　　USD2 000

　贷:外汇买卖(钞买价605.82%)　　　　　　　　　　　USD2 000

借:外汇买卖(中间价611.94%)　　　(USD2 000×611.94%)CNY12 238.80

　贷:现金　　　　　　　　　　　(USD2 000×605.82%)CNY12 116.40

　　外汇买卖价差　　　　　　　　　　　　　　　　CNY122.40

在以上会计分录中,人民币外汇买卖账户应该以中间价折算确认,而支付给客户的人民币资金则应按钞买价折算,差额部分为银行柜台部门的收益。这种处理是外币兑换收益逐笔确认的模式。

【例 7-2】外汇银行 M 行收到纽约某银行(与 M 行有美元账户关系)的汇入销货款 USD80 000 收款方为纺织进出口公司,转入公司单位存款账户。当日美元兑人民币的汇买价为 610.72%,中间价为 611.94%。其会计分录为:

借:汇入汇款　　　　　　　　　　　　　　　　　　USD80 000.00
　贷:外汇买卖(汇买价 610.72%)　　　　　　　　　　　USD80 000.00
借:外汇买卖(中间价 611.94%)　(USD80 000×611.94%)CNY367 164
　贷:单位活期存款　　　　　　　(USD80 000×610.72%)CNY366 432
　　外汇买卖价差　　　　　　　　　　　　　　　　　　CNY732

在以上会计分录中,人民币外汇买卖账户应该以中间价折算确认,而支付给纺织进出口公司的人民币资金则应按汇买价折算,差额部分为银行柜台部门的收益。这种处理也是外币兑换收益逐笔确认的模式。

(二)卖出外汇的会计核算

卖出外汇包括本币兑外币业务和售汇。售汇是指境内企事业单位、机关和社会团体的经常项目下的正常付汇,持有关有效凭证,用人民币到商业银行办理兑换,商业银行收进人民币,支付等值外汇。卖出外汇的基本会计分录为:

借:外汇买卖(卖出价)　　　　　　　　　　　　　　外币××
　贷:有关科目　　　　　　　　　　　　　　　　　　外币××
借:有关科目　　　　　　　　　　　　　　　　　　人民币××
　贷:外汇买卖(中间价)　　　　　　　　　　　　　　人民币××
　　外汇买卖价差　　　　　　　　　　　　　　　　　人民币××

【例 7-3】外汇银行按客户李明的要求按规定卖出 3 000 美元现钞,收入人民币现金。当日美元兑人民币的卖出价为 613.16%,中间价为 611.94%。其会计分录为:

借:外汇买卖(卖出价 613.16%)　　　　　　　　　　USD3 000.00
　贷:现金　　　　　　　　　　　　　　　　　　　　USD3 000.00
借:现金　　　　　　　　　　　　(USD3 000×613.16%)CNY18 394.80
　贷:外汇买卖(中间价 611.94%)　(USD3 000×611.94%)CNY18 358.20
　　外汇买卖价差　　　　　　　　　　　　　　　　　CNY36.60

在以上会计分录中,人民币外汇买卖账户应该以中间价折算确认,而卖出 500 美元现钞收入的人民币现金则应按卖出价折算,差额部分为银行柜台部门的收益。

【例 7-4】某汽车进出口公司持有关有效凭证向外汇银行 M 行购汇 EUR80 000 汇往德国。当日欧元兑人民币的卖出价为 829.54%,中间价为 826.24%。其会计分录为:

借:外汇买卖(卖出价 829.54%)　　　　　　　　　　EUR80 000.00
　贷:汇出汇款　　　　　　　　　　　　　　　　　　EUR80 000.00
借:单位活期存款　　　　　　　　(EUR80 000×829.54%)CNY663 632
　贷:外汇买卖(中间价 826.24%)　(EUR80 000×826.24%)CNY660 992
　　外汇买卖价差　　　　　　　　　　　　　　　　　CNY2 640

(三)套汇业务的会计核算

套汇业务主要有两类:第一类是同种货币之间的套汇,主要指钞买汇卖和汇买钞卖。

钞买汇卖是银行从客户手里买进外币现钞,卖给对方外币现汇。汇买钞卖是银行从客户手中买进外汇现汇,卖给对方外币现钞。第二类是两种外币之间的套汇,是银行按买入价买进一种外汇,按卖出价卖出另一种外汇。套汇业务的基本会计分录为:

借:有关科目		A 种外币××
贷:外汇买卖(汇买价)		A 种外币××
借:外汇买卖(中间价)		人民币××
贷:外汇买卖(中间价)		人民币××
外汇买卖价差		人民币××
借:外汇买卖(卖出价)		B 种外币××
贷:有关科目		B 种外币××

【例 7-5】某工艺进出口公司要求从其美元账户中兑取 60 000 英镑汇往国外,银行同意并办理此业务。当日美元汇买价为 610.72%,中间价为 611.94%,英镑卖出价为978.72%,中间价为 974.82%。其会计分录为:

GBP60 000×978.72%÷610.72%＝USD96 154.05

借:单位外汇活期存款		USD96 154.05
贷:外汇买卖(汇买价 610.72%)		USD96 154.05
借:外汇买卖(中间价 611.94%)	(USD96 154.05×611.94%)	CNY588 405.09
贷:外汇买卖(中间价 974.82%)	(GBP60 000×974.82%)	CNY584 892
外汇买卖价差		CNY3 513.09
借:外汇买卖(卖出价 978.72%)		GBP60 000
贷:汇出汇款		GBP60 000

【例 7-6】某外商投资企业持 USD5 000 现钞要求存入其美元现汇存款户。当日美元钞买价为 605.82%,卖出价为 613.16%,中间价为 611.94%。其会计分录为:

USD5 000×605.82%÷613.16%＝USD4 940.15

借:现金		USD5 000
贷:外汇买卖(钞买价 605.82%)		USD5 000
借:外汇买卖(中间价 611.94%)	(USD5 000×611.94%)	CNY30 597
贷:外汇买卖(中间价 611.94%)	(USD4 940.15×611.94%)	CNY30 230.75
外汇买卖价差		CNY366.25
借:外汇买卖(卖出价 613.16%)		USD4 940.15
贷:单位活期存款		USD4 940.15

三、外汇买卖凭证及分户账

(一)外汇买卖业务的传票

外汇买卖科目凭证分外汇买卖借方传票(见表 7-2)和外汇买卖贷方传票(见表 7-3)两种,每种均由两联套写传票构成(一般加一联外汇兑换水单和一联外汇买卖统计卡),其中一联为外币外汇买卖传票,另一联为人民币外汇买卖传票。

银行买入外汇(结汇和兑入外币)时,使用外汇买卖贷方传票(一式三联);银行卖出外汇(售汇和兑出外币)时,使用外汇买卖借方传票(一式三联)。外汇买卖传票的外币金额、人民币金额和外汇牌价,必须同时填列,以反映一笔外汇买卖业务的全貌。外汇买卖传票必须同时与双方有关科目转账,不得只转一方。外汇买卖的外币一联传票应与对应的外币传票自行平衡;外汇买卖的人民币一联传票应与对应的人民币传票自行平衡。

(二)套汇业务的传票

银行在办理外汇买卖的套汇业务时,使用外汇买卖套汇传票(见表7-4)。由于套汇包括买入和卖出两种行为,所以套汇传票为一式六联,其中四联分别用于登记不同外币的外汇买卖科目,两联用于登记人民币的外汇买卖科目。套汇传票的折合率栏应填明套汇时使用的两个价格,一般规定左上方填写买入价,右下方填写卖出价。

表7-2 外汇买卖借方传票样式

中国　　　银行
外汇买卖借方传票

| 总字第　　　号 |
| 字第　　　号 |

(借)外汇买卖　　　　　　　　　　　　　　年　月　日

外币金额		牌　价	人民币金额
（百亿位）			（百亿位）
货币		摘要	

会计:　　　　　　复核:　　　　　　记账:　　　　　　制票:

表7-3 外汇买卖贷方传票样式

外汇买卖贷方传票(外币)

(贷)外汇买卖

对方科目:　　　　　　　　　　　　　年　月　日

| 传票 |
| 编号 |

结汇单位	全　　　称	
	账号或地址	

外汇金额	牌　价	人民币金额
		￥

摘要		会计: 复核: 记账: 制票:

会计　　　　　　复核　　　　　　记账　　　　　　制票

表 7-4 外汇买卖套汇传票样式
外汇买卖套汇贷方传票(外币)

（贷） 外汇买卖

| 对方科目: | | 日期 _____ | | 传票 |
| | | | | 编号 |

外汇金额	人民币金额	牌 价	外汇金额

会计　　　　　　　复核　　　　　　　记账　　　　　　　制票

（三）外汇买卖分户账

外汇买卖科目分户账（见表 7-5），以各分账货币立账，人民币不设外汇买卖分户账。它的格式比较特殊（把本、外币分户账结合在一起）。外汇银行结汇时，外币反应在贷方，人民币反应在借方，两者都应计入买入栏；外汇银行售汇时，外币反映在借方，人民币反应在贷方，两者都应记入卖出栏。对于套汇业务，如是不同种货币套汇，则应分别在各自货币外汇买卖分户账上登记；如是同一种货币套汇，则在同一货币账户里平行登记。外汇买卖分户账的结余数额以外币和人民币分别结计，同时反映，方向正好相反。当结余中的外币金额反应在借方时，表明卖出外币多于买入外币，称为"空头"；当外币金额反应在贷方时，表明买入外币多于卖出外币，称为"多头"。可见，外汇买卖分户账的这种区别于一般账簿的特种格式，既便于记账，又便于了解两种货币资金的增减情况和外币头寸的多头、空头情况。

表 7-5 外汇买卖科目分户账
中国　　　　　银行(　　　)
外汇买卖科目账

货币:　　　　　　　　　　　账户:

公元年		摘要	买 入			卖 出			结 余			
			外币(贷)	牌价	人民币(借)	外币(借)	牌价	人民币(贷)	借或贷	外币	借或贷	人民币
月	日		(十亿位)		(十亿位)	(十亿位)		(十亿位)		(十亿位)		(十亿位)

会计:　　　　　　　　记账:

登记外汇买卖科目分户账，只根据外汇买卖科目传票外币联登记外汇买卖发生额，人民币外汇买卖传票不记账,只用来编制科目日结单。

外汇买卖科目总账,按各种货币分别设置,其格式及登记方法与一般科目总账相同。

四、经办行与上级行平仓

(一)当经办行某种外币结汇大于售汇

经办行应向上级行卖出此种外币。

借:内部平仓往来   人民币××

 贷:外汇买卖(平仓汇率)   人民币××

借:外汇买卖(平仓汇率)   外币××

 贷:内部平仓往来   外币××

会计凭证:交易单、交易证实。

上级行做相反的会计分录。

(二)当经办行某种外币结汇小于售汇

经办行应向上级行买入此种外币。

借:内部平仓往来   外币××

 贷:外汇买卖(平仓汇率)   外币××

借:外汇买卖(平仓汇率)   人民币××

 贷:内部平仓往来   人民币××

会计凭证:交易单、交易证实。

上级行做相反的会计分录。

第三节 外汇存款业务的核算

一、外汇存款的种类

外汇存款是商业银行以信用方式吸收的国内外单位和个人在经济活动中暂时闲置或结余的并能自由兑换或在国际上获得偿付,并于以后随时或约定期限支取的外币资金。

(1)按存款管理特点的不同,可分为甲种外汇存款、乙种外汇存款、丙种外汇存款。

(2)按存款对象的不同,可分为单位外汇存款和个人外汇存款。单位外汇存款是存款者以单位或经济组织的名义存入银行的外汇。个人外汇存款是存款者以个人名义存入银行的外币存款。单位外汇存款包括甲种外币存款及外债专户存款,个人外汇存款包括乙种、丙种外币存款。国内一般居民开立丙种外币存款。

(3)按存款货币的不同,可分为港币、美元、日元、英镑、欧元等外汇存款。如果以其他可自由兑换的外币存入,可按存入日的牌价套算成上述货币。按规定,存入什么货币就支付什么货币。

(4)按存款期限的不同,可分为活期外汇存款和定期外汇存款。

(5)按支取方式的不同,活期外汇存款分为支票户存款和存折户存款。

(6)按存入资金形态的不同,可分为现汇存款户和现钞存款户。目前,单位外汇存款均为现汇户,现汇户可直接汇出国外。现钞户须经过钞买汇卖处理后方可支取汇出,现钞户可直接支取现钞。

二、个人外汇存款的核算

个人外汇存款可开立现汇账户也可开立现钞账户。按存取方式分为活期和定期两种。个人外汇定期存款的起存金额不低于人民币 500 元等值外汇,个人外汇活期存款不低于人民币 100 元等值外汇。凡是从国外或港澳地区汇入和携入的可自由兑换外汇,可存入现汇存款户。现汇户可支取外币现钞,也可汇往国外。凡从国外携入的可自由兑换的外币现钞,可存入现钞存款户。外币现钞户可支取外币现钞,也可汇往港澳地区或国外。

（一）存入的核算

1. 个人活期外汇存款开户的处理

开户时,存款人填写外币存款申请书,写明户名、地址、存款种类、金额等,连同外汇或现钞交存银行。银行审核无误后办理存折户或支票户的开户手续。通过“活期外汇存款”科目核算,登记存折和开销户登记簿,出售支票。以外币现金或汇入汇款存入时,其会计分录为:

借:现金或汇入汇款　　　　　　　　　　　　　　　　　　外币××
　贷:活期外汇存款　　　　　　　　　　　　　　　　　　　　　外币××

2. 个人活期外汇存款续存的处理

存款人须填存款凭条,连同存折、外币票据交银行,银行审核认可后办理续存,会计分录与开户相同。

3. 个人定期外汇存款开户

个人定期外汇存款分为 1 个月、3 个月、半年、1 年、2 年等种类,是存款人以个人名义将外汇资金存入银行,并约定期限,到期一次性支取本息的一种外币存款,分外币现汇户和现钞户两种。通过“定期外汇存款”科目核算。

开户时,存款人应填制外币存款申请书,写明户名、地址、存款种类、期限及金额等,连同外币现钞或票据交银行,银行根据存款人的要求,开立定期存折或外汇定期存款单一式三联。经复核后,第二联存单交存款人,第三联代分户账(存折或卡片账),凭以登记开销户登记簿后专夹保管,第一联代该科目的贷方传票凭以记账。其会计分录为:

借:现金或汇入汇款　　　　　　　　　　　　　　　　　　外币××
　贷:定期外汇存款　　　　　　　　　　　　　　　　　　　　　外币××

（二）支取的核算

1. 个人活期外汇存款支取的处理

支取活期外汇存款时,支票存款人须填写支票,存折户存款人须填写取款凭条,连同存折交银行。从现汇户支取现汇或从钞户支取现钞时,其会计分录为:

借:活期外汇存款　　　　　　　　　　　　　　　　　　　外币××
　贷:现金或汇出汇款　　　　　　　　　　　　　　　　　　　　外币××

存款人从现汇户支取款项汇往国外时,还需填制汇款凭证,并计收手续费、汇费和邮费。若乙种存款人从现汇户提取现钞或从钞户提取现汇时,一律按当日牌价套汇处理。国内居民办理此业务,按中间价计收入民币手续费,无须套汇。

2.个人定期外汇存款支取的处理

支取定期外汇存款时,存款人须凭存单或存折及取款凭条办理。银行审核无误后,取款人输入密码或查验身份证办理付款手续,定期存单加盖"结清"字样。其会计分录为:

借:定期外汇存款　　　　　　　　　　　　　　　　　　　　外币××
　　应付利息　　　　　　　　　　　　　　　　　　　　　　　外币××
　　贷:现金或活期外汇存款　　　　　　　　　　　　　　　　　外币××

三、单位外汇存款的核算

(一)开户及存入的核算

各单位在银行办理存款时,必须开立外汇存款账户,由单位填写申请书,并凭盖有公章、财务专用章及主管人员名章的印鉴卡及外汇账户使用证、外债登记证、外汇(转)贷款登记证等开立外汇存款账户,按规定的收支范围办理外汇收支。目前,单位外汇存款主要有:美元、日元、港币、英镑、欧元等多种货币,其他自由外币可以按存入日的外汇牌价折算成上述币种之一开立存款账户。商业银行对单位外汇存款通过"单位外汇活期存款"、"外侨合资企业存款"、"外事企业存款"、"驻华机构活期存款"、"外债专户存款"和"单位定期存款"等科目核算。

1.单位活期外汇存款开户及存入的处理

(1)若以结算专用凭证转账存入外币时,其会计分录为:

借:汇入汇款或有关科目　　　　　　　　　　　　　　　　　　外币××
　　贷:单位外汇活期存款　　　　　　　　　　　　　　　　　　外币××

(2)若以外币现钞存入,或以不同于开户货币的币种存入时,需要通过套汇处理,其会计分录为:

借:现金　　　　　　　　　　　　　　　　　　　　　　　　　外币××
　　贷:外汇买卖(钞买价)　　　　　　　　　　　　　　　　　　外币××
借:外汇买卖(中间价)　　　　　　　　　　　　　　　　　　　人民币××
　　贷:外汇买卖(中间价)　　　　　　　　　　　　　　　　　　人民币××
　　　　外汇买卖价差　　　　　　　　　　　　　　　　　　　　人民币××
借:外汇买卖(卖出价)　　　　　　　　　　　　　　　　　　　外币××
　　贷:单位活期存款　　　　　　　　　　　　　　　　　　　　外币××

2.单位定期外汇存款开户的处理

单位定期外汇存款,一律采取账户式,期限分7天、1个月、3个月、半年、1年、2年等档次,金额一般不低于人民币5 000元至1万元的等值外汇,一般不允许提前支取。通过"单位定期外汇存款"科目核算,该科目下分货币按存款单位立户,会计核算与活期存款类似。

(二)支取存款的核算

支取存款时,存折户填写取款凭条,支票户填写支票,并加盖预留印鉴,经银行审查后,办理取款手续。

(1)支取原币汇出时,其会计分录为:

借:单位外汇活期存款　　　　　　　　　　　　　　　　　　外币××

　　贷:汇出汇款　　　　　　　　　　　　　　　　　　　　　外币××

(2)支取外币现钞或支取不同于开户货币的外币币种时,单位外汇存款最多只能支取5万美元,5万美元以上现金支取必须经外汇管理局批准,其会计分录为:

借;单位活期存款　　　　　　　　　　　　　　　　　　　　外币××

　　贷:外汇买卖(汇买价)　　　　　　　　　　　　　　　　外币××

借:外汇买卖(中间价)　　　　　　　　　　　　　　　　　人民币××

　　贷:外汇买卖(中间价)　　　　　　　　　　　　　　　　人民币××

　　　　外汇买卖价差　　　　　　　　　　　　　　　　　　人民币××

借:外汇买卖(卖出价)　　　　　　　　　　　　　　　　　外币××

　　贷:现金　　　　　　　　　　　　　　　　　　　　　　外币××

(三)利息计算

除国库款项和属于财政预算拨款性质的经费预算单位存款不计息外,其他性质的单位存款均计付利息。计息方法与人民币相同,按不同币种活期存款利息,采用积数计息法计算利息。

第四节　外汇贷款业务的核算

一、外汇贷款的概念与特点

外汇贷款,是指商业银行办理的以外币为计量单位的放款。外汇贷款业务是外汇银行的主要业务之一,它不同于人民币贷款业务,外汇银行发放外汇贷款还要承受外汇汇率的风险。为了减少汇率风险对银行的影响,商业银行主要发放短期外汇贷款,而长期外汇贷款目前主要由政策性银行如进出口银行办理,所以本节主要介绍短期外汇贷款。

短期外汇贷款是外汇银行办理的以外币为计量单位的短期贷款,它是外汇银行一项重要的信贷业务。外汇银行目前发放的是短期外汇浮动利率贷款,凡生产出口商品,有偿还能力的企业,都可以申请短期外汇贷款。

外汇银行目前发放的短期外汇贷款货币主要有美元、港币、日元、英镑、欧元5种。贷款贷什么货币,还什么货币,计收原币利息。

外汇贷款与人民币贷款相比,有其自身独有的特点,主要包括:

1.利率确定不同

人民币贷款的利率相对固定。外汇贷款利率则是以浮动为主,贷款利率由总行不定期公布,利率按伦敦银行同业拆放利率(LIBOR)加上银行管理费用实行浮动制。期限通常有1个月、3个月和6个月浮动3种。

2.贷款的发放不同

人民币贷款在借款单位实际用款之前,可以转存;而短期外汇贷款一般是指借款单位实际对外支付外汇的同时发放,即什么时候用,什么时候发放。外汇贷款经批准后,具体的发放使用办法是按国际惯例处理的。贷款发放是从贷款账户直接对外支付,目的是加强外汇管理,提高外汇资金的使用效益。由于不存在贷款转作存款后对外支付,因而不会形成借款单位的派生性存款。借款单位借款时,无论是以信用证、代收或汇款方式办理结算,均需填具短期外汇借款凭证,银行核准后,据以开立外汇贷款账户。

二、短期外汇贷款业务核算

短期外汇贷款,是指商业银行发放的期限在 1 年以内,实行浮动利率计息的现汇贷款,利率按伦敦银行同业拆放利率(LIBOR)加上银行管理费用实行浮动制。短期外汇贷款通过"短期外汇贷款"科目核算,核算程序主要包括贷款的发放、计收利息和收回贷款三个环节。

(一)贷款发放的核算

发放贷款时,借款单位填写短期外汇贷款借款凭证一式五联,第一联借款申请书,第二联借款凭证,第三联借款凭证副本,第四联支款通知,第五联备查卡。经银行信贷部门同意批准后,第一、五联由信贷部门保管;第二、三、四联借款凭证转交银行会计部门。会计部门审查凭证无误后,对外付款。其会计分录为:

1.以贷款货币对外支付时

借:短期外汇贷款——短期外汇浮动利率贷款   外币××

  贷:港澳及国外联行往来或存放国外同业或汇出汇款   外币××

核销:即期信用证项下进口付汇。

借:应付开出信用证款项   外币××

  贷:应收开出信用证款项   外币××

远期信用证项下进口付汇。

借:承兑汇票   外币××

  贷:应收承兑汇票款   外币××

进口代收方式下付汇。

借:进口代收款项   外币××

  贷:应收进口代收款项   外币××

2.以贷款货币以外的其他外币对外支付款项时

借:短期外汇浮动利率贷款   贷款货币××

  贷:外汇买卖(贷款货币汇买价)   贷款货币××

借:外汇买卖(贷款货币中间价)   人民币××

  贷:外汇买卖(支付外币中间价)   人民币××

    外汇买卖价差   人民币××

借:外汇买卖(支付外币汇卖价)   支付外币××

  贷:港澳及国外联行往来等   支付外币××

核销同上。

(二)计收利息的核算

1.外汇贷款利息计算的基本规定

(1)计息公式

利息＝贷款本金×利率×期限

（2）实行按季结息，每季末20日营业终了为结息日。贷款期限按实际天数计算，有一天，算一天，"算头不算尾"，即贷款日计息，还款日不计息。

（3）贷款本金按实际发放的金额计算，合同金额不等于实际发放的金额；贷款本金还和利息的支付方式有关，如果采用息转本，则下一次计息的贷款本金要加上上一次的利息，以此类推。如果采用按期支付利息，则每次计息的贷款本金相同。

（4）利率采用浮动利率计算为主。浮动利率分1个月、3个月、6个月浮动三个档次，所谓按1个月、3个月、6个月浮动，就是指企业在使用银行贷款那天确定的利率在1个月、3个月或6个月内不管利率变动多大都固定不变，过了1个月、3个月或6个月后，按浮动的利率计收利息。

2.计收利息的核算

收息时填制一式三联贷款结息凭证，第一联代××科目借方传票，第二联代利息收入贷方传票，第三联代结息通知单，交借款人。

（1）按契约规定将利息转入贷款本金，其会计分录为：

借：短期外汇贷款 　　　　　　　　　　　　　　　　外币××
　　贷：利息收入——外汇贷款利息收入 　　　　　　　　　　外币××

（2）借款人按期偿付利息时，其会计分录为：

借：单位活期存款 　　　　　　　　　　　　　　　　外币××
　　贷：利息收入——外汇贷款利息收入 　　　　　　　　　　外币××

当存款货币和贷款货币不同时，要通过有关外汇买卖科目核算。

（三）收回贷款的核算

贷款期满，借款企业归还贷款时，填写一式两联的进账单和转账支票，也可填制还款凭证，办理还款手续，其会计分录为：

（1）息转本

借：单位活期存款 　　　　　　　　　　原始本金＋每次的利息××
　　贷：利息收入 　　　　　　最后一次结息日至还款日的贷款利息××
　　　　短期外汇贷款 　　　　原始本金＋除最后一次的前几次利息和××

（2）按期支付利息

借：单位活期存款 　　　　　　　　　　原始本金＋最后一次利息××
　　贷：利息收入 　　　　　　　　　　　　　　　最后一次利息××
　　　　短期外汇贷款 　　　　　　　　　　　　　　　原始本金××

当偿还货币和贷款货币不同时，要通过外汇买卖科目核算

借：有关企业活期存款 　　　　　　　　　　　　　存款货币××
　　贷：外汇买卖（存款货币汇买价） 　　　　　　　　　存款货币××
借：外汇买卖（存款货币中间价） 　　　　　　　　　　人民币××
　　贷：外汇买卖（贷款货币中间价） 　　　　　　　　　人民币××
　　　　外汇买卖价差 　　　　　　　　　　　　　　　人民币××
借：外汇买卖（贷款货币汇卖价） 　　　　　　　　　　贷款货币××
　　贷：利息收入 　　　　　　　　　　　　　　　　贷款货币××
　　　　短期外汇贷款 　　　　　　　　　　　　　　贷款货币××

【例7-7】某合资企业与某外汇银行A行订立短期浮动利率贷款合同，贷款30万美

元,向美国某公司进口零部件,期限半年,按 3 个月浮动,利息转入贷款本金。贷款行 4 月 8 日发放贷款,全额支付美国某代理行的托收款,4 月 8 日美元 3 个月浮动利率为 4.9375%,6 月 5 日为 4.88%,7 月 1 日为 4.875%,10 月 8 日借款人从其美元存款户偿还贷款全部本息。

要求:列出 A 行计算外汇贷款利息的计算过程并列出全套会计分录。

4 月 8 日,发放贷款:

借:短期外汇贷款 USD300 000
  贷:存放国外同业——美国某代理行 USD300 000
借:进口代收款项 USD300 000
  贷:应收进口代收款项 USD300 000

6 月 20 日计息:

利率档次 4 月 8 日—7 月 7 日 4.9375%;

7 月 8 日—10 月 7 日 4.875%;

4 月 8 日—6 月 20 日 4.9375% 74 天。

USD300 000×4.9375%÷360×74＝USD3 044.79

借:短期外汇贷款 USD3 044.79
  贷:利息收入 USD3 044.79

9 月 20 日第二次计息:

(USD300 000＋3 044.79)×(4.9375%÷360×17＋4.875%÷360×75)＝USD3 784.38

借:短期外汇贷款 USD3 784.38
  贷:利息收入 USD3 784.38

10 月 8 日借款人偿还本息:

USD(300 000＋3 044.79＋3 784.38)×4.875%÷360×17＝USD706.35

借:单位活期存款 USD307 535.52
  贷:短期外汇贷款 USD306 829.17
    利息收入 USD706.35

第五节　国际贸易结算业务的核算

一、出口信用证结算业务的核算

(一)信用证结算概述

1.信用证特点

信用证简称 L/C,是由开证行根据进口商的申请,向受益人(出口商)开立的具有一定金额,并在一定期限内凭规定的符合要求的单据付款或作付款承诺的书面保证文件。也就是说是银行有条件保证付款的凭证。其特点有:

（1）信用证是一种银行信用作担保的凭证。开证行负第一性付款责任，在单证相符的条款下，开证行不管进口商是否能够偿付给他，他都必须付款给受益人或被指定银行，这是信用证所具有的银行信用的体现。

（2）只对单证负责，不对商品负责。信用证是一项独立、自主的文件，并不依附于贸易合同，不受贸易合同条款的约束，开证行只对信用证负责，信用证的有关当事人也只能依据信用证的规定办事。出现信用证业务纠纷时，有关各方不能援引合同条款作为为自己辩护的依据。

（3）信用证业务处理的是单据。在信用证业务中，银行处理的是单据，而不是货物，只要受益人或其指定人能提交符合信用证条款的单据，开证行就必须承担付款、承兑之责。假如收到的货物不符合合同要求，开证人只能根据贸易合同向受益人进行交涉或索赔，与开证行无关。因此，信用证交易把合同的货物交易转变为只管单证是否相符的单据交易。

（4）银行对于信用证项下不能控制的一切事故免责。UCP 600条款明确规定了银行的免责内容。银行虽有合理谨慎地审核单据的义务，但这种审核只是用以确定单据在表面上是否符合信用证条款的规定，开证行只根据表面上符合信用证条款的单据承担付款责任。

因此，银行对任何单据的形式、完整性、准确性、真实性，单据中规定的或附加的一般及/或特殊条件，不承担任何责任或义务。对任何单据代表的货物之描述、数量、重量、质量、状况、包装、交付、价值或其他任何人的诚信、行为及/或疏忽、清偿能力、执行能力或资信状况，不承担任何义务或责任。

2.信用证结算会计处理环节

在办理信用证出口业务时，我国经办银行作为出口方银行，替国内出口企业进行结算，充当国外信用证的通知行、议付行。其会计核算主要分为：（1）受证与通知；（2）审单议付，寄单索汇；（3）收妥出口款项三个环节。

在办理信用证进口业务时，我国经办银行作为进口方银行，替国内进口企业进行结算，充当开证行、付款行。其会计核算主要分为：（1）进口开证；（2）审单与付汇两个环节。

（二）信用证出口业务的核算

1.受证与通知的处理

（1）收到信用证。在出口业务中，我国银行充当受证行、通知行角色。收到国外进口方银行开来的信用证时，首先应严格审核信用证内容、开证行经营作风、资信状况及货币金额、支付方式等，审核无误后编流水号，输入电脑打印出通知书，及时通知受益人（出口商），缮打国外来证记录卡，匡算待收外汇资金数。同时记表外科目，其会计分录为：

收入：国外开来保证凭信　　　　　　　　　　　　　　　　外币××

当国外银行开来委托本行代为通知各出口单位办理的信用证等保证凭信时，用表外科目"国外开来保证凭信"核算。它反映了一定时期我国信用证项下出口业务的情况，是匡算待收外汇资金的基础，也是监督出口单位备货出运的依据。

如果因修改信用证或转让、退证、注销等原因而使信用证金额增减时，需登记表外科目。

当信用证金额增加时,其会计分录为:

收入:国外开来保证凭信 　　　　　　　　　　　　　　　外币××(红字)

(2)发放出口打包贷款。出口商接到信用证后,按信用证要求备货出运时,若资金有困难,可申请人民币出口打包放款。发放出口打包贷款时,其会计分录为:

借:出口打包贷款 　　　　　　　　　　　　　　　　　人民币××

　　贷:进出口企业活期存款 　　　　　　　　　　　　　　　人民币××

备货出运后,必须及时清偿打包放款的全部本息,无本币资金偿还时,在单证相符的条件下,转做出口押汇,从结汇款中扣还。

2.审单议付,寄单索汇的处理

(1)审单、寄单。我国出口方银行接到出口公司交来的全套出口单据议付时,应严格按信用证要求审单,达到单单一致、单证一致的要求,促使开证行承担第一性付款责任。审单相符后,寄单索汇,编制出口寄单议付通知书随单据寄发,并向开证行计收通知费、议付费、修改费、邮费等从属费用。根据权责发生制的原理,出口银行在寄出议付单据后,一方面对国外银行拥有了收取货款的权益,另一方面对出口商承担了代收的责任。其会计分录为:

借:应收即期信用证出口款项 　　　　　　外币(货款+从属费用)××

　　贷:代收即期信用证出口款项 　　　　　　外币(货款+从属费用)××

付出:国外开来保证凭信 　　　　　　　　　　　　外币××

(2)出口押汇的核算。若出口商提出押汇申请,应填写出口押汇申请书一式四联,银行经审核符合规定后,办理出口押汇手续。出口押汇是出口商发运商品后,以提货单据为抵押,向银行融通资金的一种业务。承做出口押汇的银行,实际上是以出口方提交的与信用证项下或托收项下的单据为抵押,向出口商发放的一笔抵押贷款,对抵押银行来说,是预先垫款买下一笔尚未收妥的外汇,因此,担负着一定风险。实务工作中所说的出口押汇实际上就是 UCP 600 所定义的"议付",是同一种业务的两种不同称谓。其会计分录为:

借:出口押汇 　　　　　　　　　　　　　　　押汇金额××

　　贷:利息收入——押汇利息收入 　　　　押息(押汇金额×押汇天数×利率)

　　　　外汇买卖(汇买价) 　　　　　　　实付外币金额(押汇金额—押汇利息)

借:外汇买卖(中间价) 　　　　　　　人民币××(实付外币金额×中间价)

　　贷:单位活期存款 　　　　　　　实付人民币××(实付外币金额×汇买价)

　　　　外汇买卖价差 　　　　　　　　　　　　人民币××

3.收妥出口款的处理

根据《结售汇及付汇管理规定》的要求,外商投资企业的收汇款,在扣除银行费用或抵偿出口押汇后,超出外币账户额度的部分,按当天的国家外汇牌价,全部卖给外汇指定银行,结付人民币入账。中资企业的收汇款,在扣除银行费用或抵偿出口押汇后,按当天的外汇牌价结付人民币入账。出口商收到到款通知书,持出口收汇核销单、海关申报单、涉外收入申报单办理结汇(涉外收入申报单于当日通过计算机传外汇管理局,于每月 8 日内汇总交外管局),外汇指定银行在向出口单位出具结汇水单或收账通知时,必须注明核销单编号及 BP 单号,作为出口核销及退税的有效依据。

(1)寄单索汇环节没有叙作押汇

议付行收到国外行寄来的已贷记报单,审核无误后,办理出口结汇。

借:代收即期信用证出口款项 外币××

　　贷:应收即期信用证出口款项 外币××

借:港澳及国外联行往来或存放国外同业等 外币××

　　贷:手续费收入——国外银行费用收入 外币××

　　　　外汇买卖(汇买价) 外币××

借:外汇买卖(中间价) 人民币××

　　贷:单位活期存款 人民币××

　　　　外汇买卖价差 人民币××

(2)寄单索汇环节叙作了出口押汇

收到已贷记报单后,经核对无误后,抽出出口押汇申请书的该科目的贷方传票,办理转账。

借:代收即期信用证出口款项 外币××

　　贷:应收即期信用证出口款项 外币××

借:港澳及国外联行往来或存放国外同业等 外币××

　　贷:手续费收入——国外银行费用收入 外币××

　　　　出口押汇 外币××

【例7-8】外汇银行M行于8月6日收到纽约某联行开来的不可撤销即期信用证,金额为USD70 000,受益人为鞋帽进出口公司。8月16日,M行又接到纽约联行来电,要求修改信用证,减少金额USD5 000,经受益人同意,当天复电,并做了修改手续。8月21日,公司交来全套出口单据,随同信用证送来议付,经审单相符后,当天寄出,计收通知费、议付费、修改费共USD2 000,向开证行索偿。9月2日,收到纽约联行已贷记报单后,即对公司结汇。当日美元汇买价为610.72‰,中间价为611.94‰。

要求:列出外汇银行M行对该笔业务全套会计分录。

其会计分录为:

8月6日收到信用证:

收入:国外开来保证凭信 USD70 000

8月16日修改信用证,减少金额:

收入:国外开来保证凭信 USD5 000(红字)

8月21日寄单索汇:

借:应收即期信用证出口款项 USD67 000

　　贷:代收即期信用证出口款项 USD67 000

付出:国外开来保证凭信 USD65 000

9月2日收妥结汇:

借:港澳及国外联行往来——纽约联行 USD67 000

　　贷:手续费收入 USD2 000

　　贷:外汇买卖(汇买价610.72‰) USD65 000

借:外汇买卖(中间价611.94‰) (USD65 000×611.94‰)CNY397 761

　　贷:单位活期存款 (USD65 000×610.72‰)CNY396 968

　　贷:外汇买卖价差 CNY793

借:代收即期信用证出口款项   USD67 000

  贷:应收即期信用证出口款项   USD67 000

【例7-9】某合资企业4月11日把即期信用证项下全套单据金额USD100 000,连同押汇申请书送交银行,经审核符合押汇的要求,该行当天即按7.2‰利率扣收15天的贴息,将余额收入受益人的美元存款账户。4月26日议付行收到开证行(纽约中行,与议付行有美元账户关系)的已贷记报单,金额USD100 100,其中USD100为国外银行费用收入。其会计分录为:

4月11日办理押汇:

$$押汇利息=USD100\ 000\times15\times7.2‰\div360=USD300$$

借:出口押汇   USD100 000

  贷:利息收入——押汇息   USD300

    单位活期存款   USD99 700

借:应收即期信用证出口款项   USD100 100

  贷:代收即期信用证出口款项   USD100 100

付出:国外开来保证凭信   USD100 000

4月26日收到押汇款项:

借:港澳及国外联行往来——纽约中行   USD100 100

  贷:手续费收入——国外银行费用收入   USD100

    出口押汇   USD100 000

借:代收即期信用证出口款项   USD100 100

  贷:应收即期信用证出口款项   USD100 100

二、出口托收结算业务的核算

(一)出口托收结算特点

出口托收是由债权人或收款人开立汇票或提供索汇凭据,委托银行向债务人或付款人收取款项的一种结算方式。出口托收结算方式,由于没有信用证作为付款保证,通常又无证托收,属于商业信用。实际工作中,以跟单托收为主。跟单托收,是指收款人(出口单位)开立汇票并附有货运单据,凭跟单汇票,委托银行向付款人(进口方)收取货款的一种贸易结算方式。

(二)交单方式

(1)付款交单(D/P)。付款交单,是指代收行必须在进口商付清票款后,才能将货运单据交进口商的一种交单方式。

(2)承兑交单(D/A)。承兑交单,是指代收行当付款人承兑远期汇票后,把货运单据交付给付款人,于汇票到期时,由付款人履行付款业务的一种交单方式。

(三)托收方式

(1)光票托收。光票托收是卖方仅开立汇票而不附带任何货运单据,委托银行收取款项的一种托收方式。主要用于非贸易结算,在贸易结算方面,一般用于收取货款尾款、代垫费、佣金、样品费或其他贸易从属费用。有的汇票托收虽然也附有单据,但并不是整套货运单据,只是发票和垫款清单等,也属于光票托收。

(2)跟单托收。跟单托收由卖方开立跟单汇票(即汇票连同一套货运单据)交给银行,委托银行代为收款的托收方式。

三、出口托收结算业务的核算

作为出口方的托收行,主要有寄单托收和收汇结汇两个环节。

(一)寄单托收的核算

出口单位备货并取得货运单据后应填制出口托收申请书一式两联,连同全套出口单据一并送交银行。银行审单后,编列托收号码,将申请书一联作为回单给出口单位,另一联留存,并据以填制出口托收委托书第一、二联分两次附单据航空邮寄代收行;第三联作为应收出口托收款项借方传票;第四联作为代收出口托收款项;第五联作为留底卡片账。其会计分录为:

  借:应收出口托收款项   外币××

   贷:代收出口托收款项   外币××

增加金额会计分录同上,减额做相反的会计分录。同时按规定的费率向主动提出修改原因的一方计收修改费。

(二)收妥托收款项核算

(1)出口托收款项一律实行收妥进账的做法,即根据国外银行的已贷记报单办理收汇或结汇。

(2)实际收到的金额与应托收的款项不一致时,按实际收到的金额办理结汇;但按应收到款项核销应收出口托收款项和代收出口托收款项。

(3)国外银行扣收的银行费用,原则上由委托人负担。其会计分录为:

  借:代收出口托收款项   外币××

   贷:应收出口托收款项   外币××

  借:港澳及国外联行往来等   外币××

   贷:外汇买卖(汇买价)   外币××

  借:外汇买卖(中间价)   人民币××

   贷:单位活期存款   人民币××

    外汇买卖价差   人民币××

(三)催收

托收行寄出托收单据后,应根据付款期限的长短和正常邮程的估计,对超过正常期限尚未收到的托收款项,应按规定办法催收,甚至可以要求出口单位与进口单位直接洽询,以防代收行收妥托收货款后无偿占有客户资金。对远期汇票,要认真检查是否承兑,如发现有未承兑的应及时催收,对已收到的已承兑通知书必须专夹保管,以便在到期日凭以监督收汇。

【例7-10】某外汇银行9月5日受理某企业交来的全套出口托收单据,金额为GBP14 050,交单方式为即期付款交单,代收行为伦敦某代理行(与托收行有英镑账户关系)。托收行当天寄出托收单证并向进口商计收手续费CNY250,邮费人民币CNY50。9月28日接到代收行划回的款项(已贷记报单),内扣GBP50银行费用,余额GBP14 000

对出口企业办理结汇。当日英镑汇买价为 1 040.13％，中间价为 1 044.31％。其会计分录为：

9月5日发出托收：

借：应收出口托收款项   GBP14 050

 贷：代收出口托收款项   GBP14 050

借：单位活期存款   CNY250

 贷：手续费收入   CNY200

  营业费用   CNY50

9月28日收妥入账：

借：存放国外同业——伦敦某代理行   GBP14 000

 贷：外汇买卖（汇买价 1 040.13％）   GBP14 000

借：外汇买卖（中间价 1 044.31％） （GBP14 000×1 044.31％）CNY146 203.40

 贷：单位活期存款 （GBP14 000×1 040.13％）CNY145 618.20

  外汇买卖价差   CNY585.20

借：代收出口托收款项   GBP14 050

 贷：应收出口托收款项   GBP14 050

四、进口信用证结算业务的核算

(一)进口开证的核算

1. 开证申请书

国内进口公司根据合同条款向我国进口方银行申请信用证，填具开证申请书。开证申请书内容包括两部分：一是开立信用证的具体内容；二是进口公司向开证行应负责的声明。开证行在收到申请人递交的开证申请书后，要认真审查，通常审查以下几方面：

(1)检查申请单位公章与申请人名称是否相符。对于第一次来银行办理开证业务的单位，须要求提供营业执照影印件和进口经营的批文，以确定申请人具有进出口权。

(2)内容要完整、清楚。开证申请书必须用英文缮打，申请书内容一定要完整、清楚，条款要正确且不相互矛盾，若申请书内容不完整，条款不正确或存在其他问题，必须在征得申请人同意后方可改动，且须申请人签字确认。

(3)信用证条款必须收取符合 UCP 600 的有关要求。

(4)货运目的港必须是我国的口岸，避免出现套取国家外汇的现象。

2. 收取信用证保证金

(1)原则上收取足额的保证金。开立信用证原则上要收取足额的保证金，特别对于资信情况没有把握或资信情况不佳不能保证按期资金到位的开证申请人，或属代理进口项下开证业务，应收取足额保证金后方能开证。不能以申请人自身付款保证或进账计划作为开证保证。

(2)免收保证金开证，但对免保部分要落实好担保措施。开证行对于一些资信良好、实力雄厚，且经常发生业务往来的进出口企业可以实行免收保证金开证，但对免保部分要落实好担保措施。有的银行采取签订进口开证授信合同或凭金融机构出具保函开证。原则上只接受本市市级以上有权叙作担保业务的分行或金融机构出具的保函,确定担保的有效性,落实好资金划拨途径。如果以银行承兑汇票等有价证券抵押开证的,要办妥抵押合同并列明抵押品变现的有关权利及手续。

银行可收取外币保证金,也可收取人民币保证金。其会计分录为:

借:单位活期存款   外币(人民币)××

 贷:存入保证金   外币(人民币)××

(3)收取开证手续费。开证行按规定向开证申请人收取开证手续费,其会计分录为:

借:单位活期存款——开证申请人   人民币××

 贷:手续费收入——担保费收入   人民币××

3. 开出信用证

收到开证申请,银行审核申请人各种开证手续是否齐备,经各级领导批准同意开证,进口开证经办员按规定对信用证进行编号,并在开证登记簿登记有关内容,然后严格按照已经审核的开证申请书缮打信用证一式六联,各联的用途为:

第一联信用证正本,经有权签字人员签字后航寄国外通知行;

第二联信用证副本,第二次寄开证行;

第三联信用证副本,开证行代统计卡;

第四联信用证副本;

第五联信用证副本,加盖进口业务公章后,退回进口单位;

第六联随开证行申请书留存。

根据权责发生制的原理,信用证一经开出,开证行就拥有了对进口商收取货款的权利,并承担了对国外银行付款的责任,因此,登记或有资产,或有负债,其会计分录为:

借:应收开出信用证款项   外币××

 贷:应付开出信用证款项   外币××

这两个科目的数字经常被有关方面作为国家外汇使用情况的重要参考数据之一,开证行必须经常检查核对以保证账卡一致,对信用证已过期失效的,未用金额应及时撤销,尽可能使该科目数据真实。

4. 修改信用证

不可撤销的信用证一经开出,未经开证行、保对行(如有的话)及受益人的同意,信用证既不能修改也不能撤销。修改信用证增加额时,其会计分录为:

借:应收开出信用证款项   外币(增额)××

 贷:应付开出信用证款项   外币(增额)××

减少金额时,其会计分录相反。

按规定,每修改一次,须按规定费率计收修改手续费。

(1)开证申请人主动提出修改。其会计分录为:

借:单位活期存款   人民币××

 贷:手续费收入   人民币××

(2)受益人主动提出修改,计收等值外汇修改费。其会计分录为:

借:存放港澳及国外同业或有关科目   外币××

 贷:手续费收入——国外银行费用   外币××

(3)撤证的账务处理同修改减额,但还要返还保证金。其会计分录为:

借:存入保证金　　　　　　　　　　　　　　　　　　　　　　外币××

　利息支出　　　　　　　　　　　　　　　　　　　　　　　　外币××

　贷:单位活期存款或有关科目　　　　　　　　　　　　　　　　　　外币××

(二)审单与付款的核算

1.收单审单

开证行在收到国外议付行寄来的单据,经过审核无误后,缮打进口信用证单据通知书一式三联。各联的用途为:第一联收到单据通知书;第二联付款赎单通知书,第二联通知书银行不留存备查;第一、二联进口全套单据送进口商审单后(一般三个工作日),由其在第二联上签注确认承付或拒付理由,并加盖公章退银行。对于即期信用证,要求申请人付款赎单;对远期信用证,根据开证行与申请人之间的协议,将单据交给公司,或要求公司交纳一定的保证金。由于单据往往代表了物权,因而须与申请人办好单据交接手续。

2.对外付汇

进口商提交海关申报单,涉外付汇申报单及外管局批文,付汇确认书,审核无误后,在付款登记簿上,详细登记信用证号码、付款日期、金额、账户行名称、寄单行名称及业务编号,以备查阅。

(1)单到国内审单付款。单到国内审单付款,是指国外议付行寄来的进口单据,经进口商确认承付后,银行即填制付款报单对外付汇和对进出口商扣款。付汇金额应包括由进口商负担的银行费用。其会计分录为:

借:单位活期存款或存入保证金　　　　　　　　　　　　　　人民币××

　贷:外汇买卖(中间价)　　　　　　　　　　　　　　　　　　人民币××

　　外汇买卖价差　　　　　　　　　　　　　　　　　　　　　人民币××

借:外汇买卖(卖出价)　　　　　　　　　　　　　　　　　　外币××

　贷:存放国外同业或其他科目　　　　　　　　　　　　　　　　外币××

进口付汇后,开证行与进口商及境外银行的债权债务关系已消除,故应转销或有资产,或有负债科目。

借:应付开出信用证款项　　　　　　　　　　　　　　　　　外币××

　贷:应收开出信用证款项　　　　　　　　　　　　　　　　　　外币××

【例7-11】外汇银行 M 行根据外贸机电进口公司的申请,于6月10日对纽约某中行开出即期信用证,向某外商购买机电产品305 000美元,支付方式为单到国内审单付款。开证时从其018090078账户支取 CNY700 000,存入其保证金,并取1.5‰的开证费(由公司人民币018090078存款账户支出)。6月12日,公司因故要求减少开证金额5 000美元,征得受益人同意后银行当天作了修改开证金额手续。6月22日,接到纽约中行寄来该证项下全套单据,金额300 000美元,同时加收银行费用3 000美元,公司于6月25日送来确认承付书,全额承付,银行当日对外付款。即先从企业保证金账户中转出款项,不足部分另从企业美元存款户支取(1482500262)。假设当天美元卖出价为613.16‰,中间价为611.94‰。要求:列出外汇银行 M 行对该笔业务全套会计分录。

外汇银行 M 行会计分录为:

6月10日开证:

借:应收开出信用款项 USD305 000

 贷:应付开出信用证款项 USD305 000

借:单位活期存款(018090078) CNY700 000

 贷:存入保证金 CNY700 000

  USD305 000×613.16%×1.5‰=CNY2 805.21

借:单位活期存款(018090078) CNY2 805.21

 贷:手续费收入——担保费收入 CNY2 805.21

6月12日修改开证金额:

借:应付开出信用证款项 USD5 000

 贷:应收开出信用证款项 USD5 000

6月25日对外付汇:

  USD303 000−CNY700 000÷613.16%=USD188 837.30

借:存入保证金 CNY700 000

 贷:外汇买卖(中间价611.94%) (CNY700 000÷613.16%×611.94%)CNY698 607.22

  外汇买卖价差 CNY1 392.78

借:外汇买卖(卖出价613.16%) USD114 162.70

  单位活期存款(0075) USD188 837.30

 贷:港澳及国外联行往来——纽约中行 USD303 000

核销:

借:应付开出信用证款项 USD300 000

 贷:应收开出信用证款项 USD300 000

(2)国外审单主动借记。国外审单主动借记,是指议付行审单后主动借记进口方银行在议付行开立的账户,并将单据连同已借记报单一并寄开证行。开证行把进口单据交进口商后,不必再由进口商承付。议付行审单后主动借记日到国内开证行向进口商收款日之间的垫款外币利息,开证行应一并向进口商计收。账务处理与国内开证行审单方式相同。如国外议付行8月21日发出单据和已借记报单USD200 000,那么我行在议付行开立的账户存款USD200 000从8月21日开始就没有升息了,国内开证行8月31日才收到已借记报单,办理售汇。其中开证行垫付了10天的外币利息。公司之所以同意采用这种方式,有的因为进口商品在市场上比较紧俏,有的是因为这种方式可以获得价格上的若干优惠,情况不一。

【例7-12】外汇银行M行根据某合资企业的申请于8月1日对纽约中行开出即期信用证向某外商购配件,金额USD11 500,支付条款注明"国外验单相符,主动借记我行账",开证时企业从其美元账户支取80%存入保证金,并交1.5‰的开证费(按美元卖出价折的人民币,用企业人民币存款户支出)。此后,该企业因故要求增加开证金额USD500,征得受益人同意于8月10日修改开证金额。议付行议付单据后,8月21日寄单到开证行,金额为USD12 000,同时加收银行费用USD40。M中行于8月31日才收到已借记报单,即从企业保证金账户中转出款项,不足部分另从其美元账户中支取,同时按5‰的利率计算收 10 天垫款利息,保证金账户按 2‰利率计付企业利息收其存款户。假设美元卖出价为 613.16％,中间价为 611.94％。其会计分录为:

8 月 1 日开出信用证:

借:应收开出信用证款项　　　　　　　　　　　　　　　　　USD11 500
　贷:应付开出信用证款项　　　　　　　　　　　　　　　　　　USD11 500
借:单位活期存款　　　　　　　　　　(USD11 500×80％)USD9 200
　贷:存入保证金　　　　　　　　　　　　　　　　　　　　　USD9 200
借:单位活期存款　　　　(USD11 500×613.16％×1.5‰)CNY105.77
　贷:手续费收入　　　　　　　　　　　　　　　　　　　　CNY105.77

8 月 10 日修改开证金额:

借:应收开出信用证款项　　　　　　　　　　　　　　　　　　USD500
　贷:应付开出信用证款项　　　　　　　　　　　　　　　　　　USD500

8 月 31 日:

　　垫款利息＝12 040×5‰×10＝USD60.20
　　保证金账户利息＝9 200×2％÷360×30＝USD15.33

借:存入保证金　　　　　　　　　　　　　　　　　　　　　USD9 200
　单位活期存款　　　　　　　　　　　　　　　　　　　USD2 900.20
　贷:利息收入　　　　　　　　　　　　　　　　　　　　　USD60.20
　　港澳及国外联行往来——纽约中行　　　　　　　　　　USD12 040
借:利息支出　　　　　　　　　　　　　　　　　　　　　　USD15.33
　贷:单位活期存款　　　　　　　　　　　　　　　　　　　USD15.33

核销:

借:应付开出信用证款项　　　　　　　　　　　　　　　　　USD12 000
　贷:应收开出信用证款项　　　　　　　　　　　　　　　　USD12 000

（3）国外审单电报索汇。这种支付方式下,议付行审单后不能主动借记我国开证银行账户,而必须用加押电报向我国开证银行索偿。开证行收到电报核押相符,即用电汇方式对国外付汇并向进口商收取货款。开证行应注意,如国外来电说明单据某些不符点,应如实通知进口商,经进口商确认后办理付汇。在付汇的同时缮打进口信用证单据通知书,注明"已凭电索付款",待收到单据核对相符,再送进口商,防止重复付款。这种支付方式下,开证行没有垫付外汇资金,故不能向进口商收取垫款利息。会计分录与单到国内审单付款方式相同。

（4）授权国外议付行向我账户行索汇。这种方式适用境外议付行与开证行及其总行均无账户关系,只得指定偿付行(第三家银行)办理三角清算。开出信用证时,必须加列指定"偿付行"的特别条款,同时必须将信用证副本一份寄偿付行,以便该行凭议付行 BP 联核对拨款。议付行审单相符后,即将 BP 单寄出向偿付行索汇,同时将单据寄开证行,偿付行收到 BP 单与信用证副本核对相符并验对议付行签章后,即主动借记开证行账,贷记议付行账。开证行凭国外账户行(偿付行)已借记报单计算外汇垫款利息。如国外偿付行 10 月 15 日主动借记我开证行账,开证行 10 月 20 日收到借记报单,银行垫款利息 5 天。

总之,国外审单主动借记和授权国外议付行向我账户行索汇,进口公司要承担国外付款日至单到国内这段时间银行垫付的外币垫款利息。

(5)远期信用证项下进口付汇的处理。远期信用证项下付汇分承兑和付汇两个阶段。

①承兑。承兑是指远期汇票的付款人,以其签名表示同意按照出票人的命令付款。在远期信用证项下,开证行决定接受寄单行提交的单据,必须在接到单据次日起的 7 个工作日内,作出承兑行为。办理承兑手续后,应把或有资产,或有负债科目进行调整,以反映承兑确定下来的权责关系。其会计分录为:

借:应付开出信用证款项 外币××
　贷:应收开出信用证款项 外币××
借:应收承兑汇票款 外币××
　贷:承兑汇票 外币××

②付汇。付款到期日要及时付款,决不能发生迟付或拒付现象。若申请人资金未到位,开证行应以备用垫款垫付。银行应抽出"承兑汇票"科目卡片账注明销账日期后办理转账。在账务处理上同单到国内审单付款的会计分录。同时转销承兑登记的或有资产,或有负债科目。其会计分录为:

借:承兑汇票 外币××
　贷:应收承兑汇票 外币××

【例 7-13】11 月 5 日,某公司提供申请开立以荷兰阿姆斯特丹通用银行为议付行的远期 60 天付款信用证,金额为 USD32 700,11 月 10 日公司因故减少开证金额 USD700。12 月 5 日,通用银行寄来全套单据,要求通知承兑汇票,并在到期日将款项交纽约大通行(中间行)贷记其在该行账户。12 月 8 日,该公司确认承兑后于第二年到期付款,即通知通用银行。第二年 2 月 6 日,汇票到期,我行向公司办理结算,并且发出借记报单授权纽约大通行借记我总行开在该行的账户,同时我行以全国联行往来报单划收总行账。其会计分录为:

11 月 5 日开证:

借:应收开出信用证款项 USD32 700
　贷:应付开出信用证款项 USD32 7000

11 月 10 日缮打进口信用证下的单据通知书。

12 月 5 日修改信用证:

借:应付开出信用证款项 USD500
　贷:应收开出信用证款项 USD500

12 月 8 日承兑:

借:应收承兑汇票款 USD32 000
　贷:承兑汇票 USD32 000
借:应付开出信用证款项 USD32 000
　贷:应收开出信用证款项 USD32 000

第二年 2 月 6 日到期付款:

借:单位活期存款 USD32 000
　贷:全国联行往来——总行 USD32 000

借:承兑汇票	USD32 000
贷:应收承兑汇票款	USD32 000

五、进口代收结算业务的核算

进口代收,是指国外出口商根据托收的规定,不经银行开立信用证,于货物装运后,将全套单据经由托收银行寄往进口方银行向进口商代收货款或其从属费用的方式。

(一)收到进口代收单据

代收行收到托收行寄来的托收单据时,须认真清点委托书上所列单证种类及份数,确认无误后,编列顺序号,登记进口单据通知书(格式与进口信用证单据通知书相同),通知进口商备款赎单,同时通过或有资产,或有负债账户反映代收行与进口商及托收行的权责关系。其会计分录为:

借:应收进口代收款项	外币××
贷:进口代收款项	外币××

若进口商不同意承付时,应提出拒付理由,连同单据退交代收行转告托收行;如部分拒付,则在征得托收行同意后再按实际金额付款。

在账务处理方面,如果是全部拒付时,应反方向冲减收到进口代收单据时所作或有资产,或有负债账户的记录;如果是部分拒付时,则在征得托收行同意后再按拒付金额调整或有资产,或有负债账户记录。

(二)进口商确认后对外付汇

进口商确认付款(交回付款确认书)或对远期汇票承兑并到期付款时,其会计分录为:

借:单位活期存款	人民币××
贷:外汇买卖(中间价)	人民币××
外汇买卖价差	人民币××
借:外汇买卖(汇卖价)	外币××
贷:港澳及国外联行往来或存放国外同业	外币××

同时销记或有资产,或有负债账户的记录。

借:进口代收款项	外币××
贷:应收进口代收款项	外币 ××

按国际惯例,代收行须按规定费率计收进口代收手续费。此项费用若按规定由进口商负担,当然向进口商计收;若托收委托书上没有明确由谁负担,则由收妥的进口代收款项中扣收等值外汇。出口商如有异议,由交易双方直接交涉,代收行不必过问。

【例 7-14】某外汇银行 8 月 20 日收到香港某代理行寄来的进口代收单据,交单方式为即期付款交单,金额 HKD200 000,委托向某公司收取货款,该行通知进口商后,进口商于8 月 22 日确认付款,银行办理售汇付汇手续,扣收 HKD200 手续费后把余款划收给香港某代理行,当日港币汇卖价为 80.18％,中间价为 80.02％。其会计分录为:

8 月 20 日收到进口单据,通知进口商:

借:应收进口代收款项	HKD200 000
贷:进口代收款项	HKD200 000

8 月 22 日售汇付汇:

借:应收进口代收款项　　　　　　　　　　　　　　　　　　HKD200 000
　　贷:进口代收款项　　　　　　　　　　　　　　　　　　　　　　HKD200 000
8月22日售汇付汇:
借:单位活期存款　　　　　　　　　　(HKD200 000×80.18%)CNY160 360
　　贷:外汇买卖(中间价80.02%)　　 (HKD200 000×80.02%)CNY160 040
　　　外汇买卖价差　　　　　　　　　　　　　　　　　　　　　　 CNY320
借:外汇买卖(汇卖价80.18%)　　　　　　　　　　　　　　　　HKD200 000
　　贷:手续费收入　　　　　　　　　　　　　　　　　　　　　　　　HKD200
　　　存放国外同业——香港某代理行　　　　　　　　　　　　　HKD199 800
同时销记或有资产,或有负债:
借:进口代收款项　　　　　　　　　　　　　　　　　　　　　　HKD200 000
　　贷:应收进口代收款项　　　　　　　　　　　　　　　　　　　　HKD200 000

本章练习与思考

(一)名词解释

1.外汇分账制

2.权责发生制

3.结汇

4.售汇

5.直接标价法

6.外汇存款

7.短期外汇贷款

8.信用证

9.出口押汇

10.出口托收

11.进口代收

(二)判断题

(　　)1.外汇银行的外汇买卖是外汇分账制下的特定科目,工业企业则没有设置该科目。

(　　)2.外汇银行年终公布的美元报表仅反映银行经营美元业务的情况。

(　　)3.外汇银行年终最后以美元统一反映财务状况和经营成果。

(　　)4.在外汇分账制下,外汇银行经营的外币都有自己一套完整的账务系统。

(　　)5.在外汇分账制下,要求以原币填制凭证,登记账簿,编制报表,每一种货币各自成立一套完整的账务系统。

(　　)6.外汇存款是发放外汇贷款的重要资金来源和从事国际结算业务的前提,它的核算是反映和监督外汇存款业务的重要工具。

(　　)7.单位外汇存款包括甲种外币存款及外债专户存款。

(　　)8.单位外汇存款只有现汇户,没有现钞户。因此,以外币现钞存入时,应通过外汇买卖科目进行钞买汇卖处理。

（　　）9.目前,个人外汇存款均为现汇户,现汇户可直接汇出国外。

（　　）10.现钞户须经过钞买汇卖处理后方可支取汇出,现钞户可直接支取现钞。

（　　）11.个人和单位外汇存款既可开立现汇账户,也可开立现钞账户。

（　　）12.出口银行在寄出议付单据后,由于不存在实际的资金收付行为,可以不进行账务处理。

（　　）13.承做出口押汇的银行,实际上是以出口方提交的与信用证项下或托收项下的单据为抵押,向出口商发放的一笔抵押贷款,对抵押银行来说,是预先垫款买下一笔尚未收妥的外汇,因此,担负着一定风险。

（　　）14.出口托收款项一律实行收妥进账的做法,即根据国外银行的已贷记报单办理收汇或结汇。

（　　）15.实际收到的金额与应托收的款项不一致时,按应收到款项办理结汇;但按实际收到的金额核销应收出口托收款项和代收出口托收款项。

（　　）16.国外审单主动借记方式下开证行把进口单据交进口商后,不必再由进口商承付。

（　　）17.远期信用证下进口业务承兑环节和进口代收业务远期汇票承兑环节的会计核算相同。

（　　）18.在进口代收结算方式下,若进口商不同意承付时,应提出拒付理由,连同单据退交代收行转告托收行;如部分拒付,则在征得托收行同意后再按实际金额付款。

（　　）19.短期外汇贷款一般是指借款单位实际对外支付外汇时发放,即什么时候用,什么时候发放。

（　　）20.短期外汇贷款本金按实际发放的金额计算,实际发放的金额一定等于合同金额。

（三）单项选择题

1."外汇买卖"科目的性质是（　　　）。

　　A.资产类　　　　　　B.负债类　　　　　　C.共同类　　　　　　D.损益类

2.客户买入外币现汇时应选用的价格是（　　　）。

　　A.钞买价　　　　　　B.中间价　　　　　　C.汇买价　　　　　　D.卖出价

3.银行向同业或客户买入现汇时使用（　　　）。

　　A.钞买价　　　　　　B.中间价　　　　　　C.汇买价　　　　　　D.卖出价

4.外汇买卖分户账上当（　　　）,表明买入外币金额大于卖出外币金额。

　　A.外币余额为借方时　　　　　　　　B.外币余额为贷方时

　　C.外币余额为零时　　　　　　　　　D.人民币余额为贷方时

5.外汇买卖分户账上当表明外币余额为贷方时,表明外汇头寸为（　　　）。

　　A.空头　　　　　　　B.多头　　　　　　　C.平仓　　　　　　　D.零

6.外汇存款是商业银行的主要（　　　）业务。

　　A.资产　　　　　　　B.负债　　　　　　　C.中间　　　　　　　D.衍生

7.外汇存款现钞户须经过（　　　）处理后方可支取汇出。

A. 汇买　　　　　　　B. 汇卖　　　　　　C. 汇买钞卖　　　　D. 钞买汇卖

8. 单位外汇存款现汇户须经过（　　）处理后方可支取外币现钞。

A. 汇买　　　　　　　B. 汇卖　　　　　　C. 汇买钞卖　　　　D. 钞买汇卖

9. 个人外汇存款（　　）。

A. 可开立现汇账户也可开立现钞账户　　　B. 只能开立现汇账户

C. 只能开立现钞账户　　　　　　　　　　D. 不能开立外汇账户

10. （　　）是供国内居民使用的外汇存款种类。

A. 甲种存款　　　B. 乙种存款　　　C. 丙种存款　　　D. 丁种存款

11. 个人外汇定期存款的起存金额不低于（　　）等值外汇。

A. 人民币 100 元　　　　　　　　B. 人民币 200 元

C. 人民币 500 元　　　　　　　　D. 人民币 1 000 元

12. 单位外汇存款最多只能支取（　　）美元现钞。

A. 1 万　　　　　B. 2 万　　　　　C. 3 万　　　　　D. 5 万

13. 单位定期外汇存款,一律采取账户式,金额一般不低于人民币 5 000 元至 1 万元的等值外汇。单位活期外汇存款的起存金额为人民币（　　）的等值外汇。

A. 3 000 元至 5 000 元　　　　　　B. 5 000 元至 1 万元

C. 1 万元至 3 万元　　　　　　　　D. 3 万元以上

14. 单位活期外汇存款是（　　）。

A. 甲种存款　　　B. 乙种存款　　　C. 丙种存款　　　D. 丁种存款

15. 单到国内审单付款是指国外议付行寄来的进口单据,经进口商确认承付后,银行即填制付款报单对外汇和对进出口商扣款。开证行填发的报单为（　　）。

A. 请借记报单　　B. 已借记报单　　C. 请贷记报单　　D. 已贷记报单

16. 短期外汇贷款发放是（　　）。

A. 从贷款账户直接对外支付　　　　B. 转作存款后对外支付

C. 形成借款单位的派生性存款　　　D. 形成借款单位的专项存款

17. "短期外汇贷款"科目属于（　　）性质。

A. 资产类　　　　B. 负债类　　　　C. 共同类　　　　D. 损益类

18. （　　）是用来核算国外银行开来委托本行代为通知各出口单位办理的信用证等保证凭信。

A. 承兑汇票　　　　　　　　　　　B. 重要空白凭证

C. 国外开来保证凭信　　　　　　　D. 外贸自寄出口单证

19. 外汇银行在收到国外开证行寄来的（　　）后,才表明已收妥出口款项。

A. 请借记报单　　B. 已借记报单　　C. 请贷记报单　　D. 已贷记报单

20. 出口托收业务核算中,国外代收行扣收的银行费用,原则上由（　　）负担。

A. 托收行　　　　B. 代收行　　　　C. 国内出口商　　D. 国外进口商

（四）多项选择题

1. 银行外汇会计的核算特点是（　　）。

A. 采用借贷复式记账法　　　　　　B. 采用外汇分账制

C.采用外汇统账制   D.采用权责发生制

2.外汇分账制的主要内容包括（   ）。

A.人民币与外币分账

B.人民币与外币不分账

C.专门设置"外汇买卖"科目

D.年终决算时编制汇总的人民币报表

3.个人外汇存款包括（   ）。

A.甲种外币存款   B.乙种外币存款

C.丙种外币存款   D.丁种外币存款

4.外汇存款户按存入资金形态的不同分为（   ）。

A.现汇存款户   B.单位外汇存款户

C.现钞存款户   D.个人外汇存款户

5.信用证项下出口结算主要包括（   ）等环节。

A.出口结汇   B.受证与通知   C.审单付款   D.审单议付

6.进口结算主要包括（   ）等环节。

A.受理与通知   B.开立信用证   C.审单付款   D.审单议付

7.根据权责发生制的原理,出口银行在寄出议付单据后,对国外银行拥有了收取货款的权益,其索汇金额包括（   ）。

A.货款   B.通知费   C.议付费   D.修改费

8.（   ）付款方式下,进口公司要承担国外付款日至单到国内这段时间银行垫付的外币垫款利息。

A.单到国内审单付款

B.国外审单主动借记

C.国外审单电报索汇

D.授权国外议付行向我国外账户行索汇

9.国外审单主动借记是指议付行审单后主动借记进口方银行在议付行开立的账户,并将单据连同已借记报单一并寄开证行。开证行必须注意（   ）。

A.把进口单据交进口商后,不必再由进口商承付

B.把进口单据交进口商后,必须由进口商承付

C.计收外币垫款利息

D.不计收外币垫款利息

10.凡属下列（   ）情况之一,议付行可不予办理出口押汇。

A.单证不符

B.来证有限制议付条款××银行议付

C.开证行所在地局势不稳定

D.收汇地区外汇短缺,资金冻结或索汇路线迂回

（五）简答题

1.什么是外汇汇率？汇率有哪些标价法？我国采用哪种标价法？

2.商业银行外汇业务会计有哪些特点？

3.什么是外汇分账制？其主要内容是什么？

4.外汇存款有哪些分类？

5.商业银行外汇贷款与人民币贷款的主要区别是什么？

6.什么是信用证结算方式？其在进出口业务中主要有哪些核算环节？

（六）业务题

1.练习目的：掌握外汇买卖及套汇业务的核算。

要求：将下列业务登入"外汇买卖"账户，并计算出当日美元户外汇买卖损益并平仓上划，列出相关会计分录（该章练习中的货币汇率均按下列牌价表）。

货币名称	交易单位	现汇买入价	现钞买入价	卖出价	中间价
美元 USD	100	610.72	605.82	613.16	611.94
日元 JPY	100	6.24	6.04	6.29	6.26
欧元 EUR	100	822.94	796.91	829.54	826.24
英镑 GBP	100	970.92	940.21	978.72	974.82
港币 HKD	100	78.75	78.20	79.07	78.91

外汇银行 A 行发生下列经济业务：

（1）外汇银行从客户李华手中买入 200 美元现钞，结付人民币现金。

（2）某单位要求从其欧元账户（3882500280）中兑取 50 000 美元汇往国外，银行同意并办理此业务。

（3）某客户持有关文件要求从其现汇户（1482505620）中支取 2 000 美元现钞。

（4）某外资企业持美钞 USD5 000，要求存入其美元现汇存款户（1482512782），银行同意办理此业务。

2.练习目的：掌握短期外汇浮动利率贷款业务和进口信用证结算业务的核算。

某三资企业经批准与外汇银行 A 行签订借款合同，借得短期外汇浮动利率贷款 USD220 000，用于进口原材料，期限半年，利率按 3 个月浮动，利息转入贷款本金，要求就下列业务全过程列出 A 中行的全套会计分录，并列出 A 行计算利息的全过程。

（1）2 月 22 日，A 中行根据借款人的申请对美国某联行开出不可撤销即期信用证，金额为 USD402 000。开证时，从某 148250026 账户中支取 200 000 美元存入其保证金，并收取 1.5‰的开证费（按美元的汇卖价折收，从其 018250012 账户中支取）。2 月 25 日，企业因故减少开证金额 2 000 美元，征得受益人同意后，于 A 行做了修改手续。

（2）A 中行收到美国某联行寄来的全套单据。3 月 26 日企业确认承付，先从企业保证金账户中转出，其余部分用短期外汇贷款支付。A 行按规定办理贷款支付手续，对外付汇金额为 USD401 000（其中包括 1 000 美元支付给美国某联行的通知、议付、修改费）。

（3）6 月 20 日和 9 月 20 日为结息日，A 中行按规定办法计息，利息转入贷款本金（假设该行公布的利率表上，半年期和 3 个月浮动美元贷款利率变动情况：2 月 1 日为 4.5％，2 月 26 日为 4.41‰，3 月 15 日为 4.26％，4 月 26 日为 4.23％，6 月 25 日为 4.17％，8 月

28 日为 4.35%,按实际天数计算)。

（4）9 月 26 日期满,借款人办理偿还贷款手续,所需款项从其存款户(148250026)中支付。

3.练习目的:掌握出口业务各种结算方式下的会计核算方法。

（1）外汇银行 A 行于 8 月 6 日收到纽约某联行开来的不可撤销即期信用证,金额为 USD70 000,受益人为鞋帽进出口公司。8 月 16 日,A 行又接到纽约联行来电,要求修改信用证,减少金额 USD5 000,经受益人同意,当天复电,并做了修改手续。8 月 21 日,公司交来全套出口单据,随同信用证送来议付,经审单相符后,当天寄出,计收通知费、议付费、修改费共 USD2 000,向开证行索偿。9 月 2 日,收到纽约联行已贷记报单后,即对公司结汇。

要求:列出外汇银行 A 行对该笔业务全套会计分录。

（2）A 行受理某进出口公司托收出口货款业务一笔,全过程如下:6 月 6 日,公司交来全套单据,金额为 USD50 060,交单方式为 D/P 即期,委请纽约某联行代收(该行与 A 行有美元账户关系),当天填发出口托收委托书并寄出全套单据。6 月 8 日,公司因故要求增加托收金额 USD800,按规定办妥手续。6 月 16 日,接到代收行已贷记报单及委托书回单,内扣银行费用 USD60,余额 USD50 800 结汇,同时 A 行扣收 1.25‰托收手续费(结汇金额按牌价折算成人民币的 1.25‰)。

要求:列出外汇银行 A 行全套会计分录。

4.练习目的:掌握进口业务各种结算方式下的会计核算方法。

（1）外汇银行 A 行根据外贸机电进口公司申请,于 6 月 10 日对纽约某中行开出即期信用正向某外商购买机电产品 305 000 美元,支付方式为单到国内审单付款开证时从其 018090078 账户支取 CNY700 000,存入其保证金,并取 1.5‰的开证费(由公司人民币 0180900781 存款账户支出)。6 月 12 日,公司因故要求减少开证金额 5 000 美元,征得受益人同意后银行当天做了修改开证金额手续。6 月 22 日,接到纽约中行寄来该证项下全套单据,金额 300 000 美元,同时加收银行费用 3 000 美元,公司于 6 月 25 日送来确认承付书,全额承付,银行当日对外付款。即先从企业保证金账户中转出款项,不足部分另从企业美元存款户支取(1482500262)。

要求:列出外汇银行 A 行对该笔业务全套会计分录。

（2）外汇银行 A 行 7 月 15 日收到香港某代理行寄来的进口代收单据,交单方式为即期付款交单,金额 HKD600 000,委托向某公司收取货款,该行通知进口商后,进口商于 7 月 17 日确认付款,银行办理售汇付汇手续,扣收 HKD600 手续费后把余款划收给香港某代理行。

要求:列出外汇银行 A 行对该笔业务全套会计分录。

第8章 所有者权益及损益的核算

学习目的

通过本章的学习,了解实收资本、资本公积、盈余公积和未分配利润各项目所包含的内容以及会计核算,理解商业银行收入、费用和利润的基本概念和类别,掌握银行收入、费用和利润的核算,掌握利润的组成,包括营业利润、利润总额、净利润及其相互关系;掌握银行利润分配的顺序和账务处理。

第一节 所有者权益的核算

所有者权益,是指所有者在企业资产中享有的经济利益,其金额为资产减去负债后的余额。银行业的所有者权益是指银行所有者对银行资产所享有的经济利益,在定量上,它等于商业银行全部资产减全部负债后的净值部分;在定性上,它主要包括商业银行投资人对银行投入的实收资本或股本,以及形成的资本公积、盈余公积、未分配利润等。

所有者权益充分表明银行业的产权关系。一般而言,实收资本和资本公积是由所有者直接投入的,如所有者的投入资本、资本溢价等;而盈余公积是从商业银行税后利润中提取的。因此,盈余公积和未分配利润又被称为留存收益。

一、实收资本的核算

实收资本,是指投资者按照银行章程,或合同、协议的约定,实际投入银行的资本。我国法律规定,企业必须拥有一定的注册资本或法定资本,方可设立开业,且这部分资本不得随意抽减。按来源不同,实收资本可分为国家资本金、法人资本金、个人资本金和外商资本金等。投资者可以用现金进行投资,也可以用现金以外的其他有形资产和无形资产进行投资。

(一)实收资本核算的相关规定

1.股份制商业银行实收资本入账的规定

（1）股份制商业银行的股本应当在核定的股本总额及核定的股份总额的范围内发行股票或股东出资取得。股本以发行的股票面值入账，超过面值发行股票取得的收入，其超过面值的部分，作为股本溢价，计入"资本公积"。

（2）境外上市商业银行以及在境内发行外资股的上市商业银行，其股本是按确定的人民币股票入账面值和核定的股份总额的乘积计算出的金额，以收到股款当日的汇率折合的人民币金额与按人民币计算的股票面值总额的差额，作为资本公积处理。

2.非股份制商业银行实收资本入账的规定

（1）投资者以现金投入的资本，应当以实际收到的金额作为实收资本入账。实际收到的金额超过其在该商业银行注册资本中所占份额的部分，计入"资本公积"。

（2）投资者以实物、无形资产等非现金资产投入的资本，应按投资各方确认的价值作为实收资本入账；首次发行股票而接受投资者投入的无形资产，应按该项无形资产在投资方的账面价值入账。

（3）投资者投入的外币，合同没有约定汇率的，按收到出资额当日的汇率折算；合同约定汇率的，按合同约定的汇率折算，因合同汇率与出资当日汇率不同而产生的差额，作为资本公积处理。

3.对金融企业实收资本数额的要求

我国中央银行（中国人民银行）对设立银行及非银行金融性公司提出了最低资本限额的要求。

（1）设有分支机构的全国性银行的最低实收资本金为 20 亿元人民币；不设立分支机构的全国性银行的最低实收资本金为 10 亿元人民币；区域性银行的最低实收资本金为 8 亿元人民币；合作银行的最低实收资本金为 5 亿元人民币。

（2）设立全国性信托投资公司的最低实收资本金为 11 亿元人民币；设立省、自治区、直辖市、计划单列市、经济特区的信托投资公司的最低实收资本金为 5 000 万元人民币；设立融资租赁机构的最低实收资本金为 3 000 万元人民币；设立财务公司的最低实收资本金为 5 000 万元人民币。所有的金融企业设立时，其实收资本都要按照中国人民银行的规定办理手续。

（二）实收资本的会计核算

1.投资者以现金、银行存款投入的核算

国家、企业、外商、个人以人民币现钞或银行存款进行投资时，以实际收到或者存入企业开户银行的金额作为实收资本入账。其会计分录为：

借：现金（或××存款、存放中央银行准备金）

    贷：实收资本（或股本）

2.投资者以实物投入的核算

银行收到投资者以实物形态投资时，需按照评估确认的价值或合同、协议约定的价值记账。其会计分录为：

借：固定资产（或无形资产等）

    贷：实收资本（或股本）

【例 8-1】甲商业银行（股份制银行）收到国家投入的房屋一栋，价值 9 000 万元。其会计分录如下：

　　借:固定资产　　　　　　　　　　　　　　　　　　　　　90 000 000

　　　贷:股本　　　　　　　　　　　　　　　　　　　　　　　　90 000 000

　　3.投资者以外币投入的核算

　　投资者投入的外币,合同没有约定汇率的,按收到出资额当日的汇率折合;合同约定汇率的,按合同约定的汇率折合。因汇率不同产生的折合差额,作为资本公积处理。其会计分录为：

　　借:××科目

　　　贷:实收资本(或股本)

二、资本公积的核算

　　资本公积,是指银行业在经营过程中由于投资者或他人投入到企业而所有权属于投资人的,但不构成实收资本的那部分资本。它在数量上等于资本溢价或股本溢价加上无偿捐赠的资产价值。它不同于投资人实际投入的资本。它是来自银行所有者超额的投入,可供商业银行无偿地、无限期地运用。资本公积是在原始投资基础上连带产生的,它与原始投资共同形成商业银行经营的运作资金。

　　(一)资本公积的内容

　　根据《金融企业会计制度》第81条的规定,资本公积主要包括以下项目：

　　1.资本溢价,是指投资者投入的资金超过其在注册资本中所占份额的部分。

　　2.接受非现金资产捐赠准备,是指商业银行因接受非现金资产捐赠而增加的资本公积。

　　3.接受现金捐赠,是指商业银行因接受现金资产捐赠而增加的资本公积。

　　4.股权投资准备,是指商业银行对被投资单位的长期股权投资采用权益法核算时,因被投资单位接受捐赠等原因增加的资本公积。

　　5.外币资本折算差额,是指商业银行接受外币投资因所采用的汇率不同而产生的资本折算差额。

　　6.关联交易差价,是指上市的商业银行与关联方之间的交易,对显失公允的交易价格部分而形成的资本公积。这部分资本公积不得用于转增资本或弥补亏损。

　　7.其他资本公积,是指除上述各项资本公积以外所形成的资本公积,以及从资本公积各准备项目转入的金额。债权人豁免的债务,也在本项目核算。

　　资本公积既可用于弥补亏损,也可用于转增资本金。但接受捐赠的非现金资产,按规定计入"资本公积准备"账户。资本公积准备项目不能转增资本,需待处置接受捐赠的非现金资产时,由"资本公积准备"项目转入"其他资本公积"后,可与其他资本公积合并转增资本。

　　(二)资本公积的会计核算

　　为了反映银行资本公积的增减变动情况,银行设置了"资本公积"科目。该科目的性质属于所有者权益类,贷方登记资本公积的增加数,借方登记弥补亏损或转赠资本等原因减少的资本公积,余额在贷方,反映银行实有的资本公积。该科目应按资本公积形成的类别设置明细账。

1.资本溢价的核算

资本(或股本)溢价,是指银行投资者投入的资金超过其在注册资本中所占份额的部分。当发生资本(或股本)溢价时,按溢价数额纳入资本公积核算。其会计分录为:

借:××科目

　　贷:实收资本(或股本)

　　　　资本公积——资本溢价户

【例8-2】甲商业银行发行普通股股票1 000 000股,每股面值5元,以每股9元的价格溢价发行,股票全部认购足额,并如数收到股本,全部存入银行。其会计分录为:

借:存放中央银行准备金　　　　　　　　　　　　　　　　　90 000 000

　　贷:股本　　　　　　　　　　　　　　　　　　　　　　　　50 000 000

　　　　资本公积　　　　　　　　　　　　　　　　　　　　　　40 000 000

2.接受捐赠资产的核算

捐赠人捐赠资产,是一种对银行投资行为,但捐赠人的投入并无对企业资产提出要求的权力,也不会由于捐赠资产行为对企业形成责任。所以捐赠者不是企业所有者,这种投资也不形成银行的实收资本,但其毕竟是对银行的一种投入行为,其结果也会形成银行的权益增加。按规定,银行接受捐赠的资产价值作为资本公积,属于所有者权益。接受捐赠的资产又可分为现金资产和非现金资产。

(1)接受现金资产捐赠的处理

银行接受现金资产捐赠时,按实际捐赠额入账。其会计分录为:

借:现金(或有关科目)

　　贷:资本公积——接受现金捐赠户

(2)接受非现金资产捐赠的处理

银行接受非现金资产捐赠时,按规定价款入账。以接受固定资产捐赠为例,其会计分录为:

借:固定资产

　　贷:资本公积——接受非现金资产捐赠准备户

　　　　递延税款(固定资产净值×33%)

　　　　累计折旧

(3)股权投资准备的处理

商业银行作为投资人对被投资单位的投资采用权益法核算,当被投资单位因接受捐赠资产而引起所有者权益增加,商业银行按持股比例计算应享有的部分,作为股权投资准备,增加资本公积。其会计分录为:

借:长期股权投资——××单位(股权投资准备)户

　　贷:资本公积——股权投资准备户

(4)资本公积用于转增资本的核算

企业按规定程序增资时,应按其他资本公积转增资本的数额作会计分录:

借:资本公积——其他资本公积

　　贷:实收资本

3.外币资本折算差额的核算

外币资本折算差额,是指银行实际收到外币投资时,由于汇率变动而发生的有关以本账户与实收资本账户折合记账本位币时出现的差额。以外币投资时,除记录外币账外,资产账户还应按当日国家外汇牌价折合成人民币记账。这样,由于银行实际收到外币投资时的汇率与合同、协议约定的汇率不同而产生的资本汇率应计入资本公积,以准确反映投资者的权利和义务。

如果实际收到外币时的汇率高于约定的汇率,其会计分录为:

借:银行存款——外汇户

贷:实收资本——××户

资本公积——外币资本折算差额

如果实际收到外币时的汇率低于约定的汇率,其会计分录为:

借:银行存款——外汇户

资本公积——外币资本折算差额

贷:实收资本——××户

三、盈余公积的核算

盈余公积是商业银行按照有关规定从税后利润中提取的公积金。根据《金融企业会计制度》第82条的规定,盈余公积包括法定盈余公积金、任意盈余公积金和法定公益金。

(一)盈余公积的内容

1. 法定盈余公积,是指银行按照规定的比例从净利润中提取的盈余公积,按税后利润的10%提取,当此项公积金达到注册资本的50%时,可不再提取。

2. 任意盈余公积,是指银行经股东大会或类似机构批准按照规定的比例从净利润中提取的盈余公积。

3. 法定公益金,是指银行按照规定的比例从净利润中提取的用于职工集体福利设施的公益金。在用于职工集体福利时,应将其先转入任意盈余公积金。一般按税后利润的5%~10%提取。

商业银行的盈余公积可用于弥补亏损、转增资本,符合条件的商业银行,也可用盈余公积分派现金股利。但盈余公积转增资本后留存的数额不得少于注册资本的25%。

(二)盈余公积的会计核算

为加强对盈余公积的核算和管理,设置了"盈余公积"科目。该科目的性质属于所有者权益类,贷方登记按规定比例从税后利润中提取的盈余公积数额,借方登记盈余公积的支用和减少的数额,期末贷方余额为提取的盈余公积结余数。

1. 提取法定盈余公积金、任意盈余公积金和公益金的核算

按规定标准和比例提取法定和任意盈余公积金、公益金时,其会计分录为:

借:利润分配

贷:盈余公积——法定盈余公积

盈余公积——任意盈余公积

盈余公积——法定公益金

【例8-3】甲商业银行按规定比例从税后利润中提取法定盈余公积200万元,提取法定

公益金 100 万元。其会计分录为：

借:利润分配   3 000 000

  贷:盈余公积——法定盈余公积   2 000 000

    盈余公积——法定公益金   1 000 000

  2.盈余公积补亏的核算

银行经批准用盈余公积弥补亏损时,其会计分录为:

借:盈余公积——法定盈余公积

  贷:利润分配

【例 8-4】甲商业银行按规定以盈余公积 260 万元弥补上年度亏损,其会计分录为:

借:盈余公积——法定盈余公积   2 600 000

  贷:利润分配   2 600 000

  3.盈余公积转增资本金的核算

根据国家有关规定,银行盈余公积按规定程序批准后转增资本金时,其会计分录为:

借:盈余公积

  贷:实收资本(或股本)

【例 8-5】甲商业银行(股份制银行)经有关部门批准,决定以盈余公积 500 万元转增资本金。其会计分录为:

借:盈余公积   5 000 000

  贷:股本   5 000 000

  4.用公益金支付福利费的核算

用公益金支付职工福利费时,应先转入"应付福利费"科目,使用时,再从该科目支付。其会计分录为:

借:盈余公积——公益金

  贷:应付福利费

借:应付福利费

  贷:现金(或银行存款)

  5.用公益金购建固定资产的核算

用公益金购建固定资产,在购建过程中,以"在建工程"科目核算,交付使用时,从"在建工程"科目转入"固定资产"科目,同时将公益金转为法定盈余公积金。其会计分录为:

借:盈余公积——公益金

  贷:盈余公积——法定盈余公积金

四、未分配利润的核算

(一)未分配利润内容

未分配利润,是指银行业留于以后年度分配的利润或待分配的利润,是一种留存收益形式,属于所有者权益的组成部分。

年度终了,商业银行将各收入、支出科目的余额通过"本年利润"科目结转出当年的净利润,再将"本年利润"科目余额转入"利润分配——未分配利润户"。按规定作各种分配后,将"利润分配"科目其他各账户的余额转入"未分配利润"账户。结转后,"未分配利润"

账户的贷方余额是未分配利润,如出现借方余额,则表示为未弥补亏损。

（二）未分配利润的会计核算

1.结转本年利润

年度终了,金融企业应将全年实现的净利润,自"本年利润"科目转入"利润分配"科目,其会计分录为:

借:本年利润

　贷:利润分配——未分配利润

如为亏损,做相反会计分录。

2.结转利润分配

将"利润分配"科目下的其他明细科目的余额转入利润分配科目下"未分配利润"明细科目,其会计分录为:

借:利润分配——未分配利润

　贷:利润分配——其他明细科目

结转后,除"未分配利润"明细科目外,利润分配科目的其他明细科目应无余额。"未分配利润"明细科目贷方余额为历年积累的未分配利润,借方余额为历年未弥补的亏损。

第二节　银行损益的核算

商业银行在办理各项资产、负债业务中发生的各项财务收入和财务支出构成损益的主要项目,直接关系到银行的经营成果,必须及时准确地核算,以便合理控制成本费用,提高经济效益,促进银行业务的不断发展以及竞争力的不断提高。

一、收入的核算

（一）收入的内容及确认

收入,是指企业在销售商品、提供劳务及让渡资产使用权等日常活动中所形成的会导致所有者权益增加的、与所有者投入资本无关的经济利益的总流入。日常活动,是指银行为完成其经营目标而从事的所有活动以及与之相关的其他活动。如银行提供的贷款服务、支付结算服务。经济利益,是指现金或最终能转化为现金的非现金资产。

银行收入主要是指银行提供金融商品服务所取得的各项收入,由营业收入和非营业收入构成,而营业收入是财务收入的主要组成部分。银行收入主要包括:利息收入、金融企业往来收入、中间业务收入、贴现利息收入、买入返售证券收入、汇兑收益和其他业务收入。收入不包括为第三方或者客户代收的款项,如企业代垫的工本费、代邮电部门收取的邮电费。

银行应当根据收入的性质,按照收入确认的条件,合理确认和计量各项收入。商业银行提供金融产品服务取得的收入,应当在以下条件均能满足时予以确认:

1.与交易相关的经济利益很可能流入企业

银行应根据对方(如借款人)的信誉状况、当年的经济效益情况以及对方就付款方式、付款期限等达成的协议等方面进行判断。

2.收入的金额能够可靠地计量

收入能够可靠地计量,是确认收入的基本前提。收入不能可靠地计量,则无法确认收入。银行利息收入根据合同或协议规定的存、贷款利率及期限确定。其他为提供金融商品服务所取得的收入应按银行与其他资产使用者签订的合同或协议确定。

3.权责发生制原则

银行的收入入账时间的早晚和入账金额的大小直接影响商业银行的经营成果。所以必须合理地确定收入的实现。权责发生制又称应收应付制,它是以权益和责任是否发生为标准来确认本期的收入和费用的原则。根据这一原则,凡是在本月应当收到的收入,不论其是否能够在本月实际收到,都应作为本月的收入入账。

(二)收入的核算

1.利息收入

利息收入是银行发放各项贷款与办理贴现而取得的收入。利息收入在银行的整个营业收入中占有很大的比重,是银行损益的重要内容之一。利息收入应按让渡资金使用权的时间和适用利率计算确定。

银行发放的各项贷款,应按贷款本金规定的利率及计息期限计算应收利息。取得利息时,根据计算清单编制借、贷方记账传票办理转账。利息收入的核算已在"第四章贷款业务的核算"中叙述,此处不再重复。

2.金融企业往来收入

金融企业往来收入,是指商业银行与其他金融机构发生业务往来而形成的利息收入。金融企业往来收入,应按让渡资金使用权的时间和适用利率计算确定。它在营业收入中占较大的份额,应设置"金融企业往来收入"科目予以反映,并按往来单位设明细账。

发生金融企业往来收入时,根据有关利息通知或划款凭证,进行账务处理。其会计分录为:

借:存放中央银行准备金

　　贷:金融企业往来收入——××利息收入户

【例 8-6】甲商业银行收到存入当地人民银行款项利息 60 万元,其会计分录为:

借:存放中央银行准备金　　　　　　　　　　　　　　　600 000

　　贷:金融企业往来收入——中央银行利息收入　　　　　　　600 000

3.中间业务收入

中间业务收入,是指商业银行在办理支付结算、咨询、担保、委托贷款业务时取得的手续费收入。对于其核算,银行应设置"中间业务收入"账户,并按其种类分设明细账。

计收手续费时,其会计分录为:

借:××科目

　　贷:中间业务收入

【例 8-7】闽昌纺织公司向其开户的甲银行申请办理银行承兑汇票,甲银行按规定收取 600 元承兑手续费。甲银行会计分录为:

借:单位活期存款——闽昌纺织公司　　　　　　　　　　　　　　　　　　600
　　贷:中间业务收入——银行承兑汇票承兑收入　　　　　　　　　　　　　　600

4.汇兑收益

汇兑收益,是指商业银行在经营外汇买卖和外币兑换等业务过程中,因汇率变动而取得的收入。银行通过"汇兑收益"科目进行核算,同时按外汇买卖外币种分设明细账。

银行发生汇兑收益时,其会计分录为:

借:外汇买卖

　　贷:汇兑收益——××币种

5.其他营业收入

其他营业收入,是指商业银行经营的除存款、贷款、中间业务、投资、外汇买卖、金融企业往来以外的其他营业收入。如咨询服务收入、代保管收入。银行应设置"其他营业收入"科目进行核算,并按其种类设置明细账。

银行收到各项其他业务收入时,其会计分录为:

借:现金(或××科目)

　　贷:其他营业收入——××收入户

6.公允价值变动损益

公允价值变动损益,是指商业银行由于交易性金融资产、交易性金融负债,以及采用公允价值模式计量的衍生金融工具、套期保值业务中公允价值变动形成的应计入当期损益的利得或损失。

(1)交易性金融资产的公允价值变动的会计核算

资产负债表日,若交易性金融资产的公允价值高于其账面余额,其会计分录为:

借:交易性金融资产——公允价值变动

　　贷:公允价值变动损益

若交易性金融资产的公允价值低于其账面余额,则做相反的会计分录。

若出售交易性金融资产时,以实际收到的金额入账,其会计分录为:

借:存放中央银行准备金

　　贷:交易性金融资产——公允价值变动

同时,按照"交易性金融资产——公允价值变动"科目的余额,借记或贷记"公允价值变动损益"科目,贷记或借记"投资收益"科目。

(2)交易性金融负债的公允价值变动的会计核算

资产负债表日,若交易性金融负债的公允价值高于其账面余额,其会计分录为:

借:公允价值变动损益

　　贷:交易性金融负债

若交易性金融负债的公允价值低于其账面余额,则做相反的会计分录。

若出售交易性金融负债时,以实际收到的金额入账,其会计分录为:

借:交易性金融负债(账面余额)

　　贷:存放中央银行准备金

同时,按照"交易性金融负债——公允价值变动"科目的余额,借记或贷记"公允价值变动损益"科目,贷记或借记"投资收益"科目。

二、成本费用的核算

（一）成本费用的含义及管理

费用，是指企业在日常活动中发生的会导致所有者权益减少的、与向所有者分配利润无关的经济利益的总流出。银行费用是指银行在从事业务经营活动过程中，所发生的同业务经营有关的各项支出，包括银行在筹集资金、运用资金以及回收资金全过程中发生的耗费，如利息支出、金融企业往来支出、手续费及佣金支出和其他业务成本等项目；银行在业务经营及管理工作中发生的各项费用，如固定资产折旧、邮电费、印刷费、差旅费、广告费。但不包括为第三方或客户垫付的款项。

商业银行的成本费用主要包括营业成本、营业费用和营业税金及附加。

商业银行的营业成本，是指在业务经营活动过程中发生的与业务经营有关的支出，包括利息支出、金融企业往来支出、手续费支出、汇兑损失等。

商业银行的营业费用，是指银行在业务经营及管理工作中发生的各项费用，包括：固定资产折旧、业务宣传费、业务招待费、电子设备运转费、安全防卫费、财产保险费、邮电费、劳动保护费、外事费、印刷费、公杂费、低值易耗品摊销、职工工资、差旅费、水电费、租赁费（不含融资租赁费）、修理费、职工福利费、职工教育经费、工会经费、房证费、咨询费、无形资产摊销、长期待摊费用摊销、待业保险费、劳动保险费、取暖费、审计费、技术转让费、研究开发费、绿化费、董事会费、上交管理费、广告费等。

商业银行的营业税金及附加主要由经营收入负担的各项税金，包括营业税、城市维护建设税、教育费附加等。

对业务成本核算与管理必须做到：

1. 严格按照规定如实反映成本支出，不准随意摊提成本费用，不准擅自提高开支标准，不准扩大开支范围，不准截留收入，要正确计算本期损益，以保证经营成果的真实性。

2. 需要待摊和预提的费用，根据实际需要，按权责发生制和成本与收入配比原则确定办理。

3. 划清成本界限，正确计算成本。在成本核算中，要严格划清以下成本界限：一是划清本期成本与下期成本界限，不得提前或延后列支；二是划清成本支出与营业外支出的界限，不属于成本开支范围的，不得列入成本，应在成本开支的费用，也不得列入营业外支出。

4. 成本核算要以季（月）、年为成本计算期，同一计算期内的成本与营业收入核算的起讫日期，计算范围和口径必须一致。

5. 要加强基础工作，保证成本真实可靠。在进行成本核算时，必须严格执行会计制度，确保成本核算资料的完整、真实、准确。有关成本核算的原始凭证、账册、成本汇总表、统计资料，必须按规定格式和内容真实记载、填写和汇总，不得弄虚作假。

（二）成本和费用的核算

1. 利息支出

利息支出，是指银行对以负债形式筹集的各种资金按国家规定的适用利率提取、支付的利息。资产负债表日，银行按有关规定计算出应计入利息费用的金额，银行应按权责发生制原则按期预提应付利息。

关于利息支出的核算已在"第三章存款业务的核算"中叙述了，此处不再重复。

2. 金融企业往来支出

金融企业往来支出，是指银行与其他金融机构（包括联行、中央银行、同业）之间发生资金往来业务所发生的利息支出，包括向中央银行借款利息支出、银行同业存款利息支出、非银行同业存款利息支出、境外同业存款利息支出、系统内存放款项利息支出、系统内借入款项利息支出以及再贴现、转贴现利息支出等。

（1）实际发生金融企业往来利息支付的核算。本期发生、本期支付利息时，其会计分录为：

借：金融企业往来支出——××利息支出户

贷：存放中央银行准备金（或其他有关科目）

（2）预提金融企业往来应付利息的核算。金融企业对跨年度的各项借款可按实际情况进行预提，预提时的会计分录为：

借：金融企业往来支出——××利息支出户

贷：应付利息——应付××利息户

【例8-8】甲商业银行向中央银行借款400万元，第二季度结息日次日，收到借款利息通知回单，借款利息20万元已扣，则甲银行会计分录为：

借：金融企业往来支出——与中央银行往来支出　　　　　　　　　200 000

　　贷：存放中央银行准备金　　　　　　　　　　　　　　　　　　　　200 000

3. 手续费支出

手续费支出，是指银行委托其他单位代办业务所支付的手续费以及参加票据交换的管理费支出等。手续费支付方式有两种：现金支付和转账支付。商业银行参加票据交换的结算手续费，由组织清算的中央银行确定；代办储蓄手续费的总体标准，按代办机构吸揽储蓄存款年平均余额的1.2‰控制；各分支行可以根据本地区、本行处的经营特点在此指标内确定内部控制比例。但在实际计算手续费时，以代办机构吸收储蓄存款的上月平均余额为基数，扣除银行职工在揽储、复核和管理工作中应分摊的数额，据此计算后予以支付。手续费支出应按有关规定和付费标准如实列支，不得预提。

发生手续费支出时，其会计分录为：

借：手续费支出——××手续费支出户

贷：存放中央银行准备金——××代办单位存款户

（或：存放银行同业活期存款/现金）

期末按"手续费支出"科目余额结转时，其会计分录为：

借：本年利润

贷：手续费支出——××手续费支出户

4. 汇兑损失

汇兑损失与汇兑收益是相对而言的，是指银行在经营外汇买卖和外币兑换中由于汇率变动而产生的汇兑损失。

当发生汇兑损失时，其会计分录为：

借：汇兑损失

贷：外汇买卖

5. 营业费用

营业费用,是指银行在业务经营及管理工作中发生的各种费用,主要包括业务宣传费、业务招待费、业务管理费等。各项营业费用的开支必须符合规定的列支标准,并须经过审批才能列账。如按《金融保险业务财务制度》规定,业务宣传费在营业收入(扣除金融企业往来利息收入)的规定比例内掌握使用。银行为 2‰,保险及其他非银行金融企业为5‰,业务宣传费一律按实列支,不得预提。营业费用采取直接列账的会计分录为:

借:营业费用——××户

贷:现金(或其他有关科目)

【例 8-9】甲商业银行全年营业收入为 1 500 万元(不包括金融企业往来收入)。按 2‰掌握,则该行全年业务宣传费不得超过 30 000 元。该行实际发生宣传费 5 000 元,则甲银行会计分录为:

借:营业费用——业务宣传费　　　　　　　　　　　　　　　　　　　　5 000

贷:现金(或其他有关科目)　　　　　　　　　　　　　　　　　　　　　　5 000

营业费用采取间接列账的,会计部门可向行政部门拨付周转金,并为行政部门开立存款户。行政部门在开支各项费用时,从存款账户支付款项,定期向会计部门报销,年底将周转金划还会计部门。

三、营业外收支的核算

(一)营业外收支的内容

营业外收支,是指银行发生的与其经营业务活动无直接关系的各项收入和各项支出。

(二)营业外收支的核算要求

营业外收支的核算要求有:第一,各项营业外收入必须按国家有关规定,认真核实,据实列账,不得转移、截留和作其他财务收入处理;第二,营业外收支在核算上采用收付实现制处理;第三,要划清营业外支出与成本支出以及利润分配的界限,避免相互挤占。

1. 营业外收入

营业外收入,是指与商业银行的经营活动没有直接关系的各项净收入,包括处置非流动资产利得、非货币性资产交换利得、债务重组利得、罚没利得、政府补助利得、确实无法支付而按规定程序经批准后转作营业外收入的应付账款、捐赠利得、盘盈利得等。商业银行对发生的各项营业外收入,应设置"营业外收入"科目。该科目属于损益类,可以根据营业外收入项目分别设置明细科目进行核算。发生的营业外收入,应根据收入项目按实际发生数作账务处理,其会计分录为:

借:固定资产清理

其他应付款

存放中央银行准备金

其他××科目

贷:营业外收入——××收入户

【例 8-10】甲商业银行在经营过程中,发生出纳长款 50 元,经批准作为营业外收入。其会计分录为:

借:其他应付款——待处理出纳长款   50

 贷:营业外收入——出纳长款收入   50

2.营业外支出

营业外支出,是指发生在银行业务经营以外又与银行经营活动无直接联系的各项支出。主要包括固定资产盘亏、处置固定资产净损失、处置抵债资产净损失、债务重组损失、罚款支出、捐赠支出、出纳短款、非常损失等。

银行发生营业外支出应通过"营业外支出"科目核算,该科目借方登记发生的各项营业外支出数,平时余额在借方,期末将其结转到本年利润后无余额。

【例8-11】甲商业银行在办理现金收付业务活动中发生现金短款100元,当天未能查清和找回。其会计分录为:

借:其他应收款——应收出纳短款   100

 贷:现金   100

后来经调查确认该笔短款无法找回,按照规定的审批权限,转为营业外支出,其会计分录为:

借:营业外支出——出纳短款   100

 贷:其他应收款——应收出纳短款   100

四、营业税金及附加的核算

营业税金及附加是商业银行根据国家税法规定,按适应税率和费率交纳的各种税收及附加。它包括营业税、城市维护建设税和教育费附加。

为了核算反映营业税金及附加的增减变动情况,商业银行设置"营业税金及附加"科目。该科目属于损益类科目,用于核算商业银行缴纳应由营业收入负担的各种税金,包括营业税、城市维护建设税和教育费附加等。期末终了,按规定计算出本期应缴纳的各项税金,借记本科目,贷记"应交税费"、"其他应交款"科目;结转利润时,借记"本年利润"科目,贷记本科目。余额应反映在借方,期末结转利润后,本科目应无余额。

营业税金及附加的明细科目可设置为:营业税、城市维护建设税、教育费附加。

(一)营业税

1.营业税的相关规定

营业税是对在我国境内提供应税劳务、转让无形资产和销售不动产的行为为课税对象所征收的一种税。

(1)纳税人。在中华人民共和国境内提供应税劳务、转让无形资产或者销售不动产的单位和个人,为营业税的纳税义务人(以下简称纳税人)。

应税劳务是指属于交通运输业、建筑业、金融保险业、邮电通信业、文化体育业、娱乐业、服务业税目征收范围的劳务。但单位或个体经营者聘用的员工为本单位或雇主提供应税劳务不包括在内。加工和修理、修配,不属于条例所称应税劳务(以下简称非应税劳务)。

(2)税目和税率。营业税按照行业、类别的不同分别采用了不同的比例税率,共分四档。第一档:交通运输业、建筑业、邮电通信业、文化体育业,税率为3%;第二档:服务业、转让无形资产和销售不动产,税率为5%;第三档:金融保险业,2001年为7%,2002年为6%,自2003年起为5%;第四档:娱乐业执行5%～20%的幅度税率。从2001年5月1日起,夜总会、歌厅、舞厅、射击、狩猎、跑马、游戏、高尔夫球、保龄球、台球、游艺、电子游戏厅等娱乐行为一律按20%的税率征收营业税。

(3)纳税义务发生时间。营业税的纳税义务发生时间为纳税人收讫营业收入款项或者取得索取营业收入。金融企业营业税的纳税义务发生时间为各项贷款业务合同、协议签订生效之时,或者在劳务已经提供,同时收讫价款或取得收取价款权利的凭证之时。

(4)纳税期限。营业税的纳税期限,由主管税务机关根据纳税人应纳营业税税额的大小,分别核定为5日、10日、15日或者1个月。纳税人不能按固定期限纳税的,可以按次纳税。金融业(不含典当业)和保险业的纳税期限分别为1个季度、1个月。

纳税人以1个月为一期纳税的,自期满之日起10日之内申报纳税;以5日、10日或者15日为一期纳税的,自期满之日起5日之内预缴税款,于次月10日之内申报纳税,并结清上月应纳税款。金融业(不含典当业)自纳税期满之日起10日之内申报纳税。

扣缴义务人解缴营业税税款的期限,比照上述规定执行。

(5)免税项目。就金融企业而言,中国人民银行对金融机构的贷款业务,金融机构之间互相占用、拆借资金取得的利息收入,单位或个人将资金存入金融机构取得的利息收入不征收营业税。

2.营业税的计算

由于目前国家对商业银行营业收入中的金融企业往来收入暂不征收营业税金和各种附加,因此,商业银行应以其营业收入扣除金融企业往来收入为缴纳营业税的计税依据。其计算公式如下:

$$应纳营业税＝(营业收入－金融企业往来收入)×营业税率(5\%)$$

3.营业税的核算

(1)商业银行期末计提应纳营业税金及附加时,其会计分录为:

借:营业税金及附加——××税户
  贷:应交税费
    其他应交款——教育费附加

(2)商业银行实际交纳营业税金及附加时,其会计分录为:

借:应交税费
  其他应交款——教育费附加
  贷:存放中央银行准备金

(3)期末结转利润时,其会计分录为:

借:本年利润
  贷:营业税金及附加——××税户

(二)城市维护建设税

城市维护建设税是国家为加强城市维护建设,扩大和稳定城市维护建设资金的来源而征收的一个税种,其性质属于附加税。商业银行应以缴纳的营业税为课税对象,缴纳城市维护建设税。城市维护建设税的税率按银行所在地确定:商业银行分支机构在市区的按 7％的税率缴纳；在县城或建制镇的,税率为 5％；不在县城、建制镇的,税率为 1％。城市维护建设税的计算公式如下：

城市维护建设税＝应纳营业税额×适用税率

城市维护建设税的会计核算参照营业税的会计核算处理。

（三）教育费附加

教育费附加是为了加快发展地方教育事业,扩大地方教育经费的资金来源而征收的一个税种。教育费附加是以商业银行实际缴纳营业税额乘以适用税率计交的用于地方教育事业的费用附加,当前适用税率为 3％。教育费附加的计算公式如下：

教育费附加＝应纳营业税额×适用税率

教育附加费的会计核算参照营业税的会计核算处理。

五、所得税费用的核算

商业银行在计算利润总额的同时,还应计算每一会计期间的所得税费用,并按照国家有关规定,计算交纳所得税。所得税费用属于银行的费用性支出。费用性支出通常是指企业为取得一定收入或进行其他生产经营活动而导致企业资产的流出或负债的增加,而所得税正是企业为取得一定的收益而导致的资产流出,将其作为费用处理更有道理,体现了收入与相关费用配比的会计原则。

（一）所得税的规定

所得税是对中华人民共和国境内的企业,除外商投资企业和外国企业外,应当就其生产、经营的纯收益、所得额和其他所得征收的一种税。企业所得税的纳税义务人(以下简称纳税人)包括：国有企业；集体企业；私营企业；联营企业；股份制企业；有生产、经营所得和其他所得的其他组织。非居民企业,是指依照外国(地区)法律成立且实际管理机构不在中国境内,但在中国境内设立机构、场所的,或者在中国境内未设立机构、场所,但有来源于中国境内所得的企业。

1. 应纳税所得额的计算

纳税人每一纳税年度的收入总额减去准予扣除项目后的余额为应纳税所得额。

应纳税所得额＝年收入总额－准予扣除项目

（1）纳税人的收入总额包括：生产、经营收入；财产转让收入；利息收入；租赁收入；特许权使用费收入；股息收入；捐赠收入；其他收入。

（2）准予扣除的项目。准予扣除的项目,是指与纳税人取得收入有关的成本、费用和损失。除生产经营成本；经营费用、管理费用、财务费用；按规定缴纳的消费税、营业税、城市维护建设费、资源税、土地增值税、教育费附加；各项营业外支出、已发生的经营亏损、投资损失和其他损失外,下列项目,按照规定的范围、标准扣除：

①纳税人在生产、经营期间,向金融机构借款的利息支出,按照实际发生数扣除；向非金融机构借款的利息支出,不高于按照金融机构同类、同期贷款利率计算的数额以内的部分,准予扣除。

②纳税人支付给职工的工资,按照计税工资扣除。计税工资的具体标准,在财政部规定的范围内,由省、自治区、直辖市人民政府规定,报财政部备案。

③纳税人的职工福利费、职工教育经费,分别按照计税工资总额的 14%、1.5% 计算扣除。职工工会经费按照工资总额的 2% 计算扣除。

④纳税人用于公益、救济性的捐赠,在年度应纳税所得额 3% 以内的部分,准予扣除。

(3)不得扣除的项目。在计算应纳税所得额时,下列项目不得扣除:

①向投资者支付股息、红利等权益性投资收益款项;

②企业所得税款项;

③违法经营的罚款和被没收财物的损失;

④各项税收的滞纳金、罚金和罚款;

⑤未经核定的准备金支出;

⑥超过国家规定允许扣除的公益、救济性捐赠,以及非公益、救济性的捐赠;

⑦各种赞助支出;

⑧企业之间支付的管理费、企业内营业机构之间支付的租金和特许权使用费以及非银行企业内营业机构之间支付的利息;

⑨与取得收入无关的其他各项支出。

2.应纳税额的计算

应纳税额＝应纳税所得额×税率

纳税人应纳税额,按应纳税所得额计算,税率为 25%。

3.纳税期限

企业所得税义务发生时间为纳税义务人取得应纳税所得额的计征期终了日。交纳所得税,按年计算,分月或者分季预缴。月份或季度终了后 15 日内预缴,年度终了后 4 个月内汇算清缴,多退少补。

4.会计核算与税法计算的差异

随着我国会计制度改革和税制改革的逐步深入,商业银行财务会计和所得税会计逐步分离,商业银行按照会计制度和会计准则核算的会计利润与按照税法计算的银行应纳税所得额之间的差异也逐步扩大。这些差异表现为时间性差异、暂时性差异和永久性差异。

(1)时间性差异

所谓时间性差异,是指应税收益和会计收益的差额,在一个期间内形成,可在随后的一个或几个期间内转回。其成因是由于会计准则或会计制度与税法在收入与费用确认和计量的时间上存在差异。

(2)暂时性差异

所谓暂时性差异,是指从资产和负债看,是一项资产或一项负债的计税基础和其在资产负债表中的账面价值之间的差额,随时间推移将会消除。该项差异在以后年度资产收回或负债清偿时,会产生应税利润或可抵扣金额。

暂时性差异分为应税暂时性差异和可抵扣暂时性差异。应税暂时性差异,将导致使用或处置资产、偿付负债的未来期间内增加应纳税所得额,由此产生递延所得税负债的差异;可抵扣暂时性差异,将导致使用或处置资产、偿付负债的未来期间内减少应纳税所得额,由此产生递延所得税资产的差异。

(3)永久性差异

永久性差异是指某一期间发生,以后各期不能转回或消除,即该项差异不影响其他会计期间。其成因是由于会计准则或会计制度与税法在收入与费用确认和计量的口径上存在差异。

综上所述,时间性差异一定是暂时性差异,但暂时性差异并不都是时间性差异。以下情况将产生暂时性差异而不产生时间性差异:

①子公司、联营企业或合营企业没有向母公司分配全部利润;

②重估资产而在计税时不予调整;

③购买法下企业合并的购买成本,根据所取得的可辨认资产和负债的公允价值分配计入这些可辨认资产和负债,而在计税时不作相应的调整。

另外,有些暂时性差异并不是时间性差异,例如:

①作为报告企业整体组成部分的国外经营主体的非货币性资产和负债以历史汇率折算;

②资产和负债的初始确认的账面金额不同于其初始计税基础。

(二)所得税核算

根据《企业会计准则第 18 号——所得税》的规定,所得税在确认时,采用资产负债表债务法,这有别于旧准则采用的收益表债务法。其在计税基础上强调暂时性差异,侧重从资产和负债的角度来考虑,而不是侧重利润收益角度。

1.所得税核算的基本要求

(1)递延所得税资产和递延所得税负债的确认。所得税费用核算是以企业的资产负债表及其附注为依据,结合相关账簿资料,分析计算各项资产、负债的计税基础,通过比较资产、负债的账面价值与其计税基础之间的差异,确定应纳税暂时性差异和可抵扣暂时性差异。

资产的账面价值大于其计税基础或负债的账面价值小于其计税基础,产生应纳税暂时性差异;资产的账面价值小于其计税基础或负债的账面价值大于其计税基础,产生可抵扣暂时性差异。按照税法规定,允许抵减以后年度利润的可抵扣亏损,视同可抵扣暂时性差异。

按照暂时性差异与适用所得税税率计算的结果,确定递延所得税资产、递延所得税负债及递延所得税费用。其中,确认由可抵扣暂时性差异产生的递延所得税资产,应当以未来期间很可能取得用来抵扣可抵扣暂时性差异的应纳税所得额,以及因应纳税暂时性差异在未来期间转回相应增加的应纳税所得额,并应提供相关证据。

(2)递延所得税资产和递延所得税负债的转回。递延所得税资产和递延所得税负债确认以后,相关的应纳税暂时性差异或可抵扣暂时性差异于以后期间转回的,应当调整原已确认的递延所得税资产、递延所得税负债及相应的递延所得税费用。

(3)所得税费用在利润表的列示。利润表中应当单独列示所得税费用。所得税费用由两部分内容组成:一是按照税法规定计算的当期所得税费用,二是按照上述规定计算的递延所得税,但不包括直接计入所有者权益项目的交易和事项及企业合并的所得税影响。

所得税费用核算的关键在于确认资产和负债的计税基础,资产和负债的计税基础一经确定,即可计算暂时性差异。

2.资产、负债的计税基础

(1)资产的计税基础。资产的计税基础,是指企业收回资产账面价值过程中,计算应纳税所得额时按照税法规定可以从应纳税经济利益中抵扣的金额。通常情况下,资产取得时其入账价值与计税基础是相同的,后续计量因为会计准则规定与税法规定不同,可能造成账面价值与计税基础的差异。

例如,按照会计准则规定,资产的可变现净值或可回收金额低于其账面价值时,应计提相关的资产减值损失;而税法规定,企业提取的减值准备一般不能在税前抵扣,只有发生实质性损失时才允许税前扣除。这就产生了资产的账面价值与计税基础之间的差异,即暂时性差异。

(2)负债的计税基础。负债的计税基础,是指负债的账面价值减去未来期间计算应纳税所得额时按照税法规定可予抵扣的金额。

一般而言,短期借款、应付票据、应付账款、其他应付款等负债的确认与偿还不会影响当期损益,也不会影响应纳税所得额,未来期间计算应纳税所得额时按照税法规定可予抵扣的金额为零,即计税基础为其账面价值。但是,在某些情况下,负债的确认可能会对损益产生影响,进而影响不同期间的应纳税所得额,使得其计税基础与账面价值之间产生差异。

例如,商业银行因或有事项确认的预计负债,会计上对于预计负债,按照最佳估计数确认,计入相关的资本成本或当期损益。按照税法规定,与预计负债相关的费用大多在实际发生时在税前扣除,该类负债的计税基础为零,形成会计的账面价值与计税基础之间的暂时性差异。

商业银行应于每个资产负债日,对资产、负债的账面价值与其计税基础进行分析比较,两者之间存在差异的,按照重要性原则确认递延所得税资产、递延所得税负债及相应的递延所得税费用。

3.递延所得税的特殊处理

在某些情况下,递延所得税产生于直接计入所有者权益的交易或事项,或者产生于金融企业合并中因资产、负债的账面价值与其计税基础之间的差异。这类交易或事项中产生的递延所得税,不影响利润表中确认的所得税费用,其所得税影响应视情况分别确认。

(1)直接计入所有者权益的交易或事项产生的递延所得税。根据准则规定,与直接计入所有者权益的交易或者事项相关的当期所得税和递延所得税,均应当计入所有者权益。

(2)金融企业合并中产生的递延所得税。因会计准则规定与税法规定对金融企业合并类型的划分标准不同,可能造成合并中取得资产、负债的入账价值与其计税基础的差异。因金融企业合并产生的应纳税暂时性差异或可抵扣暂时性差异的影响,在确认递延所得税负债或递延所得税资产的同时,相应调整合并中应予确认的商誉。

4.所得税费用的核算

根据《企业会计准则》的规定,企业应采用资产负债表债务法核算所得税。在资产负债表债务法下,递延所得税资产表示待摊所得税费用,待以后期间转回。转回时需要具备会计利润大于应税所得的前提条件,即如果预计未来会计利润不能大于应税所得,那么资产负债表中的递延所得税资产就是虚增资产。因此,新准则设定了递延所得税资产的上限:"企业应当以很可能取得用来抵扣可抵扣暂时性差异的应税所得为限,确认由可抵扣暂时性差异产生的递延所得税资产。"新准则对递延所得税资产的确认充分体现了谨慎性原则的要求。根据估计的转回期间的所得税率,确认暂时性差异(而不仅仅是时间性差异)对资产和负债的影响——确认所有的递延所得税资产和递延所得税负债,目的是使资产负债表中的递延税款更具有实际意义。

进行所得税费用的会计处理,应设置的账户有:"应交税费——应交所得税"科目,用来核算商业银行应交未交的所得税;"所得税费用"科目,该科目属于损益类科目,用来核算计入当期损益的所得税费用,按照"当期所得税费用"、"递延所得税费用"进行明细核算;发生各项所得税费用时,借记本科目,贷记"现金"等有关科目。期末,应将本科目余额转入本年利润,借记"本年利润",贷记本科目,科目余额在借方,结转后无余额。"递延所得税资产"科目,用来核算递延资产所得税资产的发生及转回;"递延所得税负债"科目,用来核算递延所得税负债的发生及转回。

商业银行在计算出当期应交所得税金额、确认的递延所得税资产及其变动、确认的递延所得税负债及其变动后,要进行相应的账务处理。

(1)资产负债表日,商业银行按照税法确定当期应交所得税金额时,其会计分录为:

借:所得税费用
　　贷:应交税费——应交所得税

(2)确认相关资产和负债时,根据所得税准则确认递延所得税资产和递延所得税负债时,其会计分录为:

借:递延所得税资产
　　贷:所得税费用——递延所得税费用
借:所得税费用——递延所得税费用
　　贷:递延所得税负债

(3)资产负债表日,根据所得税准则确认递延所得税资产的变动。若变动大于"递延所得税资产"科目余额的差额时,其会计分录为:

借:递延所得税资产
　　贷:所得税费用——递延所得税费用

若变动小于"递延所得税资产"科目余额的差额,则作相反的会计分录。

(4)资产负债表日,根据所得税准则确认递延所得税负债的变动。若变动大于"递延所得税负债"科目余额的差额时,其会计分录为:

借:所得税费用——递延所得税费用
　　贷:递延所得税负债

若变动小于"递延所得税负债"科目余额的差额,则作相反的会计分录。

(5)直接计入所有者权益的交易或事项产生的递延所得税的核算。直接计入所有者权益的交易或事项,如可供出售金融资产公允价值的变动,相关资产、负债的账面价值与计税基础之间形成暂时性差异的,应当按照本准则规定确认递延所得税资产或递延所得税负债,计入"资本公积——其他资本公积"。

(6)期末结转利润时,其会计分录为:

借:本年利润

　　贷:所得税费用——××户

【例 8-12】甲商业银行在当期确认了 200 万元负债,计入当期损益。假定按照税法规定,与确认该负债相关的费用,在实际发生时准予税前扣除,该负债的计税基础为零,其账面价值与计税基础之间形成可抵扣暂时性差异 200 万元。假定该银行适用的所得税税率为 25%,递延所得税资产和递延所得税负债不存在期初余额,对于负债产生的 200 万元可抵扣暂时性差异,应确认 50 万元递延所得税资产,其会计分录为:

借:递延所得税资产　　　　　　　　　　　　　　　　　　　　500 000

　　贷:所得税费用——递延所得税费用　　　　　　　　　　　　　　500 000

假设资产负债表日银行根据可抵扣暂时性差异计算的递延所得税资产应为 50 万元,期初递延所得税资产科目借方余额为 20 万元,其会计分录为:

借:递延所得税资产　　　　　　　　　　　　　　　　　　　　300 000

　　贷:所得税费用——递延所得税费用　　　　　　　　　　　　　　300 000

假设期初递延所得税资产科目借方余额为 60 万元,其会计分录为:

借:所得税费用——递延所得税费用　　　　　　　　　　　　100 000

　　贷:递延所得税负债　　　　　　　　　　　　　　　　　　　　100 000

【例 8-13】假定甲商业银行持有一项交易性金融资产,成本为 2 000 万元,期末公允价值为 2 500 万元。假定该银行适用的所得税税率为 25%,递延所得税资产和递延所得税负债不存在期初余额,对于交易性金融资产产生的 500 万元应纳税暂时性差异,应确认 125 万元递延所得税负债,其会计分录为:

借:所得税费用——递延所得税费用　　　　　　　　　　　1 250 000

　　贷:递延所得税负债　　　　　　　　　　　　　　　　　　　　1 250 000

假设资产负债表日银行根据应纳税暂时性差异计算的递延所得税负债为 125 万元,期初递延所得税资产科目贷方余额为 100 万元,其会计分录为:

借:所得税费用——递延所得税费用　　　　　　　　　　　　250 000

　　贷:递延所得税负债　　　　　　　　　　　　　　　　　　　　250 000

假设期初递延所得税资产科目贷方余额为 165 万元,其会计分录为:

借:递延所得税负债　　　　　　　　　　　　　　　　　　　　400 000

　　贷:所得税费用——递延所得税费用　　　　　　　　　　　　　　400 000

【例 8-14】甲商业银行 2012 年持有可出售金融资产,购买时公允价值 500 万元,2012 年 12 月 31 日为 580 万元,该银行适用的所得税税率为 25%。

$$(5\ 800\ 000 - 5\ 000\ 000) \times 25\% = 200\ 000(元)$$

借:资本公积——其他资本公积　　　　　　　　　　　　　　200 000

　　贷:递延所得税负债　　　　　　　　　　　　　　　　　　　　200 000

六、利润与利润分配的核算

(一)利润的组成

银行的利润是指银行在一定会计期间的经营成果,包括营业利润、利润总额和净利润。其中,营业利润是指营业收入减去营业成本和营业费用加上投资净收益后的净额。利润总额,是指营业利润减去营业税金及附加加上营业外收入减去营业外支出后的金额。净利润,是指扣除资产损失后利润总额减去所得税后的金额。对利润进行核算,可以及时反映商业银行在一定会计期间的经营业绩和获利能力,反映商业银行的投入产出效率和经济效益,有助于商业银行投资者和债权人据此进行盈利预测,评价商业银行经营绩效,做出正确的决策。

计算公式如下:

营业利润＝营业收入－营业成本－营业费用＋投资净收益

利润总额＝营业利润－营业税金及附加＋营业外收入－营业外支出

净利润＝利润总额－资产减值损失－所得税费用

(二)利润的核算

商业银行一般应按月计算利润。按月计算利润有困难的,可以按季或者按年计算利润。对于实现的利润和利润分配情况,应当分别进行核算。

为了准确核算商业银行的利润,《金融企业会计制度——商业银行会计科目和会计报表》设置了"本年利润"科目,用来核算商业银行在本年度实现的利润(或发生的亏损)总额。当期末结转利润时,商业银行应将有关收入类科目的余额结转到本科目,借记有关收入类科目,贷记本科目;同时,将有关费用支出类科目的余额结转到本科目,借记本科目,贷记有关费用支出类科目。年度终了,商业银行应将本科目的余额结转到"利润分配"科目,借记本科目,贷记"利润分配——未分配利润"科目;如为净亏损,作相反会计分录。年度终了后,本科目应无余额。

商业银行结转"本年利润"科目期末(月末、季末、年末)余额的方法有两种:"账结法"和"表结法"。按照规定,商业银行应按季计算盈亏,年终结转损益。

1.采用"账结法"结转本年利润

账结法,是指商业银行通过设置"本年利润"科目,核算商业银行当年实现的利润或亏损总额,商业银行利润直接在"本年利润"科目中结转并反映出来。

商业银行应于每月月末(季末)将各损益类科目的余额转入"本年利润"科目,结转后,各损益类账户余额为零。然后结算出"本年利润"科目借、贷方发生额的差额,如果是贷方差额,即为本期的利润额,以及本年累计利润总额;如果为借方差额,则为本期亏损额,以及本年累计亏损的总额。商业银行结转损益类科目时,其会计分录为:

借:利息收入

　　金融企业往来收入

　　中间业务收入

　　汇兑收益

　　投资收益

　　公允价值变动损益

　　其他营业收入

　　营业外收入等科目

　　贷:本年利润

借:本年利润

　　贷:利息支出

　　　　金融企业往来支出

　　　　营业费用

　　　　业务及管理费用

　　　　资产减值损失

　　　　营业税金及附加

　　　　汇兑损失

　　　　其他营业支出

　　　　营业外支出

　　　　所得税费用等科目

　　结转后,如果本年利润为贷方差额,即为本期的净利润额;反之为亏损。

　　账结法的优点是各月均可通过"本年利润"科目提供其当期利润额和净利润额,记账业务程序完整。但从实用的角度来讲,采用账结法增加了编制结转损益分录的工作量。

　　2.采用"表结法"结转"本年利润"

　　表结法,是指商业银行在月末、季末计算利润(或亏损)时,不通过"本年利润"账户,而是通过编制损益表直接计算出来,反映本期现实的利润或亏损。这种"表结法"用于月末和季末对利润的反映。

　　如果采用"表结法"每月结账时,损益类各科目的余额,不需要结转到"本年利润"科目,只是在年度终了进行年度决算时,才用"账结法"结出损益类各科目的全年累计余额及其构成情况。所以,每月结账时,只要结出各损益类科目的累计余额,就可以直接根据这些余额,逐项填入"损益表",通过"损益表"计算出从年初到本月末为止的本年累计利润,然后,减去上月末本表中的本年累计利润数,就是本月的利润或亏损总额。具体可通过利润表了解。

　　另外,商业银行在采取"表结法"的情况下,每月、每季编制资产负债表时,如果平时不进行利润分配,表内"未分配利润"项目应填制"损益表"中的利润总额与"未分配利润"科目余额的合计数;如果平时进行利润分配,应根据"损益表"中的"利润总额"与"利润分配"的差额来填制资产负债表中的"未分配利润"项目。

　　表结法的优点是利润平时直接用利润表结转,省去了转账环节并可从科目余额得出本年累计的指标,并不影响利润表的编制及有关损益表指标的利用。

　　在计算利润时,无论是采用"账结法"还是"表结法"所得到的利润总额,只有减去所得税后才形成商业银行的净利润。

　　采用"表结法"计算利润,"本年利润"科目平时不用,年终使用;采用"账结法"计算利润,每月使用"本年利润"科目。无论采用哪种方法,年度终了时,都必须将"本年利润"科目结平,转入"利润分配——未分配利润"科目。结转后,"本年利润"科目应无余额。

　　年末转账,如为盈利,其会计分录为:

借:本年利润

　　贷:利润分配——未分配利润

年末转账,如为亏损,其会计分录为:

借:利润分配——未分配利润

  贷:本年利润

(三)利润分配的核算

利润分配,是指银行所实现的利润总额,按照有关法规和投资协议所确认的比例,在国家、银行、投资者之间进行分配。银行董事会或类似机构决议提请股东大会或类似机构批准年度利润分配方案。

1.利润分配的顺序

(1)抵补银行已缴纳的在成本和营业外支出中无法列支的有关惩罚性或赞助性支出。包括:被没收的财物损失,延期缴纳各项税款的滞纳金和罚款,少交或迟交中央银行准备金的加息等。

(2)弥补银行以前年度亏损。如银行在5年限期不能用税前利润弥补完的部分,可用税后利润进行弥补,银行历年提取的法定盈余公积金和任意公积金也可以用于弥补亏损。

(3)提取法定盈余公积金。银行按照税后利润加上上年末未分配利润减去弥补以前年度亏损和罚没支出后的余额,按规定比例的10%提取法定盈余公积金,但以前年度累计的法定盈余公积金达到注册资本的50%以上时,可以不再提取;法定盈余公积金可用于弥补亏损,也可用于转增资本金。但法定盈余公积金弥补亏损和转增资本金后的剩余部分,不得低于注册资本的25%。

(4)提取公益金。银行提取的公益金主要用于职工食堂、宿舍、浴室、幼儿园等福利设施的建设支出。国有商业银行提取公益金比例由国家核定;股份制银行由董事会、股东大会决定提取比例。

(5)提取各项准备和基金。银行按规定可按贷款余额的一定比例从税后利润中提取一般准备;外商投资商业银行按规定提取的储备基金、银行发展基金、职工奖励及福利基金等。

(6)向投资者分配利润或股利。银行可供投资者分配的利润减去提取的法定盈余公积金、法定公益金等后,应作如下分配:应付优先股股利;提取任意盈余公积;应付普通股股利;转作资本(或股本)的普通股股利。

(7)未分配利润。未分配利润可留待以后年度进行分配。银行未分配的利润(或未弥补的亏损)应当在资产负债表的所有者权益项目中单独反映。银行如发生亏损,可以按规定由以后年度利润进行弥补。

2.利润分配的处理

为了加强利润分配的核算,银行应设置"利润分配"科目。该科目属于权益类性质,借方登记各种利润分配事项,贷方登记抵减利润分配的事项,年末借方余额表示未弥补的亏损总额,贷方余额表示累计未分配总额。本科目应当分别按"提取法定盈余公积"、"提取任意盈余公积"、"应付现金股利或利润"、"转作股本的股利"、"盈余公积补亏"和"未分配利润"等进行明细核算。

(1)提取盈余公积金及补亏。银行从税后利润提取盈余公积时,其会计分录为:

借:利润分配——提取法定盈余公积

          ——提取任意盈余公积

  贷:盈余公积——法定盈余公积

        ——任意盈余公积

(2)外商投资银行按规定提取储备基金、企业发展基金、职工奖励及福利基金时,其会计分录为:

借:利润分配——提取储备基金

         ——提取企业发展基金

         ——职工奖励及福利基金

  贷:盈余公积——储备基金

        ——企业发展基金

        ——应付职工薪酬

(3)银行按规定提取一般风险准备时,其会计分录为:

借:利润分配——提取一般风险准备

  贷:一般风险准备金

(4)向股东或投资者分配现金股利或利润时,其会计分录为:

借:利润分配——应付现金股利或利润

  贷:应付股利

分配给股东的股票股利,在办理增资手续后,其会计分录为:

借:利润分配——转作股本的股利

  贷:股本

    资本公积——股本溢价(差额)

(5)银行用盈余公积弥补亏损时,其会计分录为:

借:盈余公积——法定盈余公积

        ——任意盈余公积

  贷:利润分配——盈余公积补亏

(6)银行用一般风险准备弥补亏损,其会计分录为:

借:一般风险准备

  贷:利润分配——一般风险准备补亏

(7)未分配利润核算。年度终了将"利润分配"科目下所有明细科目的余额转到"未分配利润"明细科目中,其会计分录为:

借:利润分配——未分配利润

  贷:利润分配——提取法定盈余公积

           ——提取任意盈余公积

    利润分配——提取储备基金

           ——提取企业发展基金

           ——职工奖励及福利基金

    利润分配——提取一般风险准备

    利润分配——应付现金股利或利润

    利润分配——转作股本的股利

借:利润分配——盈余公积补亏

利润分配——一般风险准备补亏

贷:利润分配——未分配利润

经过利润分配后,如利润分配科目还有贷方余额时,即为当年的未分配利润,可作留存收益,与新年度的利润一并进行分配。如为借方余额,表示未弥补的亏损。

本章练习与思考

（一）名词解释

1. 银行所有者权益

2. 银行实收资本

3. 银行资本公积

4. 银行盈余公积

5. 银行未分配利润

6. 中间业务收入

7. 公允价值变动损益

8. 金融企业往来支出

9. 银行营业外收支

10. 时间性差异

11. 暂时性差异

12. 永久性差异

13. 银行收入

14. 银行利润

15. 银行利润分配

（二）判断题

（　　）1. 股份制商业银行的股本应当在核定的股本总额及核定的股份总额的范围内发行股票或股东出资取得。

（　　）2. 投资者投入的外币,合同没有约定汇率的,按收到出资额当日的汇率折算;合同约定汇率的,按合同约定的汇率折算,因合同汇率与出资当日汇率不同而产生的差额,作为盈余公积处理。

（　　）3. 资本公积不同于投资人实际投入的资本。它是来自银行所有者超额的投入,可供商业银行无偿地、无限期地运用。

（　　）4. 投资者投入的银行的资金超过其在注册资本中所占份额的部分,计入盈余公积。

（　　）5. 捐赠人捐赠资产,是一种对银行投资行为,这种投资形成银行的实收资本。

（　　）6. 接受捐赠的非现金资产直接可以用于转增资本。

（　　）7. 商业银行年末结转后,"未分配利润"账户的贷方余额是未分配利润,如出现借方余额,则表示为未弥补亏损。

（　　）8.银行的收入包括为第三方或者客户代收的款项,如企业代垫的工本费、代邮电部门收取的邮电费等。

（　　）9.根据权责发生制原则,银行凡是在本月应当收到的收入,不论其是否能够在本月实际收到,都应作为本月的收入入账。

（　　）10.商业银行与其他金融机构发生业务往来而形成的利息收入属于银行利息收入一部分。

（　　）11.商业银行业务宣传费一律按实列支,不得预提。

（　　）12.城市维护建设税的税率按银行所在地确定:商业银行分支机构在市区的按7%的税率缴纳;在县城或建制镇的税率为5%;不在县城、建制镇的税率为0。

（　　）13.银行用于公益、救济性的捐赠,在年度应纳税所得额3%以内的部分,在计算应纳税所得额时准予扣除。

（　　）14.时间性差异一定是暂时性差异,但暂时性差异并不都是时间性差异。

（　　）15.目前银行所得税在确认时,采用的收益表债务法,其在计税基础上强调暂时性差异,侧重利润收益角度。

（　　）16.商业银行应于每个资产负债日,对资产、负债的账面价值与其计税基础进行分析比较,两者之间存在差异的,按照重要性原则确认递延所得税资产、递延所得税负债及相应的递延所得税费用。

（　　）17.表结法的优点是各月均可通过"本年利润"科目提供其当期利润额和净利润额,记账业务程序完整。

（　　）18.银行在5年限期不能用税前利润弥补完的部分,可用税后利润进行弥补,银行历年提取的法定盈余公积金和任意公积金也可以用于弥补亏损。

（　　）19.银行未分配的利润(或未弥补的亏损)可以在资产负债表的所有者权益项目中不单独反映。

（　　）20.银行经过利润分配后,如利润分配科目有贷方余额时,表示当年的未分配利润,可作留存收益,与新年度的利润一并进行分配。如为借方余额,表示未弥补的亏损。

（三）单项选择题

1.银行股本以发行的股票面值入账,超过面值发行股票取得的收入,其超过面值的部分,作为股本溢价,计入（　　）。

  A.实收资本   B.资本公积   C.盈余公积   D.未分配利润

2.设有分支机构的全国性银行的最低实收资本金为（　　）人民币。

  A.5亿元   B.10亿元   C.20亿元   D.30亿元

3.法定盈余公积达到注册资本的（　　）时,可不再提取。

  A.30%   B.40%   C.50%   D.60%

4.法定公益金,是指银行按照规定的比例从净利润中提取的用于职工集体福利设施的公益金。一般按税后利润的（　　）提取。

  A.5%～10%   B.10%～15%   C.15%～20%   D.20%以上

5.法定盈余公积金可用于弥补亏损,也可用于转增资本金。但法定盈余公积金弥补亏损和转增资本金后的剩余部分,不得低于注册资本的（　　）。

A. 15%　　　　　　B. 20%　　　　　　C. 25%　　　　　　D. 30%

6. 下列收入属于金融企业往来收入的是（　　）。

A. 银行发放贷款计收的利息　　　　　B. 银行办理贴现计收的利息

C. 银行收取的手续费　　　　　　　　D. 向同业拆借资金收取的利息

7. 按《金融保险业务财务制度》规定，业务宣传费在营业收入（扣除金融企业往来利息收入）的规定比例内掌握使用，商业银行为（　　）。

A. 1‰　　　　　　B. 2‰　　　　　　C. 3‰　　　　　　D. 5‰

8. 现行的金融保险业的营业税税率为（　　）。

A. 7%　　　　　　B. 6%　　　　　　C. 5%　　　　　　D. 3%

9. 教育费附加是以商业银行实际缴纳营业税额乘以适用税率计交的用于地方教育事业的费用附加，当前适用税率为（　　）。

A. 2%　　　　　　B. 3%　　　　　　C. 5%　　　　　　D. 6%

10. 商业银行实现的利润总额通过（　　）科目核算。

A. 营业利润　　　　B. 本年利润　　　　C. 利润总额　　　　D. 利润分配

（四）多项选择题

1. （　　）又被称为留存收益。

A. 实收资本　　　　B. 资本公积　　　　C. 盈余公积　　　　D. 未分配利润

2. 根据现行的《金融企业会计制度》的规定，资本公积主要包括（　　）。

A. 资本溢价

B. 接受现金捐赠和非现金资产捐赠准备

C. 股权投资准备

D. 外币资本折算差额

E. 关联交易差价

3. 商业银行的盈余公积可用于（　　）。

A. 弥补亏损　　　　　　　　　　　　B. 转增资本

C. 分派股票股利　　　　　　　　　　D. 分派现金股利

4. 商业银行提供金融产品服务取得的收入，应当在以下（　　）条件均能满足时予以确认：

A. 与交易相关的经济利益能够流入企业

B. 与交易相关的经济利益不能够流入企业

C. 收入的金额能够可靠地计量

D. 收入的金额不能够可靠地计量

5. 银行的收入主要包括（　　）。

A. 利息收入、贴现利息收入　　　　　B. 金融企业往来收入

C. 手续费收入　　　　　　　　　　　D. 买入返售证券收入

E. 汇兑收益

6. 其他业务收入是指银行从主营业务以外取得的营业收入，主要包括（　　）等。

A. 咨询服务收入　　B. 汇兑收益　　　　C. 结算手续费收入　　D. 代保管收入

7. 商业银行的成本费用主要包括( )。

    A. 营业成本   B. 营业费用

    C. 营业税金及附加   D. 营业外支出

8. 营业外收入是指银行发生的与其经营业务活动无直接关系的各项收入,主要包括( )等。

    A. 固定资产盘盈   B. 处置固定资产净收益

    C. 处置抵债资产净收益   D. 罚款收入

9. 营业外支出是指发生在银行业务经营以外又与银行经营活动无直接联系的各项支出,主要包括( )等。

    A. 固定资产盘亏   B. 处置固定资产净损失

    C. 罚款支出   D. 汇兑损失

    E. 出纳短款

10. 就金融企业而言,( )取得的利息收入不征收营业税。

    A. 中国人民银行对金融机构的贷款业务

    B. 金融机构之间互相占用、拆借资金

    C. 金融机构对单位、个人发放的贷款业务

    D. 单位或个人将资金存入金融机构

11. 银行在计算应纳税所得额时,下列项目( )不得扣除。

    A. 向投资者支付股息、红利

    B. 违法经营的罚款和被没收财物的损失

    C. 各项税收的滞纳金、罚金和罚款

    D. 非公益、救济性的捐赠

    E. 各种赞助支出

12. 商业银行按照会计准则核算会计利润与按照税法计算应纳税所得额之间存在差异,这些差异表现为( )。

    A. 时间性差异   B. 暂时性差异   C. 永久性差异   D. 更正性差异

(五)简答题

1. 什么是所有者权益?所有者权益包括哪些内容?

2. 商业银行的收入主要包括哪些?它是如何确认的?

3. 商业银行的营业外收入和营业外支出主要包括哪些内容?

4. 什么是银行的利润?利润由哪些部分组成?如何计算?

5. 商业银行利润分配的顺序是什么?

6. 什么是时间性差异和暂时性差异?两者有什么区别和联系?

(六)业务题

列出甲商业银行下列业务会计分录。

1. 甲商业银行(股份制银行)收到国家投入的房屋一栋,价值2亿元。

2. 甲商业银行发行普通股股票1 000 000股,每股面值6元,以每股8元的价格溢价发行,股票全部认购足额,并如数收到股本,全部存入银行。

3.甲商业银行 2013 年实现税后利润 200 万元,按税后利润 10％提取法定盈余公积,按税后利润 5％提取法定公益金;经股东大会决议,依法用盈余公积 30 万元转增资本金;动用公益金 10 万元为职工购健身器材,已交付使用。

4.甲商业银行按规定以盈余公积 100 万元弥补上年度亏损。

5.甲商业银行收到存入当地人民银行款项利息 60 万元,收到其管辖分行划来的第二季度省辖联行利息收入 8 万元。

6.甲商业银行向中央银行借款 300 万元,第二季度结息日次日,收到借款利息通知回单,借款利息 30 万元已扣。

7.甲商业银行在经营过程中,发生出纳长款 200 元,经批准作为营业外收入。

8.甲商业银行以现金支付公益救济性捐赠 30 000 元。

9.年度终了,某银行各项收支科目的余额如下:

利息收入 500 万元,金融企业往来收入 32 万元,中间业务收入 40 万元,汇兑收益 26 万元,其他营业收入 38 万元,营业外收入 5 万元。

利息支出 290 万元,金融企业往来支出 35 万元,手续费支出 36 万元,营业费用 135 万元,其他营业支出 23 万元,营业外支出 12 万元,营业税金及附加 31 万元,所得税19.75 万元。

要求:编制以下会计分录:

(1)结转本年利润。

(2)将"本年利润"转入"利润分配"。

(3)按当年净利润的 10％提取法定盈余公积,5％提取法定公益金。

(4)将提取盈余公积和公益金后的净利润的 40％分配给投资者。

(5)将"利润分配"账户下所有明细账户的余额转到"未利润分配"明细账户中。

第9章 年度决算及财务会计报告

学习目的

通过本章的学习，了解年度决算的基本概念、基本要求及程序，了解银行财务会计报告体系，掌握银行会计报表的结构，以及银行会计报表的编制方法。

第一节　年度决算

一、年度决算的概念

年度决算是会计工作的重要环节，通过决算能够综合反映银行的业务经营情况，全面反映银行的财务收支与经营成果以及利润的实现。银行年度决算是根据日常会计核算资料，通过会计报表等形式，对会计年度内经营状况及财务成果进行数字总结和文字说明的一项综合性工作。它是考核银行经营活动及其成果、对外公布财务会计信息的一项重要工作。根据《中华人民共和国会计法》，我国银行会计年度自公历 1 月 1 日起至 12 月 31 日止。每年 12 月 31 日为银行的年度结算日。根据我国银行体制特点，总行为对外报告的会计主体，银行系统内部凡独立会计核算单位（总行、分行、支行）都应进行年度决算，附属会计核算单位（分理处、营业所）则应当以总账或报表方式，由管辖行合并进行年度决算。

二、年度决算的意义

银行年度决算是对全年会计核算资料进行归纳、整理、核实，办理结账，轧计损益，编制年度财务会计报告。认真、准确、及时地做好年度决算工作，对于银行提高经营管理水平，向管理当局、投资者、债权人等社会公众提供正确、完整、真实的财务会计信息，充分发挥银行的职能作用，具有重要的意义。

（一）有利于考核银行全年业务和财务活动情况，提高银行经营管理水平

银行的年度决算，主要是把一年来的账簿资料，通过清理、核实和调整，归纳，比较收

支,计算盈亏,将其加工整理为具有内在联系、内容完整、数字正确和反映真实的年度决算报表,根据这些数据资料,可以在集中观察银行资产、负债总量平衡的基础上,从中考核各项指标的计划完成情况及其结果,分析营运资金的经济效益,明确全年经营成果,考核其经营效益,对出现经营亏损、呆账等问题,检查分析原因,总结经验,吸取教训,及时采取措施,有助于提高银行经营管理水平。

(二)有利于总结和检查日常核算工作,全面发挥银行会计工作的作用

银行会计部门在办理年度决算的过程中,需要银行与各开户单位对账,以及银行内部账据核对、账实核对、账账核对、账款核对和利息核对等。这一方面可以检查日常的核算资料是否真实、完整,记载是否准确、及时,有利于保证核算质量,维护资金财产安全;另一方面又可以肯定成绩,克服缺点,改进工作,为今后不断提高工作质量和效率打下一个良好的基础,真正发挥出银行会计的作用。

(三)有利于加强宏观金融调控,促进社会主义市场经济的发展

银行作为社会资金活动的枢纽,其银行会计通过货币形式对日常各种经济往来所做的记录、计算,是对国民经济各部门、各单位经济活动的表述和价值数量上的确定,从中反映出社会产品的生产、分配、交换和流通的情况。因此,通过年度决算将一年来记录在账簿里的资料,加以核实整理,利用报表形式逐级按行汇总起来,就能够更加集中地、全面地、系统地反映整个国民经济资金活动情况。

三、年度决算的要求

年度决算是金融机构一项全局性的工作,是会计工作的全面总结,涉及面广、政策性强、工作量大、质量要求高。因此,办理年度决算必须按照下列基本要求。

(一)坚持统一领导、各部门密切配合的原则

金融机构的年度决算是一项综合性工作,涉及各个职能部门,必须要密切配合,提供方便。要成立年度决算领导小组,由主要领导负责,以会计部门为主,各职能部门密切配合,协调进行,保证年度决算有条不紊地进行。

(二)坚持会计资料的真实性、准确性和可靠性

会计核算的数字、资料必须真实、准确地反映金融业务和财务活动,决不能篡改会计数据、伪造会计资料,搞虚假的会计平衡。

(三)坚持财务会计报告的完整性、统一性和及时性

财务会计报告是会计信息的主要载体,是年度决算的文字和数字说明,必须按照会计制度的规定进行披露、编报、汇总和报送。必须坚持完整性,不能任意取舍,不能漏填、漏报。必须坚持统一性,上下级保持一致性,按统一的种类、格式、内容进行编报、汇总。必须坚持及时性,按规定的时间编制完成,及时报送,不能延误和拖后,以免影响整个金融机构的年度决算。

四、年度决算的准备工作

银行年度决算时间紧、任务重。为了保证年度决算工作的顺利进行,决算的准备工作一般应在每年第四季度初就要着手进行。总行颁布办理当年决算的通知,提出当年决算

中应注意的事项和相应的处理原则和要求;如遇当年会计或财务制度发生变更的情况,则要提出详细的处理方法,以便各基层统一口径,贯彻执行。各行处则根据上级行通知精神,具体做好年度决算工作。银行年度决算准备工作主要有以下 6 个方面。

(一)清理资金

各银行年度决算前,会计部门要与其他业务部门密切配合,对各种资金进行清理。

1.清理业务资金

银行的业务资金主要包括存款、贷款、短期投资、借入资金、拆出资金等,对这些业务资金都应该全面进行核对,该收回的积极收回,该归还的及时归还,该清户的及时销户,该转期的抓紧办理转期。对于暂时没有结果的要说明情况,按规定程序办理。

2.清理结算资金

各银行由于办理商品交易、劳务供应、资金划拨引起的结算资金,根据使用票据和结算方式的不同,进行全面清理。该划分的款项要及时划出,应收回的款项积极催收,没有解付的款项要多方联系积极解付,如经多方查找确实无法解付并超过 2 个月期限的,应办理退汇。

3.清理内部资金

内部资金是指银行内部暂时过渡性资金,主要指清理其他应付款、其他应收款、待摊费用、呆账准备金、坏账准备金、投资风险准备金等。决算前,要逐项进行清理,该上缴的上缴,该收回的收回,该报销的报销,该转收益的转收益,该待摊的待摊,使内部资金减少到最低程度。经过清理,暂时无法解决的,要注明原因,以备日后查考和清理。

(二)清点财产物资

在决算前对现金、金银、外币、有价单证和物品等,均须对照账面记载,认真进行盘点核实。如发现有多缺溢耗,要查明原因,按照有关规定处理。此外,同时要检查库房管理制度的执行情况、安全措施和落实情况,若有问题,必须纠正。

1.清查实务库存

年度决算前,要与出纳部门配合,对现金(包括外币)、金银等贵金属、对出售的凭证、有价单证和重要的空白凭证,进行一次全面清查,库存金额与实际库存要保持一致。如发现溢耗余缺等情况,应查明原因,按规定程序调整账面余额,做到账实相符。对于不符的,要查明原因,确定责任,按规定调整账务。

2.清理固定资产及低值易耗品

年度决算前对银行的房屋、器具、设备等固定资产以及各种低值易耗品,以及在建工程等,达到账面记载与实物相一致。对发生的财产盘盈、盘亏要查明原因、认真处理。按照审批权限和程序,调整账务。盘盈的作营业外收入,盘亏的作营业外支出。应配合有关部门进行清查。凡未入账的应登记入账,已入账设卡的要逐一核对清楚。若发现余缺情况,应按规定予以处理,以保证账、卡、实物三者相符。

(三)核对和调整账务

1.检查会计科目运用情况

会计科目是各项业务分类的依据,只有正确运用,才能通过会计记录,正确并真实地反映银行全年的业务活动和财务收支状况。因此,在年度决算前应根据会计科目的变动情况,检查会计科目的归属和运用情况,对发现使用不当的应及时调整科目,以便真实反映各项业务和财务活动情况。

2.全面核对内外账务

年度决算前,要对银行内部所有的账、簿、卡、据进行一次全面检查和核对。检查和核对的内容包括各科目总账与分户账的金额是否相符,金银、外币等账面记载与库存实物是否相符,现金账面结存数与实际现金是否相符,银行内部账务与客户账是否相符等。若有不符或因会计政策变更、会计差错,要按照规定进行更正,达到账账、账款、账据、账实、账表、内外账户相符。

3.核对往来账项

金融机构之间往来项目较多,系统内联行往来、金融企业之间跨系统往来、金融机构与中央银行往来等都要认真清理和核对。如有差错及时更正,保证金融机构往来之间相互平衡。

(四)损益核对

1.核对业务收支

对各项利息收入和支出、金融机构往来收入和支出、营业外收入和支出等账户要进行复查。重点应复查利息收支的计算,包括复查计息的范围、利率使用、利息计算是否正确,如发现差错,应及时纠正。

2.检查各项费用开支

对各项业务费用,应按照开支范围和费用标准进行复查。对超过范围和标准开支的,应查明情况,若发现差错或问题,应及时进行更正。

(五)试算平衡

为了保证年度决算工作顺利进行,必须验证整个账务是否平衡。在资金、账务、财产、收支核实的基础上,各办理决算的基层行应根据11月底各科目总账的累计发生额和余额,编制试算平衡表进行试算平衡。如果平衡,说明正确;如果不平衡,应查明原因,以求平衡,为年终正式编制年度决算奠定基础。

(六)做好计算机处理年终决算的准备工作

计算机处理年终决算的准备工作包括:年终决算日的浮动余额入账时间设定是否正确;年终外汇结算牌价设定是否正确;涉及损益、年终结转利润等账务设定是否正确;新年度工作日历设定是否正确;新年度启用的贷款利率设定是否正确等。

五、年度决算日的工作

我国银行每年的12月31日为年度决算日,无论是否属于假日,均应办理年度决算。年度决算工作量大、时间紧、任务重,除要处理好当天的业务,轧平当天的账务外,还应根据情况做好调整当日账务、结算全年损益、办理新旧账户的结转、编制决算报表等工作。决算日当天,全行工作都要围绕年度决算进行。

(一)处理当日账务、全面核对账务

决算日这天,金融机构照常营业,这一天发生的全部账务应于当日全部入账。应收应付利息、应交税金,按权责发生制要求的收入、费用全部列账,各种往来款项全部结清,不得跨年。全日账务处理完毕后,对全年账务进行一次全面核对,做到账账相符。

（二）检查各项库存

决算日营业终了,应对现金、金银、外币、有价单证、有价实物进行一次全面核对,保证账款、账实相符。

（三）计算外汇买卖损益

决算日,应将各种外币买卖账户余额,一律按决算日外汇牌价折成人民币,并与原币外汇买卖账户的人民币余额进行比较,其差额则为本年度外汇买卖的损益,应列入有关损益账户。

（四）结转本年损益

决算日营业终了,应将各损益类科目各账户最后余额分别结转到本年利润账户。若本年利润科目的余额在贷方,则为净利润;若本年利润科目的余额在借方,则为净亏损。

（五）办理新旧账簿的结转

各独立会计单位在结转全年损益后,应办理新旧账簿的结转,结束旧账,建立新账,保证新年度业务活动的正常进行。

1. 总账的结转

总账每年更换一次,年终结转时,新账页的日期应写新年度的 1 月 1 日,摘要栏加盖"上年结转"戳记,旧账余额过入新账的"上年余额"栏即可。

2. 明细账的结转

银行的明细账可根据下年度是否可以继续使用而采取不同的结转办法。对于下年度继续使用的明细账,如对外营业客户的明细账,应在旧账页的最后一行余额下加盖"结转下年"戳记,将最后余额过入新账页,新账页日期应写明新年度 1 月 1 日,摘要栏则加盖"上年结转"戳记。对于余额已结清的账户,则在账页上加盖"结清"戳记。

3. 登记簿的结转

银行的各种表外科目和其他登记簿,年终也可根据其是否可继续使用而采取不同的处理方式。若登记簿可继续使用,则不需要结转,下年度继续使用;若是按年设立的登记簿,则需要结转,其方法可比照明细账的结转。

第二节　财务会计报告

一、财务会计报告的概念

财务会计报告,是指企业对外提供的反映企业某一特定日期财务状况和某一会计期间经营成果、现金流量的文件。商业银行必须定期编制财务会计报告,商业银行的财务会计报告是根据日常会计核算资料,按照一定的格式和科学的指标体系定期编制,总括反映经营成果、财务状况和现金流量状况的文件,是商业银行对外传递信息的主要手段,也是投资者、国家机关和相关人员进行决策的重要信息来源。

商业银行需要按照规定定期对外报告经营成果、财务状况和现金流量信息,为外部信息的使用者提供决策所需要的信息。财务报告的核心是会计报表,包括资产负债表、利润表和利润分配表、现金流量表。会计报表是会计核算的最终成果,也是商业银行对外提供信息的主要手段。

二、财务会计报告的编制要求

财务会计报告作为对外提供信息的主要工具,为了保证提供信息的真实可靠,商业银行在编制财务会计报告时必须遵循以下要求。

(一)财务会计报告必须真实完整

真实性是一项基本的会计原则,商业银行的财务会计报告必须坚持真实性原则。为了保证会计报表的真实性,在编制会计报表前,要认真核对账簿、表册和财产物资,保证账账、账实、账表、账据、账款和内外账相符,同时财务会计报告必须完整,不得遗漏对报告使用人决策有重大影响的会计信息。商业银行的财务会计报告包括会计报表、会计报表附注、财务情况说明书,必须按照规定编制;对决策有重大影响的信息,无法用数字反映的必须在会计报表附注中说明。

(二)编制口径必须一致

可比性是会计核算的一项基本原则,为了保证会计信息的可比性,商业银行的会计报告应当按照国家统一的会计制度规定的编制基础、依据、原则和方法编制,确保会计信息的可比性。

(三)及时编制财务会计报告

及时性是会计信息有用性的基本要求,再有用的信息如果不能及时提供,也就失去了意义。《金融企业会计制度》规定,月度会计报告应当在月度终了 6 日内提供,季度财务报告应当在季度终了 15 日内提供,半年度会计报告应当在年度中期结束后 60 日内提供,而年度财务会计报告应当于年度终了后 4 个月内提供。

三、财务会计报告的分类

银行应当按照《企业财务会计报告条例》的规定,编制和对外提供真实、完整的财务会计报告。

(一)财务会计报告按编制时间分类

财务会计报告按照编制时间可以分为年度、半年度、季度和月度财务会计报告。除年度报告以外,半年度、季度和月度报表统称为中期财务会计报告。其中,月报因其概括的时间短,编报的次数频繁,所以要求其编报的内容要简明扼要,以能反映主要问题和主要情况为特征;年报需要概括的范围广、时间长,所以要求其编报的种类要齐全,综合反映的信息要全面、完整,以能全面地反映全年的经营活动为特征;季报的编报内容要求及特征于月报和年报之间,具有承月报、启年报的作用和功效。

(二)财务会计报告按编制内容分类

财务会计报告按编制内容分类,可分为会计报表、会计报表附注和情况说明书。

会计报表的主要内容包括资产负债表、利润表、现金流量表、利润分配表、所有者权益变动表、分部报表、信托资产管理会计报表、其他有关附表。

会计报表附注的主要内容包括会计报表编制基准不符合会计核算基本前提的说明；重要会计政策和会计估计的说明；重要会计政策和会计估计变更的说明；或有事项和资产负债表日后事项的说明；关联方关系及其交易的披露；重要资产转让及其出售的说明；金融企业合并、分立的说明；会计报表中重要项目的明细资料；有助于理解和分析会计报表需要说明的其他事项。

财务情况说明书的主要内容包括金融企业经营的基本情况；利润实现和分配情况；资金增减和周转情况；对金融企业财务状况、经营成果和现金流量有重大影响的其他事项。

（三）财务会计报告按报表数字的信息特征分录

财务报告按照报告数字的信息特征，可分为静态报表和动态报表。静态报表如资产负债表，是假定银行处于指定时刻时资产、负债和所有者权益的存在状况。动态报表如利润表、现金流量表，是反映银行在一段经营时间内的资金耗费和资金收回变动情况。

（四）财务会计报告按编制单位分类

财务会计报告按编制单位分类，可分为单位报表和汇总报表。单位报表，是指银行某一具体机构在自身会计核算的基础上对会计资产进行整理加工而编制的会计报表，主要用于反映自身的财务状况、经营成果、现金流动情况；汇总报表，是指根据所辖单位报送的，连同单位会计报表汇总编制的综合性会计报表。

（五）财务会计报告按报送对象分类

财务会计报告按报送对象分类，可分为内部报表和外部报表。内部报表，是指银行为适应内部经营管理需要而编制的不对外公开的报表。内部报表的种类、格式、指标体系、编制要求根据内部管理的要求由银行自行规定。外部报表，是指银行对投资人、债权人、管理当局及相关公众提供的，展示银行经营成果和财务状态的报表，需要运用统一的会计报表语言。因此，银行对外提供的财务会计报告的内容、指标体系、会计报表的种类和格式、会计报表附注的主要内容等，由金融企业会计制度规定。

第三节　资产负债表

一、资产负债表的性质及作用

资产负债表是反映银行在某一特定日期（会计期末）全部资产、负债和所有者权益财务状况的报表。例如：公历每年的 12 月 31 日的财务状况，由于它反映的是某一时点的情况，所以又称为静态报表。其所提供的银行在某一特定日期的财务情况主要包括：

（1）银行所掌握的经济资源，包括银行所负担的债务以及投资者在银行里所持有的权益。它表明银行在资产、负债及所有者权益方面的实力状况，是银行经营活动的基础。

（2）银行偿还债务能力等。

（3）银行未来的财务趋向等。

资产负债表是根据"资产＝负债＋所有者权益"这一基本公式,依照一定的分类标准和一定的次序,把银行在一定日期的资产、负债和所有者权益项目予以适当排列编制而成。资产负债表反映的是商业银行在某一特定日期资产、负债、所有者权益的总体规模和结构,资产负债表格式如表 9-1。

表 9-1 资产负债表

编制单位　　　　　　　　　　　年　　月　　日　　　　　　　　单位:元

资 产	行次	期初数	期末数	负债及所有者权益	行次	期初数	期末数
流动资产:				流动负债:			
现金及银行存款	1			自营证券	24		
贵金属	2			代理证券	25		
存放中央银行准备金	3			买入返售证券	26		
存放同业银行款项	4			待处理流动资产净损失	27		
存放联行款项	5			1 年内到期的长期债券投资	28		
拆放同业	6			流动资产合计	29		
拆放金融性公司	7			长期资产:			
短期贷款	8			中长期贷款	30		
应收进出口押汇	9			逾期贷款	31		
应收账款	10			减:贷款呆账准备	32		
减:坏账准备	11			应收租赁款	33		
其他应付款	12			减:未收租赁收益	34		
贴现	13			应收转租赁款	35		
短期投资	14			租赁资产	36		
委托贷款及委托投资	15			减:待转租赁资产	37		
经营租赁资产	16			其他应收款	38		
减:经营租赁资产折旧	17			应付工资	39		
长期投资	18			应付职工福利费	40		
减:投资风险准备	19			应交税金	41		
固定资产原值	20			应付利润	42		
减:累计折旧	21			预提费用	43		
固定资产净值	22			发行短期债券	44		
固定资产清理	23			1 年内到期的长期负债	45		

续表

资 产	行次	期初数	期末数	负债及所有者权益	行次	期初数	期末数
在建工程	46			其他流动负债	69		
待处理固定资产净损失	47			流动负债合计	70		
长期资产合计	48			长期负债:			
无形、递延及其他资产				长期存款	71		
无形资产	49			长期储蓄存款	72		
递延资产	50			存入长期保证金	73		
其他资产	51			应付转租赁租金	74		
其他资产合计	52			发行长期债券	75		
资产总计	53			长期借款	76		
短期借款	54			长期应付款	77		
短期储蓄存款	55			其他长期负债	78		
财政性存款	56			其中:住房周转金	79		
向中央银行借款	57			长期负债合计	80		
同业存放款项	58			负债合计	81		
联行存放款项	59			所有者权益:			
同业拆入	60			实收资本	82		
金融性公司拆入	61			资本公积	83		
存入短期保证金	62			盈余公积	84		
应解汇款	63			其中:公益金	85		
汇出汇款	64			未分配利润	86		
委托存款	65			所有者权益合计	87		
应付代理证券款项	66						
卖出回购证券款	67						
应付账款	68			负债及所有者权益合计	88		

行长： 会计： 复核： 制表：

二、资产负债表的编制

资产负债表反映的是商业银行在某一特定时点财务状况的报表,它是一份静态报表,是以资产账户、负债账户和所有者权益账户的期末余额为主要依据,按月编制。其编报主要是通过以下几种方式取得：

(一)根据总账账户余额直接填列

资产负债表各项目的数据来源,大多是根据总账账户期末余额直接填列,如"应收利息"项目,根据"应收利息"总账科目的期末余额直接填列；"短期借款"项目,根据"短期借款"总账科目的期末余额直接填列。

(二)根据总账账户余额计算填列

资产负债表的某些项目不能直接根据总账账户的期末余额填列,而是要根据若干个总账账户的期末余额合并计算填列,如"现金及存放中央银行准备金"项目,根据"现金"、"存放中央银行准备金"账户的期末余额合计数计算填列。

(三)根据明细账户余额计算填列

资产负债表的某些项目不能根据总账账户的期末余额或若干个总账账户的期末余额计算填列,而是需要根据有关账户所属的相关明细账户的期末余额分析计算填列。

(四)根据总账账户和明细账户余额分析计算填列

资产负债表的某些项目不能根据总账账户的期末余额或若干个总账账户的期末余额计算填列,也不能根据有关账户所属的相关明细账户的期末余额分析计算填列,而是要根据总账账户和明细账户的期末余额计算填列。

(五)根据账户余额减去其备抵项目后的净额填列

资产负债表的某些项目应当反映其账面价值,应根据有关账户余额减去其备抵项目后的净额填列。如"固定资产"项目,根据"固定资产"账户的期末余额,减去"累计折旧"和"固定资产减值准备"备抵账户余额后的净额填列;又如"无形资产"项目,根据"无形资产"账户的期末余额,减去"累计摊销"和"无形资产减值准备"备抵账户余额后的净额填列。

第四节 损益表

一、损益表的含义及作用

损益表又称利润表,是反映企业在某一会计期间的经营成果及其形成情况的会计报表。它是一种动态报表,反映银行在一定会计期间内实现的营业收入以及与收入相配比的成本费用等情况并计算出银行的利润总额或亏损总额,根据"收入－费用＝损益"的会计方程式编制,用以考核银行利润计划的完成情况。它的作用主要表现在以下几方面:损益表可以反映银行在一定会计期间内实现的收入以及与其相配比的成本费用情况,据此以作为评价银行经营业绩、考核管理效能的主要依据。通过相同时期有关项目的比较,可以了解银行的相对获利能力;通过不同时期相同项目的横向对比,可以了解银行收入实现、成本耗费和利润取得的发展趋势。税务部门确定商业银行的纳税额,将以商业银行的损益表为基本依据。商业银行的内部管理人员需要利用损益表来综合反映该银行的经营状况,并将其作为编制预算、进行经营决策的重要依据。

二、损益表的编制

在我国,损益表是通过多步计算求出的,以反映收入和费用之间的内在联系。通常采用从上到下逐项计算的结构形式,应当根据审查无误的会计账簿的资料进行编制。损益表的格式如表9-2。

表 9-2　损益表

编报单位：　　　　　　　　　　年　　月　　日　　　　　　　　单位:元

项　目	行次	本期数	本年累计数
一、营业收入	1		
利息收入	2		
金融企业往来收入	3		
手续费收入	4		
证券销售差价收入	5		
证券发行差价收入	6		
租赁收益	7		
汇兑收益	8		
其他营业收入	9		
二、营业支出	10		
利息支出	11		
金融企业往来支出	12		
手续费支出	13		
营业费用	14		
汇兑损益	15		
其他营业支出	16		
三、营业税金及附加	17		
四、营业利润	18		
加:投资收益	19		
加:营业外收入	20		
减:营业外支出	21		
加:以前年度损益调整	22		
五、利润总额	23		
减:所得税	24		
六:净利润	25		

行长：　　　　　　会计：　　　　　　复核：　　　　　　制表：

（一）损益表中"本期数"和"本年累计数"的填列

在编制月报时,损益表中的"本期数"栏,反映各项目本月的实际发生额;"本年累计数"栏反映各项目自年初起至年底的累计实际发生额。在编制年报时,损益表中"本期数"栏应改成"上年数",其中,"上年数"栏反映各项目的上半年累计实际发生数目。如果上年度损益表与本年度损益表的项目名称和内容一致,应对上年度报表项目的名称和数字按本年度的规定调整,填入本表"上年数"栏。

（二）损益表各项目的填列

1. 根据总账或明细账科目发生额直接填列

损益表中项目和会计账簿的会计科目是相对应的,因此,可以根据总账和明细账结转利润前的损益类科目直接填列。如"利息收入"、"金融企业往来收入"、"手续费收入"、"企业营业收入"、"营业外收入"、"利息支出"、"金融企业往来支出"、"手续费支出"、"其他营业支出"、"营业外支出"、"营业税金及附加"、"投资收益"。

2. 根据有关项目发生额汇总填列

损益表中的"营业收入"、"营业支出"项目,是按照所属的项目汇总加计填列。如"营业收入"项目是根据"利息收入"、"金融企业往来收入"、"手续费收入"、"其他营业收入"等汇总而成的。"营业支出"项目是根据"利息支出"、"金融企业往来支出"、"手续费支出"、"营业费用"、"汇兑损失"、"其他营业支出"等汇总而成的。

3. 根据有关项目发生额计算填列

损益表中"营业利润"项目是根据"营业收入"、"营业支出"、"营业税金及附加"三个项目按公式计算填列;"利润总额"项目是根据"投资收益"、"营业外收入"、"营业外支出"、"以前年度损益调整"四个项目按公式计算填列,如利润总额为亏损,用"－"号表示;"净利润"项目反映金融企业当期实现的净利润（或净亏损）总额,"净利润"是根据"利润总额"、"所得税"两个项目按公式计算填列。如果为净亏损,则以"－"号在该项目内填列。

三、利润分配表

利润分配表是损益表的附表,反映的是银行一定会计期间对实现利润的分配情况和年末未分配利润结余情况,本表按利润分配的去向设置项目反映。通过编制利润分配表,可以了解银行实现利润的分配情况或亏损的弥补情况,了解利润分配的构成,以及年末未分配利润的数额。利润分配表主要项目有净利润、可供分配的利润和未分配利润。其基本格式如表9-3所示。

表 9-3　利润分配表

编制单位：　　　　　　　　　　　年　月　日　　　　　　　　　　　单位:元

项　目	行次	本年实际	上年实际
一、净利润	1		
加:年初未分配利润	2		
上年利润调整	3		
减:上年所得税调整	4		
二、可供分配利润	5		
加:盈余公积补亏	6		
减:提取盈余公积	7		
应付利润	8		
三、期末未分配利润	9		

行长：　　　　　　会计：　　　　　　复核：　　　　　　制表：

利润分配表的编制基本上可按照"利润分配"科目的有关明细科目加以分析来完成。表中"本年实际"栏须根据"本年利润"和"利润分配"科目及其所属明细科目的记录分析填列;"上年实际"栏则可直接从上"利润分配表"抄录,但若上年度与本年度的利润分配表项目名称及内容不完全一致,则应先对上年度报表项目名称与金额按本年度的规定予以调整后再填入。

第五节　现金流量表

一、现金流量表的作用

现金流量表是以现金为基础编制的财务状况变动表,是综合反映金融企业在一定会计期间内的经营活动、投资活动和筹资活动对其现金流入和现金流出情况的财务报表。即表明企业获取现金和现金等价物流入和流出的有关信息,并据以预测未来现金流量。现金流量表中的现金包括现金及存入本行营业部的银行存款、存放中央银行准备金、存放同业款项、存放联行款项等。现金等价物是指银行持有的期限短、流动性强、易于变现的证券和投资。现金流量表与资产负债表、损益表一起构成银行对外报送的三张主表。引起现金流入和流出的原因很多,通过该表提供的经营活动净现金流量的信息,可以分析和评价银行对外筹资能力、清偿能力和支付投资者利润的能力;通过分析本期净利润与经营活动现金流量之间的差异及产生原因,还可以合理预测银行未来的现金流量。不仅如此,该表还提供了报告期内与现金有关和无关的投资活动与筹资活动的信息,这对于报表使用者的正确决策,无疑具有重要参考意义。现金流量表具有以下重要作用:

(1)有助于评价银行支付能力、偿债能力和资金周转能力;

(2)说明银行一定期间内现金流入和流出的原因,分析企业受益质量及影响现金流量的因素;

(3)分析银行利润质量和影响现金流量的因素,弥补资产负债表和损益表信息量的不足;

(4)预测银行未来获取现金的能力;

(5)能够分析银行投资和理财活动对经营成果和财务状况的影响;

(6)能够提供不涉及现金的投资和筹资的信息。

二、现金流量表的格式

现金流量表也是通过一定格式来反映银行的现金流入和流出情况的报表。为了能充分、恰当地披露企业有关现金流量方面的信息,目前我国商业银行的现金流量表包括正表和补充资料两部分。

(一)正表

正表是现金流量表的主体,企业一定会计期间现金流量的信息主要由正表提供。正表采用报告式的结构,按照现金流量的性质,依次分类反映经营活动产生的现金流量、投资活动产生的现金流量、筹资活动产生的现金流量,最后汇总反映企业现金及现金等价物净增加额。现金流量表的正表要求用直接法编制,在各项经济活动产生的现金流量下,分别按项目反映其现金流入、现金流出和现金流量净额。现金流量表的正表具体格式以及内容如表 9-4 所示。

表 9-4 现金流量表

编制单位：   年度   单位：元

项　　目	行次	金额
一、经营活动产生的现金流量		
对外发放的贷款和收回的贷款本金	1	
吸收的存款和支付的存款本金	2	
同业存款及存放同业款项	3	
向其他金融企业拆借的资金	4	
利息收入和利息支出	5	
收回的已于前期核销的贷款	6	
经营证券业务的企业,买卖证券所收到或支出的现金	7	
融资租赁所收到的现金	8	
收到的租金	9	
收到的其他与经营活动有关的现金	10	
现金流入小计	11	
经营租赁所支付的现金	12	
支付给职工以及为职工支付的现金	13	
支付税款	14	
支付的其他与经营活动有关的现金	15	
现金流出小计	16	
经营活动产生的现金流量净额	17	
二、投资活动产生的现金流量		
收回投资所收到的现金	18	
分得股利或利润所收到的现金	19	
取得债券利息收入所收到的现金	20	
处置固定资产、无形资产和其他长期资产而收到的现金净额	21	
收到的其他与投资活动有关的现金	22	
现金流入小计	23	
构建固定资产、无形资产和其他长期资产所支付的现金	24	
权益项投资所支付的现金	25	
债权性投资所支付的现金	26	

续表

项　目	行次	金额
支付的其他与投资活动有关的现金	27	
现金流出小计	28	
投资活动产生的现金流量净额	29	
三、筹资活动产生的现金流量		
吸收权益性投资所收到的现金	30	
发行债券所收到的现金	31	
借款所收到的现金	32	
收到的其他与筹资活动有关的现金	33	
现金流入小计	34	
偿还债券所支付的现金	35	
发生筹资费用所支付的现金	36	
分配股利或利润所支付的现金	37	
偿付利息所支付的现金	38	
融资租赁所支付的现金	39	
减少注册资本所支付的现金	40	
支付的其他与筹资活动有关的现金	41	
现金流出小计	42	
筹资活动产生的现金流量净额	43	
四、汇率变动对现金的影响额	44	
五、现金及现金等价物净增加额	45	

行长：　　　　　会计：　　　　　复核：　　　　　制表：

(二)补充资料

现金流量表补充资料是现金流量表的附表部分，主要列示银行应在报表附注中披露的内容。现金流量表的附表具体格式如表9-5所示。主要包括三部分内容：

表 9-5　现金流量表附表格式

编制单位：　　　　　　　　　　　　　　　　　　　　　　单位:元

项　目	金额
1.将净利润调节为经营活动的现金流量	
净利润	
加:资产减值准备	
固定资产折旧	

续表

项　　目	金额
无形资产摊销	
长期待摊费用摊销	
处置固定资产、无形资产和其他长期资产损失（收益以"－"填列）	
固定资产报废损失（收益以"－"填列）	
公允价值变动损失（收益以"－"填列）	
财务费用	
投资损失（收益以"－"填列）	
递延所得税资产减少（收益以"－"填列）	
递延所得税资产增加（收益以"－"填列）	
经营性应收项目的减少（收益以"－"填列）	
经营性应付项目的增加（收益以"－"填列）	
其他	
经营活动产生的现金流量净额	
2.不涉及现金收支的投资和筹资活动	
债务转为资本	
一年内到期的可转换公司债券	
融资租入固定资产	
3.现金及现金等价物的净变动情况	
现金的期末余额	
减：现金的期初余额	
加：现金等价物的期末余额	
减：现金等价物的期初余额	
现金及现金等价物增加额	

行长：　　　　　　会计：　　　　　　复核：　　　　　　制表：

　　1.不涉及现金收支的投资和筹资活动（该项目主要披露一定期间内影响资产或负债但不形成该期现金收支的所有投资和筹资活动的信息）；

　　2.将净利润调节为经营活动的现金流量（即采用按间接法通过债权或债务变动、应计及递延项目、投资和筹资现金流量相关的收益或费用项目，将净利润调节为经营活动的现金流量）。

　　3.现金及现金等价物净增加额（即直接按现金及现金等价物的期末期初余额计算的净增加额）。

三、现金流量表的编制

(一)现金流量的列报

编制现金流量表时,对经营活动现金流量的列报方式有两种:直接法和间接法。这两种方法通常也称为现金流量表的编制方法。直接法是指通过现金收入和支出的主要类别来反映银行经营活动的现金流量,一般是以损益表中的营业收入为起点,调整与经营活动有关项目的增减变动,然后计算出经营活动的现金流量。

根据我国现金流量表准则的规定,银行应当采用直接法编报现金流量表。有关现金流量的信息可以通过银行会计记录,或者根据有关项目对损益表中的营业收入、费用、营业外收支以及有关项目的增减变动,计算出经营活动的现金流量。《企业会计准则——现金流量表》规定采用直接法,同时要求在现金流量表附注中披露净利润调节为经营活动现金流量的信息,也就是用间接法来计算经营活动的现金流量。

(二)现金流量表的编制方法

现金流量表的编制程序通常有工作底稿法和 T 形账户法。其中工作底稿法是指以工作底稿为手段,以损益表和资产负债表数据为基础,对每一项目进行分析并编制调整分录,从而编制出现金流量表。

在直接法下,整个工作底稿分成三段,第一段是资产负债表项目,其中又分为借方项目和贷方项目两部分;第二段是损益表项目;第三段是现金流量表项目。工作底稿横向分为五栏,在资产负债表部分,第一栏是项目栏,填列债务负债表各项目名称;第二栏是期初数栏,用来填列资产负债表的期初数;第三栏是调整分录借方栏;第四栏是调整分录贷方栏;第五栏是期末数栏,用来填列资产负债表项目的期末数。在损益表和现金流量表部分,第一栏也是项目栏,用来填列损益表和现金流量表项目的名称;第二栏空置不填;第三、四栏分别是调整分录的借方和贷方;第五栏是本期数栏,损益表部分这一栏数字应和本期损益表数字核对相符,现金流量表部分这一栏的数字可直接用来编制正式的现金流量表。

采用工作底稿法编制现金流量表的程序如下:

第一步,将资产负债表的期初数和期末数过入工作底稿的期初数栏和期末数栏。

第二步,对当期业务进行分析并编制调整分录。调整分录大体有以下几类:第一类涉及损益表中的收入,成本和费用项目以及资产负债表中的资产,负债及所有者权益项目,通过调整,将权责发生制下的收入费用转换为现金基础;第二类是涉及资产负债表和现金流量表;第三类是涉及损益表和现金流量表中的投资和筹资项目,目的是将损益表中有关投资和筹资方面的收入和费用列入现金流量表投资筹资现金流量中去。此外,还有一些调整分录并不涉及现金收支,只是为了核对资产负债表项目的期末期初变动情况。

在调整分录中,有关现金和现金等价物的事项,并不直接借记或贷记现金,而是分别计入"经营活动产生的现金流量"、"投资活动产生的现金流量"、"筹资活动产生的现金流量"有关项目,借记表明现金流入,贷记表明现金流出。

第三步,调整分录,如工作底稿中的相应部分。

第四步,核对调整分录,借贷合计应当相等,资产负债表项目期初数加减调整分录中的借贷金额以后,应当等于期末数。

第五步,根据工作底稿中的现金流量表项目部分编制正式的现金流量表。

本章练习与思考

(一)名词解释

1.银行的年度决算

2.资产负债表

3.利润表

4.现金流量表

5.现金流量表补充资料

6.利润分配表

7.财务会计报告

8.清理内部资金

9.工作底稿法

10.正表

(二)判断题

(   )1.年度决算工作大体可分为两部分进行:一是年度决算准备工作,二是决算日及决算日后的工作。

(   )2.我国银行每年的 12 月 31 日为年度决算日,无论是否属于假日,均应办理年度决算。

(   )3.总账账页每月更换一次。

(   )4.为了保证年度决算工作的顺利进行,决算工作一般从 11 月份开始着手进行。

(   )5.对连续一年未发生资金收付,经联系又查找不到存款户的,可按规定转作收益。

(   )6.年度财务会计报告应当于年度终了后 4 个月内提供。

(   )7.现金流量表附注中披露的信息,经营活动的现金流量采用间接法计算。

(   )8.在具体编制现金流量表时,可采用工作底稿法或 T 形账户法,但不可以根据有关科目记录分析填列。

(   )9.现金流量表有助于评价银行支付能力、偿债能力和资金周转能力。

(   )10.编制现金流量表的列报方式可选择直接法和间接法。

(   )11.资产负债表是一份动态报表。

(   )12.利润表是一份静态报表。

(   )13.资产负债表必须按月编制。

(   )14.利润分配表是损益表的附表。

(   )15.根据财务报表列报准则规定,损益表是通过多步计算求出的。

（三）单项选择题

1. 2006 年 12 月 31 日为周日，则该年的年度决算日安排在（   ）。

    A. 12 月 29 日   B. 12 月 31 日

    C. 12 月 30 日   D. 2007 年 1 月 2 日

2. 根据我国财务报表列报准则的规定，银行资产负债表采用的格式为（   ）。

    A. 报告式   B. 单步式   C. 多步式   D. 账户式

3. 根据我国现金流量表准则规定，银行应当采用的编报现金流量表的方法是（   ）。

    A. 直接法   B. 间接法   C. 工作底稿法   D. T 形账户法

4. 会计报表中（   ）是一种静态报表。

    A. 资产负债表   B. 损益表   C. 现金流量表   D. 利润分配表

5.《金融企业会计制度》规定，月度会计报告应当在月度终了（   ）内提供。

    A. 10 日   B. 15 日   C. 1 个月   D. 2 个月

6. 对应解汇款资金应积极联系解付，若超过一定时间仍无法解付的，则应办理退汇手续，这一定时间是指（   ）。

    A. 1 个月   B. 2 个月   C. 3 个月   D. 6 个月

7. 商业银行在编制财务会计报告时要求不包括（   ）。

    A. 财务会计报告必须真实完整   B. 编制口径必须一致

    C. 坚持统一领导、各部门密切配合   D. 及时编制财务会计报告

8. 现金流量表的正表要求用（   ）编制。

    A. 单步式   B. 多步式   C. 直接法   D. 间接法

9. 商业银行资产负债表项目包括（   ）。

    A. 汇兑损益   B. 向中央银行借款

    C. 营业税金及附加   D. 所得税费用

10. 反映金融企业与其他金融企业之间进行的资金拆借业务的项目是（   ）。

    A. 清理业务资金   B. 清理结算资金

    C. 清理内部资金   D. 坚持完整性、统一性和及时性

（四）多项选择题

1. 构成银行对外报送的三张主表是（   ）。

    A. 现金流量表   B. 资产负债表

    C. 损益表   D. 所有者权益变动表

2. 银行基层单位的决算准备工作主要包括（   ）。

    A. 清理资金   B. 清点财产   C. 清查账务   D. 核实损益

    E. 试算平衡

3. 银行年度决算日的工作内容有（   ）。

    A. 全面处理和核对账务

    B. 检查各项库存、调整金银、外币记账价格

    C. 核实应交税款

    D. 结转本年利润

E. 办理新旧账簿的结转

4. 编制现金流量表时,列报经营活动现金流量的方法有( )。

A. 直接法　　　　　B. 间接法　　　　　C. 工作底稿法　　　　D. T 形账户法

5. 银行年度财务报表的种类有( )。

A. 资产负债表　　　　　　　　　　B. 利润表

C. 现金流量表　　　　　　　　　　D. 所有者权益变动表

E. 会计报表附注

6. 根据有关项目发生额计算填列,损益表中"营业利润"项目是根据( )项目按公式计算填列。

A. 营业收入　　　　　　　　　　B. 营业支出

C. 营业税金及附加　　　　　　　D. 营业外收入

E. 营业外支出

7. 财务报告的核心是会计报表,应包括( )。

A. 资产负债表　　B. 利润表　　C. 利润分配表　　D. 现金流量表

8. 财务会计报告按编制内容分类,可分为( )。

A. 正表　　　　B. 会计报表　　　C. 会计报表附注　　D. 情况说明书

9. 银行年度决算前,会计部门要与其他业务部门密切配合,对各种资金进行清理,主要包括( )。

A. 清理业务资金　　　　　　　　B. 清理结算资金

C. 清理内部资金　　　　　　　　D. 清理财产资金

12. 财务会计报告按照编制时间可以分为( )。

A. 年度财务会计报告　　　　　　B. 半年度财务会计报告

C. 季度财务会计报告　　　　　　D. 月度财务会计报告

(五)简答题

1. 简述年度决算的意义。

2. 简述年度决算的基本要求及准备工作。

3. 现金流量表有哪些作用?

4. 资产负债表的编制方式有哪几类?

附录一　练习与思考参考答案

第一章　总论

(一)名词解释

1.商业银行会计是以货币为主要计量单位,以凭证为依据,采用确认、计量、记录和报告等会计专门方法和程序,对商业银行的经营活动内容、过程和结果进行连续、系统、全面的核算与监督,为银行管理当局和外部有利害关系的财务信息使用者提供财务状况、经营成果和现金流量等决策所需信息的专业会计。

2.资产,是指过去的交易或事项形成并由银行拥有或控制的、预期会给银行带来经济利益的资源。

3.负债,是指过去的交易或事项形成的、预期会导致经济利益流出银行的现实义务。

4.所有者权益,是指银行所有者在银行资产中享有的经济利益。其金额为资产减去负债后的余额。

5.收入,是银行在日常活动中形成的、会导致所有者权益增加的、与所有者投入资本无关的经济利益的总流入。

6.费用,是指银行在日常活动中发生的、会导致所有者权益减少的、与向所有者分配利润无关的经济利益的总流出。

7.利润,是指商业银行在一定会计期间的经营成果,包括营业利润、利润总额和净利润。

8.重要性原则是要求银行提供的会计信息应当反映与企业财务状况、经营成果和现金流量等有关的所有重要交易或者事项。

9.实质重于形式原则是要求银行应当按照交易或者事项的经济实质进行会计确认、计量和报告,不应仅以交易或者事项的法律形式为依据。

10.权责发生制原则是要求银行以收入在本期实现和费用在本期发生或应由本期负担为标准来确认本期的收入和费用,而不论款项是否在本期收付。

(二)判断题

1.√　　2.×　　3.×　　4.×　　5.√　　6.×　　7.×　　8.√
9.×　　10.√　　11.√　　12.×　　13.√　　14.×　　15.√

(三)单项选择题

1.A　　2.D　　3.B　　4.D　　5.B　　6.D　　7.B　　8.A
9.D　　10.C

（四）多项选择题

1. ABCDE　　2. ABE　　　3. ABD　　　4. ABCD　　　5. ABCE

6. ABCE　　7. ACD　　　8. BD　　　9. AC　　　10. ABCD

（五）简答题

1. 什么是商业银行会计？它有何特点？

商业银行会计是以货币为主要计量单位，以凭证为依据，采用确认、计量、记录和报告等会计专门方法和程序，对商业银行的经营活动内容、过程和结果进行连续、系统、全面的核算和监督，为银行管理当局和外部有利害关系的财务信息使用者提供财务状况、经营成果和现金流量等决策所需信息的专业会计。它不仅是商业银行经营管理活动的重要组成部分，也是商业银行其他工作的基础。

商业银行会计除具有会计的共性之外，在与其他部门会计相比较，在会计核算的形式、方法和程序方面，还独具自己的特点，即反映资金活动情况的综合性和全面性、会计核算与业务处理的融合性、会计账务处理和会计资料提供的及时性、会计核算方法的特殊性和分支机构电子网络的普及性、监督和服务的双重性。

2. 银行会计的核算对象是什么？

银行会计的核算对象就是银行资金及其运动的过程和结果。具体包括：

（1）资产。银行的资产，是指过去的交易或事项形成并由银行拥有或控制的、预期会给银行带来经济利益的资源。

（2）负债。银行的负债，是指过去的交易或事项形成的、预期会导致经济利益流出银行的现实义务。

（3）所有者权益。银行的所有者权益，是指银行所有者在银行资产中享有的经济利益。

（4）收入。银行的收入，是指银行在日常活动中形成的、会导致所有者权益增加的、与所有者投入资本无关的经济利益的总流入。

（5）费用。银行的费用，是指银行在日常活动中发生的、会导致所有者权益减少的、与向所有者分配利润无关的经济利益的总流出。

（6）利润。银行的利润，是指银行在一定会计期间的经营成果，包括营业利润、利润总额和净利润。

3. 银行会计人员有哪些职责和权限？

会计人员的职责是：

（1）认真组织、推动会计工作的各项规章制度、办法的贯彻执行。按照岗位分工和职责认真履行职责，不越权、不越位，在授权范围内处理各项业务。

（2）根据操作规程认真进行会计核算与监督，在监督中发现可疑点应及时报告，尤其在柜台监督中发现"洗黑钱"的线索，应及时与公安部门取得联系；制止各种违规、违法行为，严格执行相互制约的规定，努力完成各项工作任务。

（3）遵守国家法律、法规，贯彻执行《中华人民共和国会计法》，维护财经纪律，同违法乱纪行为做斗争。

（4）讲究职业道德，履行岗位职责，文明服务，廉洁奉公，不断提高工作效率和质量。

为保障会计人员履行职责，赋予会计人员的权限是：

（1）有权要求各开户单位及本企业其他业务部门，认真执行财经纪律和有关的规章制度、办法。如有违反，会计人员有权拒绝办理。对违法乱纪的行为，会计人员有权拒绝受理，并向本行（公司）行长（经理）或上级行（公司）报告。

（2）有权越级反映情况。会计人员在行使职权过程中，对违反国家政策、财经纪律和财务制度的事项，同行长（经理）意见不一致时，领导又坚持办理的，会计人员可以执行，但必须向上级行（公司）提出书面报告，请求处理。

（3）有权对本行（公司）各职能部门在资金使用、财产管理、财务收支等方面实行会计监督。

4.银行会计核算的基本前提包括哪些内容？信息质量有哪些要求？

根据《企业会计准则——基本准则》的规定，银行会计核算必须遵循的四项基本假设是：会计主体、持续经营、会计分期、货币计量；会计基础是权责发生制。八项会计信息质量要求是可靠性、相关性、可理解性、可比性、实质重于形式、重要性、谨慎性、及时性。

第二章　基本核算方法

（一）名词解释

1.表内科目是指列入资产负债表内，反映银行资金实际增减变动的会计科目。

2.基本凭证是指银行根据有关原始凭证及业务事实自行编制的凭以记账的凭证。

3.特定凭证是指根据某项业务的特殊需要而制定的专用凭证。

4.账务组织是指账簿的设置、记账程序以及账务核对方法相互配合所形成的核算体系。

5.分户账是按照开户单位和银行各种资金分账户连续、明细记录的账簿，是银行与开户单位对账的依据。

6.日计表是反映银行当日业务活动的会计报表，是轧平当日全部账务的主要工具。日计表的各科目当日发生额和余额，根据总账各科目当日发生额和余额填记，表内各科目的借、贷方发生额合计数和借、贷方余额的合计数，必须各自平衡。

7.账务核对是会计核算的重要环节，是防止账务差错、保证核算正确的重要措施。通过账务核对，达到账账、账款、账实、账据、账表和内外账相符的目的。

（二）判断题

1.√　　2.×　　3.√　　4.√　　5.√　　6.√　　7.×　　8×

9.√　　10.×　　11.√　　12.√　　13.×　　14.×　　15.×

（三）单项选择题

1.D　　2.D　　3.A　　4.B　　5.B

（四）多项选择题

1.BDE　　2.ABCE　　3.ABCD　　4.BDE　　5.AC

6.ABCDE

（五）简答题

1.银行会计科目有哪些分类？

银行会计科目可以从不同的角度进行分类：

（1）按资金性质，可以分为资产类、负债类、资产负债共同类、所有者权益类和损益类科目。

（2）按与资产负债表的关系，可以分为表内科目和表外科目。

（3）按科目使用范围，可以分为银行业统一会计科目和商业银行系统内会计科目。

2. 银行会计凭证的种类有哪些？

银行使用的会计凭证多种多样，可以从不同的角度进行划分：

（1）按凭证的编制程序不同，分为原始凭证与记账凭证。

原始凭证是经济业务发生时直接取得的凭证，是用来证明经济业务实际发生及完成情况的原始依据。记账凭证是由电子信息输出后打印或根据原始凭证信息编制生成的凭证，是登记账簿的直接依据。

（2）按凭证的填制方法不同，分为单式凭证与复式凭证。

单式凭证是指只填记一个会计科目或账户的会计凭证，那么一笔经济业务按其转账的对应关系，需要编制两张或两张以上的会计凭证。复式凭证是指一笔经济业务所涉及的几个科目或账户都反映在一张凭证上。

（3）按凭证的格式和用途不同，分为基本凭证与特定凭证。

基本凭证是银行根据有关原始凭证及业务事实自行编制凭以记账的凭证。特定凭证是根据某项业务的特殊需要而制定的专用凭证。

3. 商业银行的基本凭证按照使用范围分为几类？各有什么适用范围？

商业银行的基本凭证按照使用范围的不同可分为三类，共 8 种。

第一类凭证仅供银行内部使用，不对外销售和传递，适用于未设专用凭证的一切现金收、付和转账业务，包括 4 种：现金收入凭证、现金付出凭证、转账借方凭证、转账贷方凭证。

第二类是仅供银行内部使用，不对外销售但可对外传递，适用于银行主动代为收款或者扣款时使用（如银行代收款项的收账通知或单位存款利息的进账），包括 2 种：特种转账借方凭证、特种转账贷方凭证。

第三类凭证是特定业务使用的通用凭证，适用于表外项目，包括 2 种：表外科目收入凭证和表外科目付出凭证。

4. 银行会计凭证有哪些特点？

银行会计凭证有如下几个特点：

（1）大量采用以原始凭证代替记账凭证作为记账依据。

银行由于业务量大，在实际业务核算中会收到大量的原始凭证，而这些原始凭证又是由银行统一印制的，已经具备了记账凭证的内容。为了避免重复劳动，提高工作效率，银行大量采用以原始凭证代替记账凭证作为记账依据，这样既节省人力物力，又有利于银行和客户双方的账务保持一致。

（2）除个别业务外，大多采用单式凭证。

采用单式凭证既有利于加快凭证传递和分工记账，又方便了按科目清分传票、日终轧账。

5. 银行现金凭证是如何填制的？

现金业务使用的凭证有现金收入凭证和现金付出凭证。发生现金业务时，记载的一方是有关业务使用的科目,另一方必然是现金科目。为了简化核算手续,对现金业务都只填制一张凭证,即现金科目对方科目凭证,而现金科目不再另行填制凭证。银行内部发生现金收付业务,由银行自行填制现金收入传票或现金付出传票;对外的现金收付业务,则以客户提交的凭证如现金缴款单、现金支票等代替现金收入凭证和现金付出凭证。

6.银行的账务组织包括哪些系统?它们之间有什么样的关系?

账务组织是指账簿的设置、记账程序以及账务核对方法相互配合所形成的核算体系。银行的账务组织包括明细核算和综合核算两个系统。前者是按账户进行的核算,明细反映各账户资金增减变化的情况;后者是按科目进行的核算,综合反映各类资金增减变化的情况。两者都是反映业务活动、考核计划执行情况和财务活动的主要依据,也是维护各项资金和财产安全的重要工具。两个系统的账簿,都必须根据同一会计凭证分别进行登记、核算。它们互相联系、相互制约,明细核算与综合核算的数字必须相符。

(六)业务题

(1)借:单位活期存款——久升百货　　　　　　　　　　5 000
　　　贷:现金　　　　　　　　　　　　　　　　　　　　　　　　　5 000

(2)借:现金　　　　　　　　　　　　　　　　　　　100 000
　　　贷:存放中央银行准备金　　　　　　　　　　　　　　　　100 000

(3)借:短期贷款——保洁垃圾处理厂　　　　　　　　200 000
　　　贷:单位活期存款——保洁垃圾处理厂　　　　　　　　　200 000

(4)借:单位活期存款——蓝天机械厂　　　　　　　　150 000
　　　贷:单位定期存款——蓝天机械厂　　　　　　　　　　　150 000

试算平衡表
年　　月　　日

科目代码	科目名称	上日余额		本日发生额		本日余额	
		借方	贷方	借方	贷方	借方	贷方
1010	现金	180 000		100 000	5 000	275 000	
1040	存放中央银行准备金	500 000			100 000	400 000	
1210	短期贷款	170 000		200 000		370 000	
2010	单位活期存款		630 000	155 000	200 000		675 000
2020	单位定期存款		220 000		150 000		370 000
合　计		850 000	850 000	455 000	455 000	1 045 000	1 045 000

第三章　存款业务的核算

(一)名词解释

1.单位定期存款,是指单位在存入存款时约定期限、利率,到期支取本息的一种存款业务。

2. 单位活期存款,是指客户办理存款业务时,凭支票可以随时支取的存款。

3. 活期储蓄存款,是指不规定存期,储户随存随取的储蓄。活期储蓄起存金额 1 元,多存不限。

4. 定期储蓄存款,是指在存款时约定存期,一次或多次存入,到期一次或分次平均取出本金和利息的一种储蓄存款。

5. 定活两便储蓄存款是指开户时不确定存期,储户可以随时提取,利率随存期长短而变动的一种储蓄存款。

6. 零存整取存款是指开户时约定期限,存期内按月存入固定存额(中途漏存仍可续存,未存月份应在次月补存),到期一次支取本金和利息的储蓄存款。

7. 整存零取存款是指一次存入一定数额本金,约定期限,到期一次支取本息的储蓄存款。它适用于结余款项的存储。

8. 一般存款账户是指存款人因借款或其他结算需要,在基本存款账户开户银行以外的银行营业机构开立的银行结算账户。

9. 基本存款账户是指存款人因办理日常转账结算和现金收付需要而在银行开立的结算账户。

10. 清户也称销户,是指储户将存款全部支取并结计利息。

(二)判断题

1. √　　2. ×　　3. √　　4. ×　　5. √　　6. ×　　7. √　　8. √

9. √　　10. √　　11. √　　12. ×　　13. ×　　14. ×　　15. √

(三)单项选择题

1. C　　2. A　　3. B　　4. D　　5. B　　6. B　　7. A　　8. C

9. B　　10. D

(四)多项选择题

1. ABCD　　2. ACD　　3. BCD　　4. BC　　5. ABC

6. ACD　　7. BCD　　8. ABCD　　9. ABC　　10. ABC

(五)简答题

1. 存款业务的意义及存款的种类有哪些?

银行的经营活动中所需要的资金大部分是通过吸收存款而取得的。因此,从资金来源角度来看,存款的规模制约着贷款的规模;在成本水平一定的条件下,存款的规模也决定着银行利润水平的高低,关系到银行自身的生存和发展。另外,从宏观角度来看,银行通过吸收存款,充分地将大量的、分散的社会闲散资金聚集成巨大的货币力量,再通过发放贷款把资金贷放给生产经营单位,从而促进市场经济的发展。

按存款资金主体分类,可分为单位存款、个人存款;按存款期限分类,可分为活期存款、定期存款、定活两便存款(含通知存款);按计息与否分类,可分为计息存款和不计息存款;按存取款方式分类,可分为存折存款、存单存款、转账存款。

2. 存款账户如何划分? 如何管理存款账户?

存款账户是在会计科目下按单位或存款种类进行具体分类的名称,是银行办理信贷、结算、现金出纳、储蓄业务,反映各单位、各部门经济活动的工具。银行的存款账户分为基本存款账户、一般存款账户、专用存款账户和临时存款账户。

存款账户一经开立,银行就必须加强对账户的管理,监督开户单位正确使用账户。各单位通过银行账户办理资金收付,必须遵守银行的有关规定。

(1)一个单位只能选择一家银行的一个营业机构开立一个基本存款账户,不允许在多家银行开立基本存款账户。

(2)开户实行双向选择。存款人可以自主选择银行,银行也可以自愿选择存款人开立账户。

(3)各单位的账户只供本单位业务经营范围内的资金收付使用,账户不准出租、出借、出让。

(4)各单位在银行的账户必须保证有足够的资金,不准利用账户套取银行信用和从事非法活动;同时银行还应该经常检查账户的使用情况,及时与存款人进行对账,在"先存后用,存大于支"的原则下为客户提供安全、快捷的金融服务。

3.存款业务日常核算有哪些基本要求?

由于商业银行吸收的存款涉及社会各个方面,存款核算工作的好坏不仅影响商业银行的信誉,也可能对存款人造成一定的影响,因此,在办理银行存款核算时,银行应该做到如下要求:

(1)切实维护存款人的合法权益。

(2)准确及时地进行存款业务核算。

(3)认真执行利率政策,准确核计存款利息。

4.储蓄存款的原则包括哪些?

为了正确执行国家保护和鼓励人们储蓄的政策,银行对个人储蓄存款实行"存款自愿、取款自由,存款有息,为储户保密"的原则。

(1)存款自愿、取款自由。储户存款多少天,存期长短,存入哪家银行,何时存取,都由储户自己决定。对定期存款,也可按照储蓄管理规定办理提前支取。

(2)存款有息。银行对储户的各种储蓄存款都应该按照规定计付利息。

(3)为储户保密。银行有责任对储户的存款情况保密,体现了宪法保护公民储蓄所有权的一项重要措施,也是贯彻银行储蓄政策,因此,储户保密原则既符合储户心理,也有利于保护存款的安全。

(六)业务题

1.借:单位活期存款——光明电器公司   100 000

 贷:现金   100 000

2.借:现金   1 000

 贷:定期储蓄存款——整存整取——××储户   1 000

 付出:空白重要凭证——××存单(折)

3.借:单位活期存款——光明电器公司   300 000

 贷:单位定期存款——光明电器公司   300 000

4.到期利息＝300 000×12×1.85‰＝6 660(元)

 逾期利息＝300 000×6×(0.3‰÷30)＝18(元)

该笔存款应付利息＝6 660＋18＝6 678(元)

借:单位定期存款——光明电器公司   300 000

应付利息——单位定期存款利息支出   6 678

贷:单位活期存款   306 678

5.

存款分户账

账号:20100003   利率:月0.3‰

2012年		摘要	借方	贷方	借或贷	余额	日数	积数
月	日							
3	1	承前页			贷	300 000.00	71 5	2 100 000.00 1 500 000.00
3	6	转借	50 000.00		贷	250 000.00	3	750 000.00
3	9	转贷		20 000.00	贷	270 000.00	4	1 080 000.00
3	13	转借	6 000.00		贷	264 000.00	2	528 000.00
3	15	转贷		6 000.00	贷	270 000.00	1	270 000.00
3	16	转借	4 000.00		贷	266 000.00	3	798 000.00
3	19	转贷		3 000.00	贷	269 000.00	2	538 000.00
3	21	转息		62.00	贷	269 062.00	91	7 564 000.00

利息＝7 564 000×0.3‰÷30＝75.64(元)

借:利息支出——单位活期存款利息支出   75.64

贷:单位活期存款——光明电器公司   75.64

6.应计付的利息＝5 400 000×0.3‰÷30＝54(元)

借:利息支出——活期储蓄利息支出——××储户   54

贷:活期储蓄存款——××储户   54

7.应计付的到期利息＝30 000×6×1.65‰＝297(元)

应计付的过期利息＝30 000×10×0.3‰÷30＝3(元)

借:定期储蓄存款——整存整取——××储户   30 000

贷:现金   30 000

借:应付利息   300

贷:现金   300

第四章 贷款业务的核算

(一)名词解释

1.信用贷款,是指银行凭借客户的信誉而无须提供抵押物或第三者保证而发放的贷款。

2.短期贷款,是指贷款期限在1年以内(含1年)的贷款,多数用于流动资金贷款,其利率较其他贷款高。

3.抵押贷款,是指按规定的抵押方式以借款人或第三者的财产作为抵押发放的贷款。

4.质押贷款,是指按规定的质押方式以借款人或第三者的动产或权利证明作为质物发放的贷款。

5.保证贷款,是指按规定的保证方式以第三人承诺在借款人不能偿还贷款时,按约定承担一般保证责任或连带责任而发放的贷款。

6.贷款损失准备是按一定比例或方法提取的,用于补偿贷款损失的准备金。贷款损失准备的提取可以真实反映商业银行的信贷资产质量,增强商业银行的风险意识,提高防御风险的能力,同时,也是会计谨慎性原则的体现。

7.贴现贷款是当收款人或背书人(持票人)需要资金时,可以在商业汇票到期以前,持未到期的商业汇票到银行申请贴现。

8.银行贷款也称银行放款,是指银行按照一定的贷款原则和政策,对借款人提供的按约定的利率和期限还本付息的货币资金的信用活动。

9.长期贷款,是指贷款期限在 5 年以上(不含 5 年)的贷款,主要用于大型工程、重点工程、对外援助等项目的投资,其利率在三种期限的贷款中最低。

10.定期结息,是指银行在每月或每季度末月 20 日营业终了时,根据贷款科目余额表计算累计贷款积数(贷款积数计算方法与存款积数计算方法相同),登记贷款计息科目积数表,按规定的利率计算利息。

(二)判断题

1.√   2.×   3.×   4.√   5.×   6.√   7.×   8.√

9.√   10.√   11.×   12.×   13.√   14.√   15.√

(三)单项选择题

1.C   2.A   3.A   4.D   5.A   6.C   7.A   8.B

9.C   10.D

(四)多项选择题

1.ACD   2.ABCDE   3.ABD   4.ACD   5.AB

6.ABCDE   7.ABD   8.ABCD   9.ABCD   10.BCD

(五)简答题

1.贷款核算的基本要求是什么?

贷款业务的核算要求包括:

(1)根据不同的贷款,制定相应的贷款核算方式。虽然银行贷款根据不同的标准,具有不同的分类,但是关于贷款业务的会计核算必须从简化手续和便于管理的要求出发,制定相应的贷款核算方法。

(2)认真履行贷款核算手续,会计人员对贷款业务必须按照会计核算的要求,做好会计核算工作。

(3)发挥会计监督职能,确保资金的合理使用。会计监督是银行会计的一项重要职能,银行会计部门应该科学、合理地设置贷款业务核算的科目,及时、准确地进行贷款业务的核算和衔接一致的表内、表外登记,积极有效地行使会计监督职能,确保信贷资金的合理使用及本息的安全收回。

(4)应计贷款和非应计贷款应分别核算。非应计贷款是指贷款本金或利息逾期90天没有收回的贷款。应计贷款是指非应计贷款以外的贷款。当贷款的本金或利息逾期90天时,应单独核算。当应计贷款转为非应计贷款时,应将已入账的利息收入和应收利息予以冲销从表内转化到表外。在应计贷款转为非应计贷款后,当收到该笔贷款的还款时,首先冲减本金;本金全部收回后,再收到的还款则确认为当期利息收入。

(5)严格执行"七不准"的相关规定。2012年1月20日,银监会发布《中国银监会关于整治银行业金融机构不规范经营的通知》(银监发[2012]3号),要求银行业金融机构在业务经营中须遵守"七不准"、"四公开"的规定。

2.贷款的种类是怎样划分的?

银行贷款按不同的分类标准可分为不同的类别:

(1)按贷款期限划分,银行贷款可以分为短期贷款、中期贷款和长期贷款。

(2)按贷款的保障条件分类,银行贷款可分为信用贷款、担保贷款和票据贴现。

(3)按银行承担责任的不同分类,银行贷款可以分为自营贷款和委托贷款。

(4)按贷款的质量和风险程度分类,银行贷款可以分为正常贷款、关注贷款、次级贷款、可疑贷款和损失贷款。

(5)按贷款的用途不同,可以分为两类:一是按照贷款对象的部门来划分,分为工业贷款、商业贷款、农业贷款、科技贷款和消费贷款;二是按照贷款的具体用途来划分,一般分为流动资金贷款和固定资金贷款。

3.贷款利息计算的有关规定包括哪些?

贷款利息计算的有关规定包括:

(1)结息日。贷款可以按月(季)结息,也可以利随本清。按月结息的,每月的20日为结息日;按季结息的,每季度末月的20日为结息日,具体结息方式由借贷双方协商确定。

(2)利率调整。短期贷款遇利率调整,不分段计息。中长期贷款(含中长期个人住房贷款)由借贷双方根据商业原则确定,可在合同期限内按月、按季、按年进行调整,也可以使用固定利率。目前,商业银行中长期贷款利率大部分仍沿用1年一定的原则。

贷款展期,期限应累计计算,累计期限达到新的利率期限档次时,自展期之日起,按展期日挂牌的同档次利率计息,达不到新的期限档次时,按展期日的原档次利率计息。

(3)贷款利率的上限与下限。人民银行对贷款利率实行下限管理,商业银行贷款利率最低为人民银行公布的基准利率的0.9倍,即最多下浮10%。贷款利率上限放开,但城乡信用社贷款利率浮动上限为基准利率的2.3倍。

(4)逾期贷款或挤占挪用贷款。逾期贷款或挤占挪用贷款,从逾期或挤占挪用之日起,按逾期和挪用贷款利率计息,直到清偿本息为止,遇逾期和挪用贷款利率调整分段计息。对贷款逾期或挪用期间不能按期支付的利息按逾期和挪用贷款利率按季或月计收复利。如果同一笔贷款既逾期又挤占挪用,应择其重,不能并处。

(5)应收未收贷款利息的处理。对贷款的应收未收利息按季或按月以当前执行利率计收复息。

4.简述贷款收回的核算及其会计分录。

贷款到期,借款单位归还贷款时,应填制还款凭证交贷款银行办理还款手续,会计部

门审核无误后,抽出专夹保管的借据核对并登记还款记录,然后通过会计核算系统进行账务处理。其会计分录如下:

借:××存款——××单位存款户

贷:××贷款——××单位贷款户

（六）业务题

1. 借:中期贷款——国美商城贷款户　　　　　　　　100 000

　　贷:单位活期存款——国美商城存款户　　　　　　　　100 000

2. 借:单位活期存款——国美商城存款户　　　　　　50 000

　　贷:短期贷款——国美商城贷款户　　　　　　　　　50 000

3.（1）贷款发放时:

　　借:短期贷款——国美电器公司贷款户　　　　　　300 000

　　　贷:单位活期存款——国美电器公司存款户　　　　　300 000

（2）贷款到期时:

　　200 000×6×4.35‰＝5 220(元)

　　借:单位活期存款——国美电器公司存款户　　　205 220

　　　贷:短期贷款——国美电器公司贷款户　　　　　200 000

　　　应收利息——短期贷款应收利息　　　　　　　　5 220

　　借:短期贷款——国美电器公司贷款户　　100 000(红字)

　　借:逾期贷款——国美电器公司逾期户　　　　　　100 000

（3）收回逾期贷款时:

　　100 000×6×4.35‰＝2 610(元)

　　100 000×19×2.1‰＝399(元)

　　借:单位活期存款——国美电器公司存款户　　　103 009

　　　贷:逾期贷款——国美电器公司逾期户　　　　　100 000

　　　应收利息——短期贷款应收利息　　　　　　　　2 610

　　　利息收入——短期贷款利息收入　　　　　　　　　399

4. 办理贴现时:

　　贴现利息＝100 000×39×(5‰÷30)＝650(元)

　　实付贴现金额＝100 000－650＝99 350(元)

借:贴现——商业承兑汇票　　　　　　　　　　　100 000

　贷:××存款——活期存款——贴现申请人户　　　　99 350

　　利息收入——贴现利息收入户　　　　　　　　　　650

5. 年末应提取一般准备＝500 000 000×1%＝5 000 000(元)

　调整提取一般准备＝5 000 000－2 600 000＝2 400 000(元)

借:资产减值损失——计提贷款损失准备　　　　　2 400 000

　贷:贷款损失准备　　　　　　　　　　　　　　　　2 400 000

第五章　支付结算业务的核算

（一）名词解释

1.支付结算,是指单位、个人在社会经济活动中使用票据、汇兑、托收承付、委托收款和信用卡等结算工具进行货币给付及资金清算的行为。

2.支票是出票人签发的,委托办理支票存款业务的银行或者其他金融机构在见票时无条件支付确定的金额给收款人或者持票人的票据。

3.银行本票是银行签发的,承诺自己在见票时无条件支付确定的金额给收款人或持票人的票据。

4.银行汇票是出票银行签发的,由其在见票时按照实际结算金额无条件支付给收款人或持票人的票据。银行汇票的出票银行为银行汇票的付款人。

5.商业汇票是由出票人签发,委托付款人在指定日期无条件支付确定的金额给收款人或持票人的票据。

6.汇兑是汇款人委托银行将其款项支付给收款人的结算方式。

7.委托收款是收款人委托银行向付款人收取款项的结算方式。

8.托收承付是收款人根据购销合同发货后,委托银行向异地付款人收取款项,付款人验单或验货后,向银行承认付款的结算方式。

9.信用卡是指商业银行向个人和单位发行的,据以向特约单位购物、消费和向银行存取现金,且具有消费信用的特制载体卡片。

（二）判断题

1.×　　2.×　　3.√　　4.√　　5.√　　6.×　　7.×　　8.×

9.×　　10.×　　11.×　　12.√　　13.×　　14.√　　15.√

（三）单项选择题

1.D　　2.A　　3.C　　4.B　　5.A　　6.B　　7.C　　8.C

9.C　　10.D

（四）多项选择题

1.AD　　2.AC　　3.BC　　4.BC　　5.AC

6.ACD　　7.ABCD　　8.AC　　9.BD　　10.ABCD

（五）简答题

1.什么是支付结算？支付结算种类有哪些？

支付结算,是指单位、个人在社会经济活动中使用票据、银行卡和汇兑、托收承付、委托收款等结算方式进行货币给付及资金清算的行为。

目前我国支付结算的种类主要有票据、银行卡和结算方式,简称"三票、一卡、三方式",具体包括:支票、银行本票、银行汇票、商业汇票、银行卡、汇兑、委托收款、托收承付等8种。

2.银行的支付结算的原则是什么？

支付结算的原则就是在办理支付结算业务时,单位、个人和银行都必须遵守的基本准

则。根据我国《支付结算办法》的规定,目前应遵循的结算原则是:

(1)恪守信用,履约付款;

(2)谁的钱进谁的账,由谁支配;

(3)银行不垫款。

3.简述银行卡的概念及分类。

银行卡,是指由商业银行(含邮政金融机构)向社会发行的具有消费信用、转账结算、存取现金等全部或部分功能的信用支付工具。银行卡的分类如下:

(1)按信用透支功能不同,可分为信用卡和借记卡;

(2)按币种不同,分为人民币卡、外币卡和多币种卡;

(3)按使用对象不同,分为单位卡和个人卡;

(4)按持卡人的从属关系不同,分为主卡和附属卡;

(5)按信誉等级不同,分为金卡和普通卡;

(6)按信息载体不同,分为磁条卡和芯片卡(IC 卡)。

4.什么是信用卡? 信用卡有哪些基本规定?

信用卡是指商业银行向个人和单位发行的,据以向特约单位购物、消费和向银行存取现金,且具有消费信用的特制载体卡片。

信用卡的基本规定有:

(1)信用卡按使用对象分为单位卡和个人卡;按信誉等级分为金卡和普通卡。

(2)信用卡的发卡机构必须是经中国人民银行批准的商业银行(包括外资银行、合资银行)和非银行金融机构。非银行金融机构、境外金融机构的驻华代表机构不得发行信用卡和代理收单结算业务。

(3)凡在中国境内金融机构开立基本存款账户的单位可申请单位卡,其资金一律从基本存款账户转入,不得交存现金,不得将销货收入的款项存入其信用卡账户。

(4)单位卡一律不得支取现金,不得用于 10 万元以上的商品交易、劳务供应款项的结算。

(5)具有完全民事行为能力的公民可申领个人卡,其资金以现金存入或以其工资性款项及属于个人的劳务报酬收入转账存入,严禁将单位的款项存入个人卡账户。

(6)信用卡透支额,金卡最高不得超过 1 万元,普通卡最高不得超过 5 000 元。信用卡透支期限最长为 60 日。持卡人使用信用卡不得恶意透支。

(7)信用卡丧失,持卡人应立即持本人身份证件或其他有效证明,并按规定提供有关情况,向发卡银行或代办银行申请挂失。发卡银行或代办银行审核后办理挂失手续。

(六)业务题

业务题一:支票业务的核算

1.借:单位活期存款——万发贸易有限公司　　　　　　　　　　200 000

　　贷:单位活期存款——东方汽车厂　　　　　　　　　　　　　　　　200 000

2.借:单位活期存款——广艺舞蹈学校　　　　　　　　　　　189 000

　　　单位活期存款——晨曦文具店　　　　　　　　　　　　　5 000

　　　单位活期存款——顺达食品公司　　　　　　　　　　　17 500

　　贷:单位活期存款——南洋贸易公司　　　　　　　　　　　　　　211 500

3.借:单位活期存款——派克集团公司   215 000

    贷:存放中央银行准备金   215 000

4.借:存放中央银行准备金   73 000

    贷:其他应付款   73 000

    借:其他应付款   73 000

    贷:单位活期存款——华南机械制造厂   73 000

5. 18 000×5%＝900(元)

    借:单位活期存款——派克集团公司   1 000

    贷:营业外收入   1 000

业务题二:银行本票业务的核算

1.借:单位活期存款——东方汽车厂   75 000

    贷:本票   75 000

2.借:本票   95 000

    贷:单位活期存款——南洋贸易有限公司   95 000

3.借:存放中央银行准备金   87 000

    贷:单位活期存款——派克集团公司   87 000

4.借:本票   2 000

    贷:现金   2 000

5.借:本票   65 000

    贷:存放中央银行准备金   65 000

6.借:现金   5 000

    贷:应解汇款   5 000

    借:应解汇款   5 000

    贷:本票   5 000

业务题三:银行汇票业务的核算

1.借:单位活期存款——东方汽车厂   100 000

    贷:汇出汇款   100 000

2.借:现金   6 000

    贷:应解汇款   6 000

    借:应解汇款   6 000

    贷:汇出汇款   6 000

3.借:辖内往来   195 000

    贷:单位活期存款——派克集团公司   195 000

4.借:辖内往来   10 000

    贷:应解汇款   10 000

    借:应解汇款   10 000

    贷:现金   10 000

5.借:汇出汇款   80 000

    贷:辖内往来   79 000

      单位活期存款——南洋贸易公司   1 000

6. 借:汇出汇款   9 000
  贷:辖内往来   8 500
    应解汇款——李敏   500
  借:应解汇款——李敏   500
  贷:现金   500

7. 借:汇出汇款   53 000
  贷:单位活期存款——华南机械制造厂   53 000

业务题四:商业汇票业务的核算

1. 借:单位活期存款——南洋贸易有限公司   680 000
  贷:辖内往来   680 000

2. 借:辖内往来   98 000
  贷:单位活期存款——派克集团公司   98 000

3. 借:单位活期存款——东方汽车厂   500 000
  贷:应解汇款   500 000

4. 借:单位活期存款——南洋贸易有限公司   500 000
    逾期贷款——南洋贸易有限公司   450 000
  贷:应解汇款   950 000

5. $700\ 000 \times 0.05\% = 350$(元)
  借:单位活期存款——华南机械制造厂   350
  贷:手续费收入   350

6. 借:单位活期存款——东方汽车厂   71 000
  贷:辖内往来   71 000

业务题五:汇兑业务的核算

1. 借:单位活期存款——南洋贸易公司   380 000
  贷:辖内往来   380 000

2. 借:现金   8 000
  贷:应解汇款   8 000
  借:应解汇款   8 000
  贷:辖内往来   8 000

3. 借:辖内往来   87 000
  贷:单位活期存款——派克集团公司   87 000

4. 借:辖内往来   3 000
  贷:应解汇款   3 000
  借:应解汇款   3 000
  贷:现金   3 000

5. 借:辖内往来   60 000
  贷:应解汇款   60 000
  借:应解汇款   60 000
  贷:辖内往来   60 000

6. 借:应解汇款　　　　　　　　　　　　　　　　　　　9 000
　　　贷:辖内往来　　　　　　　　　　　　　　　　　　　　　　9 000

业务题六:委托收款与托收承付业务的核算

1. 借:单位活期存款——华南机械制造厂　　　　　　　532 000
　　　贷:辖内往来　　　　　　　　　　　　　　　　　　　　　532 000

2. 借:辖内往来　　　　　　　　　　　　　　　　　　875 000
　　　贷:单位活期存款——东方汽车厂　　　　　　　　　　　875 000

3. 承付期满日 3.10 划款:
　　　借:单位活期存款——派克集团公司　　　　　　　470 000
　　　贷:辖内往来　　　　　　　　　　　　　　　　　　　　　470 000

3.26 日划余款:逾期天数为 15 日(说明:银行划款通常在上午营业开始时,因此本题应理解为该账户在 25 日营业终了时有足够的款项,所以逾期天数只能算到 3 月 24 日)。

　　　赔偿金:500 000×0.5‰×15＝3 750(元)

　　　借:单位活期存款——派克集团公司　　　　　　　　3 750
　　　贷:辖内往来　　　　　　　　　　　　　　　　　　　　　3 750

4. 借:单位活期存款——南洋贸易有限公司　　　　　　176 000
　　　贷:辖内往来　　　　　　　　　　　　　　　　　　　　　176 000

5. 借:单位活期存款——华南机械制造厂　　　　　　　224 000
　　　贷:辖内往来　　　　　　　　　　　　　　　　　　　　　224 000

6. 借:单位活期存款——东方汽车厂　　　　　　　　　　38 000
　　　贷:辖内往来　　　　　　　　　　　　　　　　　　　　　38 000

第六章　银行往来及资金清算的核算

(一)名词解释

1. 银行往来及资金清算,是指商业银行(包括系统内和跨系统)相互之间以及与中央银行之间,因办理支付结算、资金调拨、相互融通资金和中央银行行使金融监管职能等原因引起的资金账务往来及清算。

2. 第二代支付系统是以清算账户管理系统(SAPS)为核心,以大额支付系统、小额支付系统、网上支付跨行清算系统、支票影像交换系统为业务应用系统,以公共控制管理、支付管理系统为支持系统的系统架构。与第一代系统相比,第二代支付系统架构更灵活,适应能力更强。

3. 同步清算,是指经办行汇出、汇入资金要同时进行清算,随发随收,即当发报经办行通过其清算行经总行清算中心将款项汇划至收报经办行的同时,总行清算中心每天根据各行汇出、汇入资金情况,从各清算行备付金存款账户付出资金或存入资金,从而实现各清算行之间的资金清算保持同步。

4. 若提出行提出的是在本行开户的付款人委托银行从其账户中付出款项,划往在他行开户的收款人账上的各种凭证,称为代收票据,如由签发人提交的进账单等。若提出的是在本行开户的收款单位交存的,应由在他行开户的单位付款的凭证,称为代付票据。

5. 大额支付系统(HVPS)的"大额"是指规定金额起点以上的业务。大额支付系统以电子方式实时处理同城和异地的每笔金额在规定起点以上的大额贷记支付业务和紧急的小额贷记支付业务,支付指令实时发送,逐笔全额清算资金。

6. 小额支付系统是以电子方式批量处理同城和异地纸凭证截留的商业银行跨行之间的定期借记支付业务,人民银行会计和国库部门办理的借记支付业务,以及每笔金额在规定起点以下的小额贷记支付业务的应用系统。

7. 资金汇划清算系统是商业银行办理结算资金和内部资金汇划与清算的工具,是一套集汇划业务、清算业务、结算业务等于一体的综合性应用系统。

8. 商业银行的准备金是商业银行现金资产的重要组成部分。准备存款包括两个部分:一是按照中央银行规定的比例上缴的法定存款准备金;二是准备金账户中超过了法定存款准备金的超额准备金。

9. 异地转账结算,对于自成联行系统或建立了资金汇划清算系统的商业银行,其系统内的异地结算,可以通过系统内联行往来或资金汇划清算系统划拨款项。对于未建立联行系统或资金汇划清算系统的商业银行,其系统内的异地结算,以及商业银行跨系统的异地结算,均需要通过人民银行转汇或由建立联行系统的商业银行代理结算。

10. 全国支票影像交换系统,是指运用影像技术将实物支票转换为支票影像信息,通过计算机及网络将影像信息传递至出票人开户银行提示付款的业务处理系统。影像交换系统定位于处理银行机构跨行和行内的支票影像信息交换,其资金清算通过中国人民银行覆盖全国的小额支付系统处理。

(二)判断题

1 × 　2. √ 　3. × 　4. × 　5. × 　6. × 　7. × 　8. ×

9. × 　10. × 　11. √

(三)单项选择题

1. D 　2. B 　3. B 　4. A 　5. B 　6. A 　7. B 　8. B

9. B

(四)多项选择题

1. ABCDE 　2. ABC 　3. ABCD 　4. ABCE 　5. ACDE

6. BCDE 　7. CDE 　8. ABC 　9. BC 　10. BD

11. ABCD 　12. ACE

(五)简答题

1. 银行之间的资金清算是由什么引起的?

银行是国民经济资金活动的枢纽,承担着为社会各部门、各单位之间商品交易、劳务供应进行货币结算,以及财政预算资金上缴、下拨进行划拨清算的责任。在办理这些业务时,如果收付款人在同一行处开户,那么资金从付款人账户划转到收款人账户,在一个行处内即可以完成;如果收付款人在不同的行处开户(在同一银行系统的不同行处开户或在不同银行系统的营业机构开户),资金则需要在两个行处之间进行划拨,并对由此而形成的相互之间资金的代收代付进行清偿。简单来说,企业及个人之间通过银行进行的资金往来称为支付结算,银行之间把支付业务往来所产生的资金进行结清核算称为资金清算。资金清算是由支付结算引起的,支付结算是资金清算的原因,资金清算是实现支付结算的工具,是清偿行与行之间资金存欠的手段,所以支付结算与资金清算两者是紧密联系、相辅相成的。

2.我国银行往来与资金清算的模式有哪些?

目前,我国已初步建成以中国现代化支付系统为核心,以商业银行行内系统为基础,票据交换系统、银行卡支付系统等共同组成的支付清算网络。

(1)联行往来系统。各商业银行系统内的联行往来系统,主要适用于各商业银行本系统内各银行之间异地资金的汇划。随着电子计算机技术的普及,各商业银行相继开通了电子清算系统,使各联行机构的款项汇划实现了电子汇划、无纸传递,大大提高了异地汇划的速度和资金清算的效率。(2)人民银行的电子联行系统。人民银行的电子联行系统,主要适用于各商业银行跨系统各银行之间的贷记资金汇划业务通过人民银行进行的转汇。(3)票据交换系统。各大中城市的票据交换系统或票据清分系统,主要适用于同一城市或票据交换区域的各银行之间的票据往来业务。(4)现代化支付系统。现代化支付系统由大额实时支付系统和小额批量支付系统两个应用系统组成。大额实时支付系统实行逐笔实时处理支付口令,全额清算资金,目标是为银行和社会企事业单位以及金融市场提供快速、安全、可靠的支付清算服务。小额批量支付系统实行批量发送支付口令,轧差净额清算资金,目标是为社会提供低成本、大业务量的支付清算服务,支撑各种支付业务,满足社会各种经济活动的需要。(5)银行卡支付系统。银行卡支付系统是由银行卡跨行支付系统以及发卡行内银行卡支付系统组成的,专门处理银行卡跨行的信息转接和交易清算业务的信息系统,由中国银联建设和运营,具有借记卡和信用卡、密码方式和签名方式共享等特点。2004年银行卡跨行支付系统成功接入中国人民银行大额实时支付系统,实现了银行卡跨行支付的实时清算。(6)全国支票影像交换系统。全国支票影像交换系统,是指运用影像技术将实物支票转换为支票影像信息,通过计算机及网络将影像信息传递至出票人开户银行提示付款的业务处理系统。影像交换系统定位于处理银行机构跨行和行内的支票影像信息交换,其资金清算通过中国人民银行覆盖全国的小额支付系统处理。中国人民银行于2007年6月25日建成全国支票影像交换系统,该金融基础设施的建设标志着我国已经打破支票仅在同城使用的限制,实现了支票在全国范围的互通使用。

3.资金汇划清算的基本做法有哪些?

其基本做法是:实存资金,同步清算,头寸控制,集中监督。

(1)实存资金。实存资金是指以清算行为单位在总行清算中心开立备付金存款账户,用于汇划款项时的资金清算。(2)同步清算。同步清算是指经办行汇出、汇入资金要同时进行清算,随发随收,即当发报经办行通过其清算行经总行清算中心将款项汇划至收报经办行的同时,总行清算中心每天根据各行汇出、汇入资金情况,从各清算行备付金存款账户付出资金或存入资金,从而实现各清算行之间的资金清算保持同步。(3)头寸控制。头寸控制是指各清算行在总行清算中心开立的备付金存款账户,保证足额存款,总行清算中心对各行汇划资金实行集中清算。清算行备付金存款不足,二级分行可向管辖省区分行借款,省区分行和直辖市分行、直属分行头寸不足可向总行借款。(4)集中监督。集中监督是指总行清算中心对汇划往来数据发送、资金清算、备付金存款账户资信情况和行际间查询查复情况进行管理和监督。

4.资金汇划系统的处理办法有哪些?

资金汇划清算系统采取"汇划数据实时发送,各清算行控制进出,总行中心即时处理,汇划资金按时到达"的办法。

"汇划数据实时发送",是指发报经办行录入汇划数据后,全部实时发送至发报清算行。"各清算行控制进出",是指清算行辖属所有经办行的资金汇划、查询查复全部通过清算行进出,清算行控制辖属经办行的资金清算。"总行中心即时处理",是指总行清算中心对发报清算行传输来的汇划数据即时传输至收报清算行。实时业务由收报清算行即时传输到收报经办行,批量业务由收报清算行次日传输到收报经办行。总行清算中心当日更新各清算行备付金存款。"汇划资金按时到达",是指汇划资金能够做到实时业务即时到达经办行,批量业务次日到达经办行。在每日营业终了前的规定对账时间内,从上到下,由总行清算中心和各清算行、经办行核对当日往来账的笔数,金额无误后,结出当日行内汇划往来账户余额。

5.人民银行如何考察法定存款准备金?

法定存款准备金由人民银行按各商业银行的法人统一每日进行考核。

各商业银行在每日营业终了,应自下而上编制一般存款科目余额表,由法人统一汇总后报送法定存款准备金账户开户的人民银行。同时,每月末,各商业银行应将汇总的全系统月末日计表报送开户的人民银行。人民银行于每日营业终了按一般存款余额的一定比例考核法定存款准备金。日间,人民银行要控制法定存款准备金账户不能发生透支;日终,该账户余额必须达到法定存款准备金的最低限。

每日日终,人民银行对法定准备金进行考核时,如果商业银行法人统一存入人民银行的准备金存款低于规定的一般存款余额的一定比例,人民银行应对其不足的部分处以罚息。商业银行不按时报送旬末一般存款科目余额表和按月报送月末日计表的,人民银行应责令其报送,逾期不报送的,人民银行将对其处以1万元以上10万元以下罚款。

6.商业银行在人民银行开立的存款准备金账户有何性质?如何管理?

商业银行各分支机构在人民银行开立的准备金存款账户,属于备付金存款账户,用于核算向人民银行存取现金、资金调拨、资金清算和其他日常支付的款项,该账户按照"先存后用,不得透支"的原则进行管理。如果账户资金不足,可以通过向上级行调入资金或向同业拆借等及时加以补充。它不用于考核法定存款准备金。

商业银行各总行在人民银行开立的准备金存款账户,属于备付金和法定存款准备金合一的账户,除了用以考核法定存款准备金以外,还用于核算向人民银行存取现金、资金调拨、资金清算以及其他日常支付的款项。该账户余额应大于或最低应等于规定的法定存款准备金。

人民银行对商业银行开立的准备金存款账户,用"××银行准备金存款"科目核算,它属于负债性质账户。商业银行对在人民银行开立的准备金存款账户,用"存放中央银行准备金"科目核算,它属于资产性质账户。

7.再贷款按照贷款期限的不同主要设置哪些账户?

现行的再贷款按照贷款期限的不同主要设置以下几个账户:

(1)年度性贷款户

各商业银行因经济合理增长引起年度信贷资金不足而从人民银行取得的借款,通过此账户核算。此种贷款期限一般为1年,最长不超过2年。

(2)季节性贷款户

各商业银行因信贷资金先支后收或存款季节性下降、贷款季节性上升等原因引起的资金暂时不足,而从人民银行取得的借款,通过此账户核算。此种贷款期限一般为2个月,最长不超过4个月。

(3)日拆性贷款户

各商业银行由于汇划款项未达等原因发生临时性资金短缺而从人民银行借款的,通过此账户核算。此种借款的期限一般为10日,最长不超过20日。

(4)再贴现户

商业银行以已贴现而未到期的商业汇票向人民银行申请再贴现,在此账户核算。此账户在人民银行与商业银行都以"再贴现"科目核算,人民银行申请再贴现的商业银行立户,商业银行以人民银行立户。以上再贷款与再贴现账户在人民银行为资产性质账户,余额均为借方,在商业银行为负债性质账户,余额均为贷方。

8.同城票据交换的基本规定有哪些?

(1)同城票据交换一般由当地人民银行主持,即由人民银行规定票据交换的时间和场所,统一清算差额。

(2)参加票据交换的行处,需向当地人民银行申请,经批准并发给同城票据交换行号后方能参加票据交换。

(3)票据交换的核算分提出行和提入行两个系统。向他行提出票据的行处为提出行;在票据交换所从他行提回票据的行处为提入行。一般参加交换的行处既是提出行,又是提入行,但对提出和提入的票据应分别进行核算。

(4)提出交换的票据分为代收(贷方)票据和代付(借方)票据。若提出行提出的是在本行开户的付款人委托银行从其账户中付出款项,划往在他行开户的收款人账上的各种凭证,称为代收票据,如由签发人提交的进账单;若提出的是在本行开户的收款单位交存的,应由在他行开户的单位付款的凭证,称为代付票据,如收款人送存的支票、银行本票等。

(5)提出行提出代收票据和提入行提入代付票据表示为本行应付款项,提出行提出代付票据和提入行提入代收票据表示本行应收款项。由于参加票据交换的行处既是提出行同时也是提入行,所以各行处在每次交换中当场加计应收和应付款项并轧算出票据交换的应收或应付差额,由票据交换所汇总轧平各行处的应收、应付差额,并转交当地人民银行分支机构办理转账,清算差额。

9.现代化支付系统的参与者有哪些?

现代化支付系统的参与者分为直接参与者、间接参与者和特许参与者。

(1)直接参与者。直接参与者,是指人民银行地市以上中心支行(库)以及在人民银行开设清算账户的银行和非银行金融机构。与城市处理中心直接连接,通过城市处理中心处理其支付清算业务。

(2)间接参与者。间接参与者,是指人民银行县(市)支行(库)和未在人民银行开设清算账户而委托直接参与者办理资金清算的银行以及经人民银行批准经营支付结算业务的非银行金融机构。间接参与者不与城市处理中心直接连接,其支付业务通过行内系统或其他方式提交给其清算资金的直接参与者,由该直接参与者提交支付系统处理。

(3)特许参与者。特许参与者,是指经中国人民银行批准通过支付系统办理特定业务的机构。外汇交易中心、债券一级交易商等特许参与者在人民银行当地分支行开设特许账户,与当地城市处理中心连接,通过连接的城市处理中心办理支付业务。公开市场操作室等特许参与者与支付系统国家处理中心连接,办理支付交易的即时转账。

(六)业务题

1.(1)发报经办行的会计分录:

借:单位活期存款——速飞公司 56 000

 贷:辖内往来 56 000

清算行的会计分录:

借:辖内往来 56 000

 贷:上存系统内款项——上存总行备付金户 56 000

(2)发报经办行的会计分录:

借:应解汇款——绿叶有限公司 170 000

 贷:辖内往来 170 000

清算行的会计分录:

借:辖内往来 170 000

 贷:上存系统内款项——上存总行备付金户 170 000

(3)发报经办行的会计分录:

借:辖内往来 190 000

 贷:单位活期存款——飞逸电器厂 190 000

清算行的会计分录:

借:上存系统内款项——上存总行备付金户 190 000

 贷:辖内往来 190 000

2.收报清算行日终进行挂账处理:

借:上存系统内款项——上存总行备付金户 540 000

 贷:其他应付款——待处理汇划款项户 540 000

借:其他应收款——待处理汇划款项户 185 000

 贷:上存系统内款项——上存总行备付金户 185 000

集中式:

次日清算行代经办行确认后记账。

借:其他应付款——待处理汇划款项户 540 000

 贷:辖内往来 540 000

借:辖内往来 540 000

 贷:单位活期存款——天虹百货商场 300 000

  单位活期存款——东南电厂 240 000

借:辖内往来	185 000	
贷:其他应收款——待处理汇划款项户		185 000
借:汇出汇款	200 000	
贷:辖内往来		185 000
单位活期存款——居安房地产开发公司		15 000

分散式:

次日清算行与收报经办行确认后,传至收报经办行记账。

借:其他应付款——待处理汇划款项户	540 000	
贷:辖内往来		540 000
借:辖内往来	185 000	
贷:其他应收款——待处理汇划款项户		185 000

辖属 A 行处理:

| 借:辖内往来 | 300 000 | |
| 贷:单位活期存款——天虹百货商场 | | 300 000 |

辖属 B 行处理:

| 借:辖内往来 | 240 000 | |
| 贷:单位活期存款——东南电厂 | | 240 000 |

辖属 C 行处理:

借:汇出汇款	200 000	
贷:辖内往来		185 000
单位活期存款——居安房地产开发公司		15 000

3. 甲省分行:

| 借:系统内借出——境内分行一般借出户 | 5 200 000 | |
| 贷:上存系统内款项——上存总行备付金户 | | 5 200 000 |

总行清算中心:

| 借:系统内款项存放——甲省分行存放备付金户 | 5 200 000 | |
| 贷:系统内款项存放——甲省某市二级分行存放备付金户 | | 5 200 000 |

甲省某市二级分行:

| 借:上存系统内款项——上存总行备付金户 | 5 200 000 | |
| 贷:系统内借入——一般借入户 | | 5 200 000 |

4. 财政性存款:1 080 000－950 000＝130 000(元)

一般性存款:(19 200 000－25 007 000)×0.2＝－1 161 400≈－1 161 000(元)

工商银行的会计分录:

借:缴存中央银行财政性存款	130 000	
贷:存放中央银行准备金		130 000
借:存放中央银行准备金	1 161 000	
贷:缴存中央银行一般性存款		1 161 000

人民银行的会计分录:

| 借:工商银行准备金存款 | 130 000 | |
| 贷:工商银行划来财政性存款 | | 130 000 |

借:工商银行划来一般性存款　　　　　　　　　　　　　　　1 161 000

　　贷:工商银行准备金存款　　　　　　　　　　　　　　　　　　　1 161 000

5.借:现金　　　　　　　　　　　　　　　　　　　　　　　350 000

　　　贷:存放中央银行准备金　　　　　　　　　　　　　　　　　　350 000

6.该行当日营业终了"准备金存款账户"的余额最低应为:

　　833 930 000×20％＝166 786 000(元)

7.工商银行

　　借:存放中央银行准备金　　　　　　　　　　　　　　　4 500 000

　　　贷:中央银行借款　　　　　　　　　　　　　　　　　　　　4 500 000

　　借:中央银行借款　　　　　　　　　　　　　　　　　　2 400 000

　　　金融企业往来支出　　　　　　　　　　　　　　　　　　35 000

　　　贷:存放中央银行准备金　　　　　　　　　　　　　　　　2 435 000

人民银行

　　借:工商银行贷款　　　　　　　　　　　　　　　　　　4 500 000

　　　贷:工商银行准备金存款　　　　　　　　　　　　　　　　4 500 000

　　借:工商银行准备金存款　　　　　　　　　　　　　　　2 435 000

　　　贷:工商银行贷款　　　　　　　　　　　　　　　　　　　2 400 000

　　　　利息收入　　　　　　　　　　　　　　　　　　　　　35 000

8.借:单位活期存款——福成饲料公司　　　　　　　　　770 500

　　　贷:存放中央银行准备金　　　　　　　　　　　　　　　　770 500

9.提出借方票据:

　　借:同城票据清算　　　　　　　　　　　　　　　　　330 100

　　　贷:其他应付款　　　　　　　　　　　　　　　　　　　330 100

提入贷方票据:

　　借:同城票据清算　　　　　　　　　　　　　　　　　87 050

　　　贷:单位活期存款——各收款人　　　　　　　　　　　　　87 050

提出贷方凭证:

　　借:单位活期存款——各付款户　　　　　　　　　　283 770

　　　贷:同城票据清算　　　　　　　　　　　　　　　　　　283 770

提入借方凭证:

　　借:单位活期存款——各付款户　　　　　　　　　　82 330

　　　贷:同城票据清算　　　　　　　　　　　　　　　　　　82 330

资金清算:

　　借:存放在银行准备金　　　　　　　　　　　　　　51 050

　　　贷:同城票据清算　　　　　　　　　　　　　　　　　　51 050

9.提出借方票据:

　　借:同城票据清算　　　　　　　　　　　　　　　　330 100

　　　贷:其他应付款　　　　　　　　　　　　　　　　　　330 100

提入贷方票据:

借:同城票据清算	87 050	
贷:单位活期存款——各收款人		87 050

提出贷方凭证:

借:单位活期存款——各付款户	283 770	
贷:同城票据清算		283 770

提入借方凭证:

借:单位活期存款——各付款户	82 330	
贷:同城票据清算		82 330

资金清算:

借:存放在银行准备金	51 050	
贷:同城票据清算		51 050

10. 工商银行福州分行营业部:

借:存放中央银行准备金	1 960 000	
贷:单位活期存款——闽福水产品有限公司		1 960 000

国家处理中心:

借:大额支付往来——人民银行福州中心支行户	1 960 000	
贷:工商银行准备金存款		1 960 000
借:中国银行准备金存款	1 960 000	
贷:大额支付往来——人民银行沈阳中心支行户		1 960 000

中国银行沈阳分行营业部:

借:汇出汇款	2 500 000	
贷:存放中央银行准备金		1 960 000
单位活期存款——大连海运公司		540 000

11. 工商银行福州分行营业部:

借:单位活期存款——A汽车制造厂	930 000	
贷:辖内往来		930 000

大连建设银行分行营业部:

(1)接收业务的处理:

借:辖内往来	930 000	
贷:单位活期存款——港铁厂		930 000

(2)收到已清算通知:

借:存放中央银行准备金	930 000	
贷:辖内往来		930 000

12.(1)工商银行福州A支行的会计分录为:

借:单位活期存款——雄大制鞋厂户	80 000	
贷:辖内往来——工商银行福州分行户		80 000

(2)工商银行福州分行的会计分录为:

借:辖内往来——工商银行福州A支行户	80 000	
贷:存放中央银行准备金		80 000

(3)国家处理中心的会计分录为:

借:工商银行准备金存款——工商银行福州分行户　　　　　80 000

　　贷:大额支付往来——人民银行福州中心支行户　　　　　　　80 000

借:大额支付往来——人民银行沈阳分行　　　　　　　　　80 000

　　贷:农业银行准备金存款——农业银行沈阳分行户　　　　　　80 000

(4)农业银行沈阳分行的会计分录为:

借:存放中央银行准备金——准备金存款户　　　　　　　80 000

　　贷:辖内往来——农业银行沈阳B支行户　　　　　　　　　　80 000

(5)农业银行沈阳B支行的会计分录为:

借:辖内往来——农业银行沈阳分行户　　　　　　　　　80 000

　　贷:单位活期存款——光强皮革厂户　　　　　　　　　　　　80 000

第七章　外汇业务的核算

(一)名词解释

1.外汇分账制又叫原币记账法,指按业务发生时的货币记账,不折成本位币入账的一种记账方式。

2.权责发生制又称应收应付制,只要债权债务一经产生,不管有无实际的资金收付行为,都应记账。

3.结汇是指境内企事业单位、机关和社会团体按国家的外汇政策规定,将各类外汇收入按银行挂牌汇率卖给外汇指定银行,即银行买进这部分外汇,同时付给对方相应的人民币。

4.售汇是指境内企事业单位、机关和社会团体的经常项目下的正常付汇,持有关有效凭证,用人民币到商业银行办理兑换,商业银行收进人民币,支付等值外汇。

5.直接标价法又称应付标价法(giving quotation),即用若干数量的本币表示一定单位的外币,或是以一定单位(如1、100、1 000、10 000)的外币为标准,折算成若干单位本币的一种汇率表示方法。

6.外汇存款是商业银行以信用方式吸收的国内外单位和个人在经济活动中暂时闲置或结余的并能自由兑换或在国际上获得偿付,并于以后随时或约定期限支取的外币资金。

7.短期外汇贷款是外汇银行办理的以外币为计量单位的短期贷款,它是外汇银行一项重要的信贷业务。外汇银行目前发放的是短期外汇浮动利率贷款。

8.信用证是由开证行根据进口商的申请,向受益人(出口商)开立的具有一定金额,并在一定期限内凭规定的、符合要求的单据付款或作付款承诺的书面保证文件。

9.出口押汇是出口商发运商品后,以提货单据为抵押,向银行融通资金的一种业务。承做出口押汇的银行,实际上是以出口方提交的与信用证项下或托收项下的单据为抵押,向出口商发放的一笔抵押贷款。

10.出口托收是由债权人或收款人开立汇票或提供索汇凭据,委托银行向债务人或付款人收取款项的一种结算方式。

11.进口代收是指国外出口商根据托收的规定,不经银行开立信用证,于货物装运后,将全套单据经由托收银行寄往进口方银行向进口商代收货款或其从属费用的方式。

（二）判断题

1. √   2. ×   3. ×   4. √   5. √   6. √   7. √   8. √

9. ×   10. √   11. ×   12. ×   13. √   14. √   15. ×   16. √

17. ×   18. √   19. √   20. ×

（三）单项选择题

1. C   2. D   3. C   4. B   5. B   6. B   7. D   8. C

9. A   10. C   11. C   12. D   13. B   14. A   15. A   16. A

17. A   18. C   19. D   20. C

（四）多项选择题

1. ABD   2. ACD   3. BC   4. AC   5. ABD

6. BC   7. ABCD   8. BD   9. AC   10. ABCD

（五）简答题

1. 什么是外汇汇率？汇率有哪些标价法？我国采用哪种标价法？

所谓外汇汇率,是指两国货币交换时的量的比例关系,即用一定数量的一国货币去交换一定数量的另一国货币。目前,国际上常用的标价方法有:直接标价法、间接标价法以及美元标价法和非美元标价法。我国采用的是直接标价法。在人民币与各种外币的比价中,外币为基准货币,单位为100,人民币为标价货币。

2. 商业银行外汇业务会计有哪些特点？

商业银行外汇业务会计记账方法采用借贷复式记账法,记账方式采用外汇分账制,记账基础采用权责发生制。借贷复式记账法就是以借、贷为记账符号,以有借必有贷,借贷必相等为记账规则,在两个或两个以上相互联系的账户中进行金额相等、方向相反记录的一种记账方法。借方登记资产增加,负债减少,所有者权益减少,损失增加,收益结转。负债登记负债增加,所有者权益增加,资产减少,收益增加,损失结转;外汇分账制又叫原币记账法,指按业务发生时的货币记账,不折成本位币入账的一种记账方式。其主要内容是人民币与外币分账,专门设置"外汇买卖"科目,起桥梁和平衡作用,年终决算时,编制汇总的人民币报表;权责发生制又称应收应付制,只要债权债务一经产生,不管有无实际的资金收付行为,都应记账。

3. 什么是外汇分账制？其主要内容是什么？

外汇分账制又叫原币记账法,指按业务发生时的货币记账,不折成本位币入账的一种记账方式。其主要内容是:(1)人民币与外币分账。对有外汇牌价的各类外汇收支要求以原币记账,不折成本位币入账。以原币填制凭证,登记账簿,编制报表,每一种货币各自成立一套完整的账务系统。(2)专门设置"外汇买卖"科目,起桥梁和平衡作用。当一项银行业务涉及两种或两种以上的货币时,必须通过有关外汇买卖科目核算。外汇买卖科目是外汇分账制的一个特定科目,在不同的外汇业务之间,起一个桥梁的平衡和联系作用。(3)年终决算时,编制汇总的人民币报表。各种外币除编制各自的报表外,美元以外的其他外币要按年终决算牌价折成美元报表,合并的美元报表按年终决算牌价折成人民币报表,同以人民币报表按会计科目归口合并,编制一张汇总的人民币报表。

4.外汇存款有哪些分类?

外汇存款是商业银行以信用方式吸收的国内外单位和个人在经济活动中暂时闲置或结余的并能自由兑换或在国际上获得偿付,并于以后随时或约定期限支取的外币资金。按存款管理特点的不同,外汇存款分为甲种外汇存款、乙种外汇存款、丙种外汇存款;按存款对象不同,分为单位外汇存款和个人外汇存款;按存款货币不同,分为港币、美元、日元、英镑、欧元等外汇存款;按期限不同,分为活期外汇存款和定期外汇存款;按支取方式的不同,活期外汇存款分为支票户存款和存折户存款;按存入资金形态的不同,分为现汇存款户和现钞存款户。

5.商业银行外汇贷款与人民币贷款的主要区别是什么?

外汇贷款是指商业银行办理的以外币为计量单位的放款。外汇贷款业务是外汇银行的主要业务之一,它不同于人民币贷款业务。外汇贷款与人民币贷款相比,有其自身独有的特点,主要包括:

(1)利率确定不同。人民币贷款的利率相对固定;外汇贷款利率则是以浮动为主,贷款利率由总行不定期公布,利率按伦敦银行同业拆放利率(LIBOR)加上银行管理费用实行浮动制。期限通常有1个月、3个月和6个月浮动三种。

(2)贷款的发放不同。人民币贷款在借款单位实际用款之前,可以转存;而短期外汇贷款一般是指借款单位实际对外支付外汇的同时发放,即什么时候用,什么时候发放。外汇贷款经批准后,具体的发放使用办法是按国际惯例处理的。贷款发放是从贷款账户直接对外支付,目的是加强外汇管理,提高外汇资金的使用效益。由于不存在贷款转作存款后对外支付,因而不会形成借款单位的派生性存款。借款单位借款时,无论是以信用证、代收或汇款方式办理结算,均需填具短期外汇借款凭证,银行核准后,据以开立外汇贷款账户。

6.什么是信用证结算方式?其在进出口业务中主要有哪些核算环节?

信用证简称L/C,是由开证行根据进口商的申请,向受益人(出口商)开立的具有一定金额,并在一定期限内凭规定的符合要求的单据付款或作付款承诺的书面保证文件。

在办理信用证出口业务时,我国经办银行作为出口方银行,替国内出口企业进行结算,充当国外信用证的通知行、议付行。其会计核算主要分为:受证与通知;审单议付,寄单索汇;收妥出口款项三个环节。

在办理信用证进口业务时,我国经办银行作为进口方银行,替国内进口企业进行结算,充当开证行、付款行。其会计核算主要分为进口开证、审单与付汇两个环节。

(六)业务题

1.(1)

借:现金　　　　　　　　　　　　　　　　　　　　　　USD200.00
　贷:外汇买卖(钞买价605.82%)　　　　　　　　　　　　USD200.00
借:外汇买卖(中间价611.94%)　　　　(USD200×611.94%)CNY1 223.88
　贷:现金　　　　　　　　　　　　　(USD200×605.82%)CNY1 211.64
　　外汇买卖价差　　　　　　　　　　　　　　　　　　CNY12.24
(2)USD50 000×613.16%÷822.94%=EUR37 254.23

借:单位活期存款(3882500280)   EUR37 254.23

  贷:外汇买卖(汇买价 822.94‰)   EUR37 254.23

借:外汇买卖(中间价 826.24‰)   (EUR37 254.23×826.24‰)CNY307 809.35

  贷:外汇买卖(中间价 611.94‰)   (EUR50 000×611.94‰)CNY305 970

   外汇买卖价差   CNY1 839.35

借:外汇买卖(卖出价 613.16‰)   USD50 000

  贷:汇出汇款   USD50 000

(3)USD2 000×613.16‰÷610.72‰＝USD2 007.99

借:单位活期存款(1482200012)   USD2 007.99

  贷:外汇买卖(汇买价 610.72‰)   USD2 007.99

借:外汇买卖(中间价 611.94‰)   (USD2 007.99×611.94‰)CNY12 287.69

  贷:外汇买卖(中间价 611.94‰)   (USD2 000×611.94‰)CNY12 238.80

   外汇买卖价差   CNY48.89

借:外汇买卖(钞卖价 613.16‰)   USD2 000

  贷:现金   USD2 000

(4)USD5 000×605.82‰÷613.16‰＝USD4 940.15

借:现金   USD5 000

  贷:外汇买卖(钞买价 605.82‰‰)   USD5 000

借:外汇买卖(中间价 611.94‰)   (USD5 000×611.94‰)CNY30 597

  贷:外汇买卖(中间价 611.94‰)   (USD4 940.15×611.94‰)CNY30 230.75

   外汇买卖价差   CNY366.25

借:外汇买卖(卖出价 613.16‰)   USD4 940.15

  贷:单位活期存款   USD4 940.15

登账略,美元空头

外汇买卖(USD)借方余额:49 732.16,(CNY)贷方余额:304 330.98

借:内部平仓往来   USD49 732.16

  贷:外汇买卖   USD49 732.16

借:外汇买卖   CNY304 330.98

  贷:内部平仓往来   CNY304 330.98

2.2 月 22 日开出信用证。

借:应收开出信用证款项   USD402 000

  贷:应付开出信用证款项   USD402 000

收取保证金。

借:单位活期存款(148250026)   USD200 000

  贷:存入保证金   USD200 000

收取开证费。

USD402 000×613.16‰×1.5‰＝CNY3 697.35

借:单位活期存款(018250012)   CNY3 697.357

  贷:手续费收入——担保费收入   CNY3 697.35

2 月 25 日修改信用证。

借:应付开出信用证款项 USD2 000

   贷:应收开出信用证款项 USD2 000

3月26日对外支付。

借:短期外汇贷款 USD201 000

   存入保证金 USD200 000

   贷:港澳及国外联行往来——美国某联行 USD401 000

借:应付开出信用证款项 USD400 000

   贷:应收开出信用证款项 USD400 000

6月20日第一次计息。

3月26日—6月25日,4.26%

6月26日—9月26日,4.17%

3月26日—6月20日,4.26%,87天

USD201 000×4.26%÷360×87=USD2 069.30

借:短期外汇贷款 USD2 069.30

   贷:利息收入——外汇贷款利息收入 USD2 069.30

9月20日第二次计息。

6月21日—6月25日,4.26%,5天

6月26日—9月20日,4.17%,87天

(USD201 000+2 069.30)×(4.26%÷360×5+4.17%÷360×87)=USD2 166.57

借:短期外汇贷款 USD2 166.57

   贷:利息收入 USD2 166.57

9月26日借款人偿还本息。

9月21日—9月26日,4.17%,5天

USD205 235.87×4.17%÷360×5=USD118.87

借:单位活期存款(148250026) USD205 354.74

   贷:利息收入——短期外汇贷款利息收入 USD118.87

   短期外汇贷款 USD205 235.87

3.(1)8月6日收到信用证。

收入:国外开来保证凭信 USD70 000

8月16日修改信用证,减少金额

收入:国外开来保证凭信 USD5 000(红字)

8月21日寄单索汇。

借:应收即期信用证出口款项 USD67 000

   贷:代收即期信用证出口款项 USD67 000

付出:国外开来保证凭信 USD65 000

9月2日收妥结汇

借:港澳及国外联行往来——纽约联行 USD67 000

   贷:手续费收入 USD2 000

   外汇买卖(汇买价610.72%) USD65 000

借:外汇买卖(中间价611.94‰)　　　　　　　　　(USD65 000×611.94‰)CNY397 761
　贷:单位活期存款　　　　　　　　　　　　　　(USD65 000×610.72‰)CNY396 968
　　　外汇买卖价差　　　　　　　　　　　　　　　　　　　　　　　CNY793
借:代收即期信用证出口款项　　　　　　　　　　　USD67 000
　贷:应收即期信用证出口款项　　　　　　　　　　　　US67 000

(2)6月6日发出托收。

借:应收出口托收款项　　　　　　　　　　　　　　USD50 060
　贷:代收出口托收款项　　　　　　　　　　　　　　USD50 060

6月8日修改增加托收金额。

借:应收出口托收款项　　　　　　　　　　　　　　　USD800
　贷:代收出口托收款项　　　　　　　　　　　　　　　USD800

6月16日收妥托收款。

借:港澳及国外联行往来——纽约联行　　　　　　　USD50 800
　贷:外汇买卖(汇买价610.72‰)　　　　　　　　　　USD50 800
借:外汇买卖(中间价611.94‰)　　　(USD50 800×611.94‰)CNY310 865.52
　贷:单位活期存款　　　　　　　　(USD50 800×610.72‰)CNY310 245.76
　　　外汇买卖价差　　　　　　　　　　　　　　　　　　　　CNY619.76
借:单位活期存款　　　　　　　　　(310 245.76×1.25‰)CNY387.81
　贷:手续费收入　　　　　　　　　　　　　　　　　　　　　CNY387.81
借:代收出口托收款项　　　　　　　　　　　　　　USD50 860
　贷:应收出口托收款项　　　　　　　　　　　　　　USD50 860

4.(1)6月10日开证

借:应收开出信用款项　　　　　　　　　　　　　　USD305 000
　贷:应付开出信用证款项　　　　　　　　　　　　　USD305 000
借:单位活期存款(018090078)　　　　　　　　　　CNY700 000
　贷:存入保证金　　　　　　　　　　　　　　　　　CNY700 000

　　USD305 000×613.16‰×1.5‰＝CNY2 805.21

借:单位活期存款(0180900781)　　　　　　　　　　CNY2 805.21
　贷:手续费收入——担保费收入　　　　　　　　　　CNY2 805.2

6月12日修改信用证。

借:应付开出信用证款项　　　　　　　　　　　　　USD5 000
　贷:应收开出信用证款项　　　　　　　　　　　　　USD5 000

6月25日对外付汇

　　USD303 000－CNY700 000÷613.16‰＝USD188 837.30

借:存入保证金　　　　　　　　　　　　　　　　　CNY700 000
　贷:外汇买卖(中间价611.94‰)　　(CNY700 000÷613.16‰×611.94‰)CNY698 607.22
　　　外汇买卖价差　　　　　　　　　　　　　　　　　　　　CNY1 392.78
借:外汇买卖(卖出价613.16‰)　　　　　　　　　　USD114 162.70
　单位活期存款(1482500262)　　　　　　　　　　USD188 837.30
　贷:港澳及国外联行往来——纽约中行　　　　　　　USD303 000

借:应付开出信用证款项 USD300 000
　贷:应收开出信用证款项 USD300 000
（2）7 月 15 日收到进口单据,通知进口商。
借:应收进口代收款项 HKD600 000
　贷:进口代收款项 HKD600 000
7 月 17 日 售汇付汇。
借:单位活期存款 （HKD600 000×79.07%）CNY474 420
　贷:外汇买卖(中间价78.91%) （HKD600 000×78.91%）CNY473 460
　　外汇买卖价差 CNY960
借:外汇买卖(汇卖价79.07%) HKD600 000
　贷:手续费收入 HKD600
　　存放国外同业——香港某代理行 HKD599 400
同时销记或有资产,或有负债。
借:进口代收款项 HKD600 000
　贷:应收进口代收款项 HKD600 000

第八章　所有者权益及损益的核算

（一）名词解释

1.银行所有者权益,是指银行所有者对银行资产所享有的经济利益。在定量上,它等于商业银行全部资产减全部负债后的净值部分;在定性上,它主要包括商业银行投资人对银行投入的实收资本或股本,以及形成的资本公积、盈余公积、未分配利润等。

2.银行实收资本,是指投资者按照银行章程,或合同、协议的约定,实际投入银行的资本。按照我国法律规定:企业必须拥有一定的注册资本或法定资本,方可设立开业,且这部分资本不得随意抽减。按其来源不同,实收资本可分为国家资本金、法人资本金、个人资本金和外商资本金等。

3.银行资本公积,是指金融企业取得的所有者共有的、非收益转化而形成的资本。它既可用于弥补亏损,也可用于转增资本金。

4.银行盈余公积是商业银行按照有关规定从税后利润中提取的公积金。根据《金融企业会计制度》第82条的规定,盈余公积包括法定盈余公积金、任意盈余公积金和法定公益金。

5.银行未分配利润,是指银行业留于以后年度分配的利润或待分配的利润,是一种留存收益形式,属于所有者权益的组成部分。

6.中间业务收入,是指商业银行在办理支付结算、咨询、担保、委托贷款业务时取得的手续费收入。对于其核算,银行应设置"中间业务收入"账户,并按其种类分设明细账。

7.公允价值变动损益,是指商业银行由于交易性金融资产、交易性金融负债,以及采用公允价值模式计量的衍生金融工具、套期保值业务中公允价值变动形成的应计入当期损益的利得或损失。

8.金融企业往来支出,是指银行与其他金融机构(包括联行、中央银行、同业)之间发生资金往来业务所发生的利息支出。

9.银行营业外收支,是指银行发生的与其经营业务活动无直接关系的各项收入和各项支出。

10.时间性差异,是指应税收益和会计收益的差额,在一个期间内形成,可在随后的一个或几个期间内转回。其成因是由于会计准则或会计制度与税法在收入与费用确认和计量的时间上存在差异。

11.暂时性差异,是指从资产和负债看,是一项资产或一项负债的计税基础和其在资产负债表中的账面价值之间的差额,随时间推移将会消除。该项差异在以后年度资产收回或负债清偿时,会产生应税利润或可抵扣金额。

12.永久性差异,是指某一期间发生,以后各期不能转回或消除,即该项差异不影响其他会计期间。其成因是由于会计准则或会计制度与税法在收入与费用确认和计量的口径上存在差异。

13.银行收入,主要是指银行提供金融商品服务所取得的各项收入,由营业收入和非营业收入构成,而营业收入是财务收入的主要组成部分。

14.银行利润,是指银行在一定会计期间的经营成果,包括营业利润、利润总额和净利润。

15.银行利润分配,是指银行所实现的利润总额,按照有关法规和投资协议所确认的比例,在国家、银行、投资者之间进行分配。

(二)判断题

1.√　　2.×　　3.√　　4.×　　5.×　　6.×　　7.√　　8.×
9.√　　10.×　　11.√　　12.×　　13.√　　14.√　　15.×　　16.√
17.×　　18.√　　19.×　　20.√

(三)单项选择题

1.B　　2.C　　3.C　　4.A　　5.C　　6.D　　7.B　　8.C
9.B　　10.B

(四)多项选择题

1.CD　　2.ABCDE　　3.ABD　　4.AC　　5.ABCDE
6.AD　　7.ABC　　8.ABCD　　9.ABCE　　10.ABD
11.ABCDE　　12.ABC

(五)简答题

1.什么是所有者权益? 所有者权益包括哪些内容?

银行的所有者权益是所有者在银行资产中享有的经济利益,是银行投资者对银行净资产的所有权,它是金融企业资金的主要来源之一。从数量上看,它等于全部资产减去全部负债后的余额。所有者权益包括实收资本(或股本)、资本公积、盈余公积、一般准备和未分配利润等。

2.商业银行的收入主要包括哪些? 它是如何确认的?

银行的收入主要是指银行提供金融商品服务所取得的各项收入,由营业收入和非营业收入构成,而营业收入是财务收入的主要组成部分。银行的收入主要包括:利息收入、金融企业往来收入、手续费收入、贴现利息收入、买入返售证券收入、汇兑收益和其他业务收入。

银行应当根据收入的性质,按照收入确认的条件,合理确认和计量各项收入。商业银行提供金融产品服务取得的收入,应当在以下条件均能满足时予以确认:

(1)与交易相关的经济利益能够流入企业。

(2)收入的金额能够可靠地计量。

(3)权责发生制原则。权责发生制又称应收应付制,它是以权益和责任是否发生为标准来确认本期的收入和费用的原则。根据这一原则,凡是在本月应当收到的收入,不论其是否能够在本月实际收到,都应作为本月的收入入账。

3.商业银行的营业外收入和营业外支出主要包括哪些内容?

营业外收入是指银行发生的与其经营业务活动无直接关系的各项收入。主要包括固定资产盘盈、处置固定资产净收益、处置无形资产净收益、处置抵债资产净收益、罚款收入等。营业外支出是指发生在银行业务经营以外又与银行经营活动无直接联系的各项支出。主要包括固定资产盘亏、处置固定资产净损失、处置抵债资产净损失、债务重组损失、罚款支出、捐赠支出、出纳短款、非常损失等。

4.什么是银行的利润?利润由哪些部分组成?如何计算?

银行的利润是指银行在一定会计期间的经营成果,包括营业利润、利润总额和净利润。其中,营业利润,是指营业收入减去营业成本和营业费用加上投资净收益后的净额。利润总额,是指营业利润减去营业税金及附加,加上营业外收入,减去营业外支出后的金额。净利润,是指扣除资产损失后利润总额减去所得税后的金额。

5.商业银行利润分配的顺序是什么?

(1)抵补银行已缴纳的在成本和营业外支出中无法列支的有关惩罚性或赞助性支出。包括:被没收的财物损失,延期缴纳各项税款的滞纳金和罚款,少交或迟交中央银行准备金的加息等。

(2)弥补银行以前年度亏损。如银行在5年限期不能用税前利润弥补完的部分,可用税后利润进行弥补,银行历年提取的法定盈余公积金和任意公积金也可以用于弥补亏损。

(3)提取法定盈余公积金。银行按照税后利润加上上年末未分配利润减去弥补以前年度亏损和罚没支出后的余额,按规定比例的10%提取法定盈余公积金,但以前年度累计的法定盈余公积金达到注册资本的50%以上时,可以不再提取;法定盈余公积金可用于弥补亏损,也可用于转增资本金。但法定盈余公积金弥补亏损和转增资本金后的剩余部分,不得低于注册资本的25%。

(4)提取公益金。银行提取的公益金主要用于职工食堂、宿舍、浴室、幼儿园等福利设施的建设支出。国有商业银行提取公益金比例由国家核定;股份制银行由董事会、股东大会决定提取比例。

(5)提取各项准备和基金。银行按规定可按贷款余额的一定比例从税后利润中提取一般准备;外商投资商业银行按规定提取的储备基金、银行发展基金、职工奖励及福利基金等。

(6)向投资者分配利润或股利。银行可供投资者分配的利润减去提取的法定盈余公积金、法定公益金等后,应作如下分配:应付优先股股利、提取任意盈余公积、应付普通股股利、转作资本(或股本)的普通股股利。

(7)未分配利润。未分配利润可留待以后年度进行分配。银行未分配的利润(或未弥补的亏损)应当在资产负债表的所有者权益项目中单独反映。银行如发生亏损,可以按规定由以后年度利润进行弥补。

6.什么是时间性差异和暂时性差异?两者有什么区别和联系?

所谓时间性差异,是指应税收益和会计收益的差额在一个期间内形成,可在随后的一个或几个期间内转回。其成因是由于会计准则或会计制度与税法在收入与费用确认和计量的时间上存在差异。所谓暂时性差异,是指从资产和负债看,是一项资产或一项负债的计税基础和其在资产负债表中的账面价值之间的差额,随时间推移将会消除。该项差异在以后年度资产收回或负债清偿时,会产生应税利润或可抵扣金额。

时间性差异一定是暂时性差异,但暂时性差异并不都是时间性差异。以下情况将产生暂时性差异而不产生时间性差异:

①子公司、联营企业或合营企业没有向母公司分配全部利润;

②重估资产而在计税时不予调整;

③购买法下企业合并的购买成本,根据所取得的可辨认资产和负债的公允价值分配计入这些可辨认资产和负债,而在计税时不作相应调整。

另外,有些暂时性差异并不是时间性差异,例如:

①作为报告企业整体组成部分的国外经营主体的非货币性资产和负债以历史汇率折算;

②资产和负债的初始确认的账面金额不同于其初始计税基础。

(六)业务题

1.借:固定资产 　　　　　　　　　　　　　　　　　　200 000 000
　　贷:股本 　　　　　　　　　　　　　　　　　　　　　　200 000 000

2.借:存放中央银行准备金 　　　　　　　　　　　　　　8 000 000
　　贷:股本 　　　　　　　　　　　　　　　　　　　　　　6 000 000
　　　　资本公积 　　　　　　　　　　　　　　　　　　　　2 000 000

3.借:利润分配——提取法定盈余公积 　　　　　　　　　200 000
　　　　　　　　——提取法定公益金 　　　　　　　　　　100 000
　　贷:盈余公积——法定盈余公积 　　　　　　　　　　　　200 000
　　　　　　　　——法定公益金 　　　　　　　　　　　　　100 000
　　借:盈余公积——法定盈余公积 　　　　　　　　　　　300 000
　　贷:股本 　　　　　　　　　　　　　　　　　　　　　　300 000
　　借:固定资产 　　　　　　　　　　　　　　　　　　　100 000
　　贷:在建工程 　　　　　　　　　　　　　　　　　　　　100 000
　　借:盈余公积——法定公益金 　　　　　　　　　　　　100 000
　　贷:盈余公积——任意盈余公积 　　　　　　　　　　　　100 000

4.借:盈余公积——法定盈余公积   1 000 000

 贷:利润分配   1 000 000

5.借:存放中央银行准备金   600 000

  贷:金融企业往来收入——中央银行利息收入   600 000

 借:辖内往来   80 000

   贷:金融企业往来收入——省辖清算资金往来利息收入 80 000

6.借:金融企业往来支出——与中央银行往来支出   300 000

  贷:存放中央银行准备金   300 000

7.借:其他应付款——待处理出纳长款   200

  贷:营业外收入——出纳长款收入   200

8.借:营业外支出——公益救济性捐赠   30 000

  贷:现金   30 000

9.(1)结转本年利润。

借:利息收入   5 000 000

 金融企业往来收入   320 000

 中间业务收入   400 000

 汇兑收益   260 000

 其他营业收入   380 000

 营业外收入   50 000

 贷:本年利润   6 410 000

借:本年利润   5 817 500

 贷:利息支出   2 900 000

  金融企业往来支出   350 000

  手续费支出   360 000

  营业费用   1 350 000

  其他营业支出   230 000

  营业外支出   120 000

  营业税金及附加   310 000

  所得税   197 500

(2)将"本年利润"转入"利润分配"。

"本年利润"科目为贷方余额592 500,表示为银行实现的净利润。

  借:本年利润   592 500

   贷:利润分配——未分配利润户   592 500

(3)按当年净利润的10%提取法定盈余公积,5%提取法定公益金。

  借:利润分配——提取法定盈余公积   59 250

      ——提取法定公益金   29 625

   贷:盈余公积——法定盈余公积   59 250

      ——法定公益金   29 625

(4)将提取盈余公积和公益金后的净利润的40%分配给投资者。

  借:利润分配——应付利润   201 450

   贷:应付利润   201 450

(5)将"利润分配"账户下所有明细账户的余额转到"未利润分配"明细账户中。

借:利润分配——未利润分配	290 325	
贷:利润分配——提取法定盈余公积		59 250
——提取法定公益金		29 625
——应付利润		201 450

第九章　年终决算

(一)名词解释

1.年度决算是会计工作的重要环节,通过决算能够综合反映银行的业务经营情况,全面反映银行的财务收支与经营成果以及利润的实现。银行年度决算是根据日常会计核算资料,通过会计报表等形式,对会计年度内经营状况及财务成果进行数字总结和文字说明的一项综合性工作。

2.资产负债表,是反映银行在某一特定日期(会计期末)全部资产、负债和所有者权益财务状况的报表。例如:公历每年的 12 月 31 日的财务状况,由于它反映的是某一时点的情况,所以又称为静态报表。

3.利润表,又称损益表,是反映企业在某一会计期间的经营成果及其形成情况的会计报表,它是一种动态报表,反映银行在一定会计期间内实现的营业收入以及与收入相配比的成本费用等情况,并计算出银行的利润总额或亏损总额。

4.现金流量表是以现金为基础编制的财务状况变动表。它是综合反映金融企业在一定会计期间内的经营活动、投资活动和筹资活动对其现金流入和现金流出情况的财务报表。

5.现金流量表补充资料是现金流量表的附表部分,主要列示银行应在报表附注中披露的内容。

6.利润分配表是损益表的附表,反映的是银行一定会计期间对实现利润的分配情况和年末未分配利润结余情况,本表按利润分配的去向设置项目反映。

7.财务会计报告,是指企业对外提供的反映企业某一特定日期财务状况和某一会计期间经营成果、现金流量的文件。

8.清理内部资金,是指银行内部暂时过渡性资金,主要是指清理其他应付款、其他应收款、待摊费用、呆账准备金、坏账准备金、投资风险准备金等。

9.工作底稿法,是指以工作底稿为手段,以损益表和资产负债表数据为基础,对每一项目进行分析并编制调整分录,从而编制出现金流量表。

10.正表是现金流量表的主体,企业一定会计期间现金流量的信息主要由正表提供。正表采用报告式的结构,按照现金流量的性质,依次分类反映经营活动产生的现金流量、投资活动产生的现金流量、筹资活动产生的现金流量,最后汇总反映企业现金及现金等价物净增加额。

(二)判断题

1.√　　2.√　　3.×　　4.×　　5.×　　6.√　　7.√　　8.×

9. √　　10. √　　11. ×　　12. ×　　13. √　　14. √　　15. √

（三）单项选择题

1. B　　2. D　　3. A　　4. A　　5. D　　6. B　　7. C　　8. C

9. B　　10. A

（四）多项选择题

1. ABC　　　2. ABCDE　　3. ABCDE　　4. AB　　　5. ABCDE

6. ABC　　　7. ABCD　　8. BCD　　　9. ABC　　10. ABCD

（五）简答题

1.简述年度决算的意义。

银行年度决算是对全年会计核算资料进行归纳、整理、核实，办理结账，轧计损益，编制年度财务会计报告。认真、准确、及时地做好年度决算工作，对于银行提高经营管理水平，向管理当局、投资者、债权人等社会公众提供正确、完整、真实的财务会计信息，充分发挥银行的职能作用，具有重要的意义：(1)有利于考核银行全年业务和财务活动情况，提高银行经营管理水平。(2)有利于总结和检查日常核算工作，全面发挥银行会计工作的作用。(3)有利于加强宏观金融调控，促进社会主义市场经济的发展。

2.简述年度决算的基本要求及准备工作。

年度决算是金融机构一项全局性的工作，是会计工作的全面总结，涉及面广、政策性强、工作量大、质量要求高。因此，办理年度决算必须按照下列基本要求：(1)坚持统一领导、各部门密切配合的原则；(2)坚持会计资料的真实性、准确性和可靠性；(3)坚持财务会计报告的完整性、统一性和及时性。

银行年度决算时间紧、任务重。为了保证年度决算工作的顺利进行，决算的准备工作一般应在每年第四季度初就要着手进行。总行颁布办理当年决算的通知，提出当年决算中应注意的事项和相应的处理原则和要求；如遇当年会计或财务制度发生变更的情况，则要提出详细的处理方法，以便各基层统一口径，贯彻执行。各行处则根据上级行通知精神，具体做好年度决算工作。银行年度决算准备工作主要有以下 6 个方面：(1)清理资金；(2)清点财产物资；(3)核对和调整账务；(4)损益核对；(5)试算平衡；(6)做好计算机处理年终决算的准备工作。

3.现金流量表有哪些作用？

现金流量表通过分析本期净利与经营活动现金流量之间的差异及产生原因，还可以合理预测银行未来的现金流量。不仅如此，该表还提供了报告期内与现金有关和无关的投资活动与筹资活动的信息，这对于报表使用者的正确决策，无疑具有重要参考意义。

(1)有助于评价银行支付能力、偿债能力和资金周转能力；

(2)说明银行一定期间内现金流入和流出的原因，分析企业受益质量及影响现金流量的因素；

(3)分析银行利润质量和影响现金流量的因素，弥补资产负债表和损益表信息量的不足；

(4)预测银行未来获取现金的能力；

(5)能够分析银行投资和理财活动对经营成果和财务状况的影响；

（6）能够提供不涉及现金的投资和筹资的信息。

4.资产负债表的编制方式有哪几类？

资产负债表反映的是商业银行在某一特定时点财务状况的报表,它是一份静态报表,是以资产账户、负债账户和所有者权益账户的期末余额为主要依据,按月编制。其编报主要通过以下几种方式取得:(1)根据总账账户余额直接填列;(2)根据总账账户余额计算填列;(3)根据明细账户余额计算填列;(4)根据总账账户和明细账户余额分析计算填列;(5)根据账户余额减去其备抵项目后的净额填列。

附录二　中国工商银行会计科目

代号	会计科目	代号	会计科目
	一、资产类科目	1470	个人住房贷款
1010	现金	1500	短期个人消费贷款
1030	贵金属	1501	中长期个人消费贷款
1040	存放中央银行准备金	1560	个人助学贷款
1050	缴存中央银行财政性存款	1580	银行卡透支
1150	存放同业	1590	垫款
1170	拆放同业	1610	贴现及买入票据
1171	同业透支	1611	再贴现
1180	上存系统内款项	1612	买入返售票据
1181	上存辖内款项	1620	其他债权性资产
1185	系统内信贷资产转入	1650	应收利息
1190	系统内借出	1660	呆账准备
1191	辖内借出	1670	其他应收款
1200	拨付营运资金	1671	财务其他应收款
1210	短期贷款	1680	期收外汇款项
1220	单位短期透支	1700	短期投资
1230	国际贸易融资	1703	长期投资
1240	短期房地产贷款	1705	买入返售债券
1410	中长期贷款	1706	自营债券买卖
1420	中长期房地产贷款	.1707	自营记账式债券
1430	国际融资转贷款	1710	国家债券投资
1440	银团贷款	1720	中央银行债券投资
1445	系统内联合贷款	1730	政策性银行债券投资
1450	特定贷款	1731	资产管理公司债券投资

续表

代号	会计科目	代号	会计科目
1732	资产管理公司债券应计利息	2198	财政预算外存款
1733	不良资产处置损失专项准备	2199	地方预算存款
1740	其他债券投资	2200	财政预算专项存款
1810	固定资产	2220	中央银行借款
1820	累计折旧	2230	同业存款
1830	固定资产清理	2231	同业定期存款
1840	在建工程	2232	同业通知存款
1870	待处理财产损溢	2240	保险公司存款
1880	待查错账与代垫赔款罚金	2241	保险公司定期存款
1890	待处理应收款	2260	住房资金管理中心房改资金存款
1900	待清理接收资产	2270	同业拆入
1910	无形资产	2280	系统内款项存放
1920	待摊费用	2281	辖内款项存放
1930	长期待摊费用	2285	系统内信贷资产转出
1950	其他资产	2290	系统内借入
1960	委托贷款	2291	辖内借入
	二、负债类科目	2300	拨入营运资金
2010	单位活期存款	2310	保证金存款
2020	单位定期存款	2320	待结算财政款项
2021	单位通知存款	2321	代理业务资金
2030	活期储蓄存款	2322	代理人行兑付业务资金
2040	个人结算存款	2330	应解汇款及临时存款
2060	定期储蓄存款	2340	汇出汇款
2110	银行卡存款	2350	应付利息
2170	其他活期存款	2360	其他应付款
2190	特种活期存款	2361	财务其他应付款
2191	特种定期存款	2380	期付外汇款项
2192	特种通知存款	2390	卖出回购票据
2195	机关团体活期存款	2400	中央银行借入债券
2196	机关团体定期存款	2410	卖出回购债券
2197	机关团体通知存款	2420	本票

续表

代号	会计科目	代号	会计科目
2450	应付工资	5020	系统内往来收入
2460	应付福利费	5030	金融企业往来收入
2470	应交税金	5110	中间业务收入
2480	应付利润	5120	其他营业收入
2490	预提费用	5121	债券交易价差损益
2500	递延收益	5130	汇兑损益
2600	发行债券	5131	金融衍生产品交易损益
2680	长期应付款	5140	投资收益
2700	待处理应付款	5150	营业外收入
2800	待清理接收负债	5210	利息支出
2900	国际融资转贷款资金	5220	系统内往来支出
2910	开发银行委托贷款资金	5230	金融企业往来支出
2912	委托贷款资金	5320	营业费用
2924	银团贷款资金	5330	营业税金及附加
2925	系统内联合贷款资金	5340	提取准备
	三、所有者权益	5350	固定资产折旧
3010	实收资本	5360	营业外支出
3020	资本公积	5600	以前年度损益调整
3030	盈余公积		六、或有事项类
3110	本年利润		(一)借方类科目
3120	利润分配	6110	银行承兑汇票应收款
	四、资产负债共同类	6120	开出保函应收款
4100	辖内往来	6130	买断型国内保理应收款
4550	法定存款准备金	6140	开出信用证应收款
4560	二级存款准备金	6160	保兑信用证应收款
4570	银行财务往来	6170	保兑保函应收款
4810	外汇买卖	6171	提货担保应收款
4811	贵金属买卖	6175	买断型出口保理应收款
4830	购入外汇营运资金	6180	买入期权应收款
	五、损益类	6181	卖出期权应收款
5010	利息收入	6190	掉期应收款

续表

代号	会计科目	代号	会计科目
	（二）贷方类科目	8310	未发行债券
6210	银行承兑汇票应付款	8313	待销毁有价单证
6220	开出保函应付款	8314	基金单位存管
6230	买断型国内保理应付款	8315	受托理财业务存管
6240	开出信用证应付款	8320	银行卡业务代保管有价值品
6260	保兑信用证应付款	8321	代保管物
6270	保兑保函应付款	8322	代保管有价值品
6271	提货担保应付款	8323	代保管贵金属
6275	买断型出口保理应付款	8324	产权待界定的财产
6280	买入期权应付款	8325	低值易耗品
6281	卖出期权应付款	8326	待处理抵押质押品
6290	掉期应付款	8327	待处理质押股票
	（三）借贷方共同类科目	8329	向中央银行抵出债券
6900	货币兑换	8331	应收托收款项
6901	未实现金融衍生产品损益	8332	出口托收款项
	七、委托代理业务类	8333	代收托收款项
	（一）借方类科目	8334	进口代收款项
7110	代理开发银行贷款	8336	收到信用证
7120	代理开发银行逾期贷款	8337	应收信用证款项
7130	代理开发银行贷款利息	8339	收到保函
7140	个人住房公积金委托贷款应收利息	8340	未收贷款利息
7141	委托贷款应收利息	8341	账销案存资产
	（二）贷方类科目	8342	呆账准备登记
7999	代理业务余额	8344	待转国库存款利息
	八、备查登记类	8350	未履行贷款承诺
	（一）借方类科目	8351	未融资非买断型出口保理
8000	备查登记业务余额	8352	商业承兑汇票贴现
	（二）贷方类科目	8353	已卖出票据
8100	有价单证	8360	出让方式土地使用权估价升值
8101	票样和假币	8362	特定业务
8200	空白重要凭证	8370	未达境外借入款项
8300	托管债券	8380	远期利率协议
8303	开出债券款单证		

附录三 新会计准则会计科目

顺序号	编号	会计科目名称	顺序号	编号	会计科目名称
		一、资产类	23	1304	贷款损失准备
1	1001	现金	24	1311	代理兑付证券
2	1002	银行存款	25	1321	代理业务资产
3	1003	存放中央银行准备金	26	1401	材料采购
4	1011	存放同业	27	1402	在途物资
5	1012	其他货币资金	28	1403	原材料
6	1021	结算备付金	29	1404	材料成本差异
7	1031	存出保证金	30	1405	库存商品
8	1101	交易性金融资产	31	1406	发出商品
9	1111	买入返售金融资产	32	1407	商品进销差价
10	1121	应收票据	33	1408	委托加工物资
11	1122	应收账款	34	1411	周转材料
12	1123	预付账款	35	1421	消耗性生物资产
13	1131	应收股利	36	1431	贵金属
14	1132	应收利息	37	1441	抵债资产
15	1201	应收代位追偿款	38	1451	损余物资
16	1211	应收分保账款	39	1461	融资租赁资产
17	1212	应收分保合同准备金	40	1471	存货跌价准备
18	1221	其他应收款	41	1501	持有至到期投资
19	1231	坏账准备	42	1502	持有至到期投资减值准备
20	1301	贴现资产	43	1503	可供出售金融资产
21	1302	拆出资金	44	1511	长期股权投资
22	1303	贷款	45	1512	长期股权投资减值准备

续表

顺序号	编号	会计科目名称	顺序号	编号	会计科目名称
46	1521	投资性房地产	75	2012	同业存放
47	1531	长期应收款	76	2021	贴现负债
48	1532	未实现融资收益	77	2101	交易性金融负债
49	1541	存出资本保证金	78	2111	卖出回购金融资产款
50	1601	固定资产	79	2201	应付票据
51	1602	累计折旧	80	2202	应付账款
52	1603	固定资产减值准备	81	2203	预收账款
53	1604	在建工程	82	2211	应付职工薪酬
54	1605	工程物资	83	2221	应交税费
55	1606	固定资产清理	84	2231	应付利息
56	1611	未担保余值	85	2232	应付股利
57	1621	生产性生物资产	86	2241	其他应付款
58	1622	生产性生物资产累计折旧	87	2251	应付保单红利
59	1623	公益性生物资产	88	2261	应付分保账款
60	1631	油气资产	89	2311	代理买卖证券款
61	1632	累计折耗	90	2312	代理承销证券款
62	1701	无形资产	91	2313	代理兑付证券款
63	1702	累计摊销	92	2314	代理业务负债
64	1703	无形资产减值准备	93	2401	递延收益
65	1711	商誉	94	2501	长期借款
66	1801	长期待摊费用	95	2502	应付债券
67	1811	递延所得税资产	96	2601	未到期责任准备金
68	1821	独立账户资产	97	2602	保险责任准备金
69	1901	待处理财产损溢	98	2611	保户储金
		二、负债类	99	2621	独立账户负债
70	2001	短期借款	100	2701	长期应付款
71	2002	存入保证金	101	2702	未确认融资费用
72	2003	拆入资金	102	2711	专项应付款
73	2004	向中央银行借款	103	2801	预计负债
74	2011	吸收存款	104	2901	递延所得税负债

续表

顺序号	编号	会计科目名称	顺序号	编号	会计科目名称
		三、共同类	129	6051	其他业务收入
105	3001	清算资金往来	130	6061	汇兑损益
106	3002	货币兑换	131	6101	公允价值变动损益
107	3101	衍生工具	132	6111	投资收益
108	3201	套期工具	133	6201	摊回保险责任准备金
109	3202	被套期项目	134	6202	摊回赔付支出
		四、所有者权益类	135	6203	摊回分保费用
110	4001	实收资本	136	6301	营业外收入
111	4002	资本公积	137	6401	主营业务成本
112	4101	盈余公积	138	6402	其他业务成本
113	4102	一般风险准备	139	6403	营业税金及附加
114	4103	本年利润	140	6411	利息支出
115	4104	利润分配	141	6421	手续费及佣金支出
116	4201	库存股	142	6501	提取未到期责任准备金
		五、成本类	143	6502	提取保险责任准备金
117	5001	生产成本	144	6511	赔付支出
118	5101	制造费用	145	6521	保单红利支出
119	5201	劳务成本	146	6531	退保金
120	5301	研发支出	147	6541	分出保费
121	5401	工程施工	148	6542	分保费用
122	5402	工程结算	149	6601	销售费用
123	5403	机械作业	150	6602	管理费用
		六、损益类	151	6603	财务费用
124	6001	主营业务收入	152	6604	勘探费用
125	6011	利息收入	153	6701	资产减值损失
126	6021	手续费及佣金收入	154	6711	营业外支出
127	6031	保费收入	155	6801	所得税费用
128	6041	租赁收入	156	6901	以前年度损益调整

参考文献

1.中国人民银行:《新版票据与结算凭证使用手册》,中国金融出版社 2004 年版。

2.中华人民共和国财政部:《企业会计准则——应用指南》,中国财政经济出版社 2006 年版。

3.陈振婷、朱红军:《银行外汇业务会计》,复旦大学出版社 2006 年版。

4.程婵娟:《银行会计学》,科学出版社 2008 年版。

5.楼雪婕:《银行会计》,化学工业出版社 2008 年版。

6.牛刚:《商业银行清算业务》,中国金融出版社 2008 年版。

7.余希文:《银行会计》,立信会计出版社 2008 年版。

8.韩俊梅、吕德勇:《商业银行会计学》,中国金融出版社 2008 年版。

9.中国人民银行支付结算司:《中国支付结算制度汇编》,中国长安出版社 2009 年版。

10.林发东、周江银:《银行会计实务》,厦门大学出版社 2010 年版。

11.康国彬:《商业银行会计学》,高等教育出版社 2010 年版。

12.贺瑛、钱红华:《银行会计》,复旦大学出版社 2010 年版。

13.国务院法制办公室:《中华人民共和国票据法》(实用版),中国法制出版社 2010 年版。

14.温红梅:《银行会计习题与实训(三版)》,东北财经出版社 2010 年版。

15.韩俊梅、岳龙:《商业银行会计》,经济科学出版社 2011 年版。

16.程婵娟、李纪建:《商业银行会计实务》,清华大学出版社 2011 年版。

17.志学红:《银行会计》,人民大学出版社 2011 年版。

18.韩俊梅、万静芳:《商业银行会计学习题集》,经济科学出版社 2011 年版。

19.关新红、李晓梅:《金融企业会计》,中国人民大学出版社 2012 年版。

20.丁元霖:《银行会计习题与解答》,立信出版社 2012 年版。

21.宗国恩、刘怀山:《银行会计》,北京大学出版社 2012 年版。

22.施晓春、周江银:《银行会计》,经济科学出版社 2013 年版。

23.温红梅:《银行会计》,东北财经大学出版社 2013 年第 4 版。

24.苏喜兰:《银行会计学》,清华大学出版社 2013 年版。

25.吴胜:《商业银行会计》,高等教育出版社 2014 年第 2 版。

26.施晓春、周江银:《商业银行会计》,中国财政经济出版社 2014 年版。

图书在版编目(CIP)数据

银行会计/周江银主编.—厦门:厦门大学出版社,2014.7
(应用型本科金融学"十二五"规划系列教材)
ISBN 978-7-5615-5088-5

Ⅰ.①银…　Ⅱ.①周…　Ⅲ.①银行会计-高等学校-教材　Ⅳ.①F830.42

中国版本图书馆 CIP 数据核字(2014)第 094937 号

厦门大学出版社出版发行

(地址:厦门市软件园二期望海路 39 号　邮编:361008)

http://www.xmupress.com

xmup @ xmupress.com

沙县方圆印刷有限公司印刷

2014 年 7 月第 1 版　2014 年 7 月第 1 次印刷

开本:787×1092　1/16　印张:18.75

字数:458 千字　印数:1~4 000 册

定价:32.00 元